国家社会科学基金重大项目“中国参与联合国维和行动战略选择研究”资助
项目编号：16ZDA094

大国崛起与国际和平

联合国维和建和研究文集

何 银◎著

时 事 出 版 社
北 京

本书出版得到国家社科基金重大项目“中国参与联合国维和行动战略选择研究”的资助，书中部分章节是该项目的阶段性成果。

谨以此书献给在联合国维和行动中牺牲的战友们。

自序

一

自1948年第一次中东战争结束后联合国停战监督组织建立以来，联合国维和行动已经走过了70年的历程。在过去70年里，联合国根据《联合国宪章》的精神，不断探索维护国际和平与安全的理念和手段，“维和”一词的内涵也不断发展演进。此间，联合国维和行动经历了两个特点鲜明的发展阶段：从冷战时代的传统维和行动，到后冷战时代的多维维和行动。前者应对的是冷战时代通常发生在国家之间并且有超级大国支持的冲突，通过在冲突的双方之间部署军事观察员和/或维和部队，为冲突的政治解决赢取时间；后者应对的是后冷战时代由民族、种族和宗教等身份认同问题引发的国内冲突，通过预防外交、建立和平、维持和平以及建设和平等一系列手段，积极干预冲突并致力于消除引起冲突的根源，以期建立持久和平。在后冷战时代，联合国维和行动的核心任务是维和与建和。

后冷战时代维和行动的根本目标是追求如约翰·伽尔通（John Gultang）所言的“积极和平”，并为此不断探索和创新，为维护国际和平与安全做出了很大的贡献。然而30余年的实践表明，多维维和行动存在两个重大缺陷：一个表现在制度层面，由于受到一个称作“自由和平”（liberal peace）的规范的主导，维和行动陷入了维持和建设“虚幻和平”（virtual peace）的困境。“自由和平”主张在冲突后国家大力开展制度建设，即，在政治上推行普选式民主，在经济上推行市场经济制度。这个“和平规范”包含了一个封闭式的理论假设：只有按照“自由市场民主”的模式开展政治和经济制度建设才能建设可持续和平。然而，“自由和平”倡导的直接选举总统的普选式民主和原教旨主义的新自由主义市场经济制度，主张激进的变革，否定维和行动东道国原有的政治制度和文化，是一种高度理想化的制度规范。实际上，没有哪一个主要的西方民主国家在自己的国内实行了这种粗暴、简单化的政治和经济制度。此外，“自由和平”对经济和社会发展关照不够。许多维和行动东道国尽管建立起了一套“西方”标准的政治和经济制度，但是贫困肆虐，冲突和动荡反反复复，联合国维和行动经过多年也难以从实质上解决问题。

多维维和行动的另一个缺陷，是维和进程的设计主要按照线性发展的逻辑，即按照预防外交、建立和平、维持和平以及建设和平依次推进。然而，不同的维和行动东道国的冲突有自身的特点，和平进程不可能按照一种有序的方式发展演进。联合国秘书长任命的两个专家小组于2015年分别完成了对和平行动问题与建设和平架构的全面审查报告。这两份报告在强调冲突预防的同时，提出并诠释了“保持和平”（sustaining peace）的理念。保持和平理念的提出，将长期以来在整个和平行动的制度层面遭到边缘化的建设和平的作用提升到了一个新的高度。比如，《2015年建设和平架构问题专家咨询小组报告》提出，建设和平不再仅仅是维持和平的逻辑性后续手段，而应当贯穿整个和平行动的全过程；而且，建设和平也不再仅仅适用于冲突后的社会，而是应当作为冲突预防的重要手段适用于可能发生冲突的社会。此外，两份审查报告都强调了维和行动东道国经济和社会发展的重要性，提出促进政治特派团、国家工作队和联合国开发计划署等专门机构之间合作，通过派遣发展领域的专家小队等措施，帮助东道国提升经济和社会发展。

2017年9月，安东尼奥·古特雷斯秘书长向会员国抛出了改革联合国秘书处负责和平与安全事务官僚机构的方案，对维和行动部、政治事务部以及建设和平事务办公室进行重组。这是迄今为止联合国最为大胆的改革方案。无论最终结果如何，近几年联合国的一系列改革举动表明，这个世界上最大的政府间国际组织已经清楚地认识到了全球安全治理面临的机遇与挑战，正在总结经验教训的基础上调整自己的角色和应对手段。有理由相信，今后的多维维和行动在内涵和方式上将发生巨大变化，将体现新时期国际体系和国际格局的特点以及全球安全治理的需要。在维和规范层面，尽管“自由和平”将继续发挥重要作用，但是那种排他性的优势将不复存在。全球安全治理俱乐部中新的重要行动者将以自己的方式参与联合国维和行动模式的变革。在此背景下，新兴国家尤其是崛起中的中国的角色和贡献值得期待。

二

自1971年重返联合国以来，中国的维和政策经历了三个发展阶段：从20世纪70年代反对，到八九十年代有限的参与，再到进入21世纪后日益积极参与并成为支持联合国维和的中坚力量。作为安理会常任理事国和最大的发展中国家，中国维和政策的变化引起了学术界的关注。然而不少研究者都是从政策分析的角度入手观察这个变化，认为中国积极参与联合国维和行动主要是出于维护多边主义和树立良好的国家形象等外交需要，或者受到保护海外利益和建设现代化的军队等利益的驱使。这样的需要和利益可以列出一个很长的清单，然而迄今鲜有人讨论引起中国维和政策和行为变化的核心变量。

国际关系理论的建构主义学派认为，国家的身份决定利益，利益决定行为。中国在过去40多年里因实行改革开放而释放了巨大的潜力，以物质实力为标志的综合国力提升以及融入国际社会的进程不断深入，引起在国际体系中国家身份的变化。国家身份的变化又引起外交战略和国际行为的变化。可见，因中国崛起而引起的国家身份变化，才是导致对维和政策态度变化的核心变量。

20世纪70年代，东、西意识形态的对立成为影响国际政治的主要因素。作为一个当时在很大程度上游离于西方主导的国际体系之外的国家，中国选择了严守国家主权和不干涉等传统的威斯特伐利亚规范，坚决反对包括联合国维和行动在内的国际干涉行为。八九十年代，实行改革开放战略后开始融入国际社会并谋求成为享有全面身份的成员。因此，中国开始参与联合国维和事务并承担相应的义务。然而在这一时期，中国还在逐步适应融入国际社会的过程，对包括联合国维和制度规范在内的国际制度体系还处于认知和学习阶段，加之国力和资源有限，中国在这一时期的维和政策主要服务于改革开放和融入国际社会的实用主义目的，表现为一种受到目的驱使的“反应式”（reactive）行为。

进入21世纪，经济和社会发展达到一个新的高度，以及深入融入国际社会，让中国的综合实力得到巨大的提升，确保拥有了更多的资源和外交手段参与全球治理等国际事务。国内外关于中国国家身份的认知都开始发生转变。在国际上，有越来越多的人开始接受中国已经成为一个崛起的大国的事实，进而对中国的国际责任和义务有了更多的期待。比如，2005年美国副国务卿罗伯特·佐利克（Robert Zoellick）在美中关系全国委员会发表演说，提出了中国做利益攸关方（stakeholder）的观点。更为重要的是，中国对自己的国家身份也有了新的认识，有了更大的政治意愿主动承担更多的国际责任，提出要做负责任的大国。在此背景下，中国选择了采取积极支持联合国维和行动的政策，并将这项政策上升为一种与国家的长远发展相一致的外交战略的重要组成部分。换句话说，中国参与联合国维和事务开始转变成为一种受到自觉需要驱使的主动（pro-active）的行为。

2000年中国向东帝汶派出联合国维和民事警察（后称“维和警察”），开启了新世纪里积极参与联合国维和事务的序幕。从2003年开始，逐步向不同的维和行动任务区派出了工程、运输、排雷和医疗等支助部队以及维和警察防暴队，从2010年以来，中国维和人员的数量一直维持在3000人左右，成为排名前十位左右的主要出兵国。2013年，中国向联合国马里多层面稳定特派团派出一支连级建制的警卫分队，这是中国自1990年参加维和行动以来，第一次向联合国维和行动派出安全部队。特别是2015年向联合国南苏丹特派团派出一支加强营建制700人的安全部队，为中国进一步大力支持联合国维和事务留了巨大的想象空间。

中国在积极派出大量军、警人员参加联合国维和行动的同时，所承担的维和经费摊款比额急剧攀升，从21世纪之初的不到2%和排名第10位，到2016年上升到略超过10%和排名第2位。2015年9月28日，习近平主席在纽约出席联合国峰会期间，宣布了支持联合国改进和加强维和行动的六项举措。在强大的政治意愿的支持下，中国政府认真、切实地履行承诺，两年以来六项承诺的落实已经取得重大进展。在联合国正谋划对整个和平与安全事务的架构进行重大改革、美国特朗普政府威胁大幅度削减理应承担的维和经费摊款之际，中国的大力支持对于整个联合国维和机制来说具有重大的政治意义。中国已经成为支持联合国维和事务的中坚力量。

三

学界关于中国参与联合国维和行动的研究在2010年前后到达一个高峰期。现有相关文献研究的主要是中国参与联合国维和行动的动机以及相关政策态度变化的原因。这些研究的出发点是中国在国际社会中的社会化进程，关注的核心问题是中国为何及如何从一个体系外的国家，逐步演变成为维和规范的接受者。也就是说，在国际制度体系的层面，中国在很大程度上被看作一个纯粹的规范学习者和接受者。

大国崛起绝不仅仅是在物质实力上的崛起，而且还必然是在文化和制度上的崛起。以习近平为核心的中国新一代领导集体上台，提出要有自信，要积极参与国际制度体系的变革，提升在国际秩序和国际体系长远制度性安排中的地位和作用。2014年3月，习近平在德国柏林发表演讲时，提出并阐释了“中国方案”的理念。习近平表示，中国将从世界和平与发展的大义出发，贡献处理当代国际关系的中国智慧，贡献完善全球治理的中国方案，为人类社会应对21世纪的各种挑战做出自己的贡献。作为联合国的核心会员国和支持维和的中坚力量，中国应当也能够对联合国维和行动贡献中国方案，成为联合国维和规范的贡献者和传播者。研究中国对维和规范体系的贡献，将是今后一个时期中国维和研究的一个新方向和重要增长点。

人类社会是由若干实践场域组成，不同实践场域以地域、国家、地区或者文明为界区别开来，让人类文明具有多元性。不同实践产生不同的经验、价值、规范或者话语，反映不同地域社会的发展和变迁。尽管长期以来国际制度体系表现为西方规范霸权，但从实践角度看，西方提供的规范反映的只是人类社会某一个实践场域的经验，是一种具有地方特征或者个体文明特征的经验。随着国际体系和国际格局发生转型变化，生成于其他文明实践场域的经验也可能上升为国际规范。自改革开放以来，中国快速崛起，积累了具有所在实践场域特色的经验，而这些经验又在中国不断增强的国力和国际活动能力的推动下，上升为国际规范并在国际上传播。

联合国维和中的中国方案应当包含两个层面：一个是在全球安全治理的规范层面，体现为一种蕴含了中国和平崛起实践经验的国家政治经济发展范式/规范，另一个是体现中国军队和警察在具体业务工作中的经验和做法。2012 年，我在外交学院准备撰写博士论文时，在导师秦亚青教授的指导下提出了“发展和平”（developmental peace）的概念。“发展和平”立足中国和平崛起进程中的国内国际实践，体现了中国自实行改革开放以来倡导的时代精神——和平与发展。“发展和平”包含了一个开放式的假设：在保持国内政治和社会稳定的前提下，不论实行什么样的政治和经济制度，只要以经济建设为中心都可以实现和平。与“自由和平”主张通过激进的方式推行政治和经济制度改革的“处方”不同的是，“发展和平”主张渐进式改革和通过“摸着石头过河”探索适合本国的发展道路。

尽管“自由和平”与“发展和平”在规范内涵上存在巨大差异，但实践表明联合国维和场域具有容纳两个和平规范的空间。维和行动东道国往往经历过冲突或战乱，国家制度缺失或者不完善，经济和社会发展落后，亟须国际社会帮助带来改变。“自由和平”与“发展和平”能够发挥各自的优势，通过建立起互补性共生关系，帮助维和行动东道国在制度建设与经济和社会发展之间找到平衡。

四

我最早接触维和是在1993年夏天。那年5月21日，在柬埔寨执行维和任务的中国工程兵大队遭到袭击，造成维和官兵陈知国和余仕利不幸牺牲，另有七人受伤。余仕利烈士的家乡在四川省三台县，与我的家乡射洪县相邻。当时我在大学三年级，便决定到余仕利烈士家去做一次社会实践调研。经过在山区泥泞小道上三个多小时的步行后，在烈士位于偏远乡村贫寒的家里，我接触到了联合国和国防部交给烈士家人的一些文件材料，了解到烈士的生平事迹。9月返回学校后将收集到的资料信息在校园里展出。2000年中国维和警察培训中心在中国人民武装警察部队学院成立后，我有幸在成为一名维和学员的同时也成为一名维和教员，并于2001—2002年间在东帝汶执行维和警察任务。

过去十多年是不断崛起的中国越来越积极地参与联合国维和行动的过程，也是我在维和教学与研究中不断成长的过程。在过去10年中我陆续写了一些维和方面的文章，考虑到登载之处比较分散，一些文章通过常用的检索方式很难查阅到，所以决定收录在一起出一本文集。2007年，我通过瑞典安全与政策研究所发表的英文报告“China's Changing Policy on UN Peacekeeping Operations”因篇幅太长，所以没有收入本书。全书分为四个部分，分别是“中国参与联合国维和行动”“外国维和与中外维和合作”“联合国维和中的中国方案”和“时评”。

我在维和研究方面的任何成就都离不开单位、领导、老师、同事和亲人们的支持和帮助。首先感谢中国人民武装警察部队学院和中国维和警察培训中心的栽培，感谢中心主任胡建国大校及前任主任高心满女士以及中心同事们的支持和帮助。我2010年有幸到外交学院攻读博士学位，得到很多老师和同学的帮助。特别感谢我的博士导师秦亚青教授。我对维和的很多思考都源于秦老师的精心指导。秦老师不但教我做学问和做人，还非常关心我的工作、家庭和健康。

这些年参加了中国联合国协会的一些学术活动，通过这个平台认识了很多人，学到了很多知识，对于我做学术研究非常有帮助，在此对联协的领导们表示衷心感谢。我还要特别感谢我的家人。我的爱人叶葛婷女士非常支持我读书做学问，多年来一直任劳任怨打理家务和照顾孩子。我的大姐何群女士和大姐夫张吉如先生多年来一直在经济上给予支持，让我得以更加从容地去做学术研究。维和学硕士研究生学员林家沐帮助整理书稿，在此表示感谢。

2017年11月6日晚于廊坊

CONTENTS

目　录

中国参与联合国维和行动

外国维和与中外维和合作

联合国维和中的中国方案

时　评

中国参与联合国维和行动

/中国参与联合国维和行动政策浅析/

中国参与联合国维和行动的政策经历了五个发展阶段，是一个从坚决反对到积极参与的根本性转变的过程。不同时期采取不同的政策行为，是由中国当时的国际国内环境所决定的，并服务于当时的国家利益。随着和平发展进程不断深入，中国将越来越积极地参与联合国维和行动。中国积极的维和政策受到国内外一些因素的制约。

近些年来，中国已经成为联合国维和行动的积极参与者。与之前相比，当前中国参与联合国维和行动的政策发生了很大的转变。国内外学界探讨中国参与联合国维和行动政策转变原因的文章不少，但是尚缺乏较为系统、深入的分析。本文将尝试通过分阶段历时性解读的方法，解析中国参与联合国维和行动的政策及其发展进程。

一、中国参与联合国维和行动政策的五个发展阶段

（一）1971 年之前，坚决反对

中国与联合国的关系历经曲折。中国军民在第二次世界大战中英勇作战，为反法西斯战争的胜利做出了不朽的贡献，国际地位迅速提升。中国作为反法西斯同盟四大国之一，参与了联合国初创过程中重大事务的决策过程，并且成为安理会五个常任理事国之一。在短短的 20 多年里，中国从一个在 1919 年的巴黎和会上任人欺凌宰割的弱国，成为世界新秩序的缔造

者之一。然而，1949 年新中国成立后，在以美国为首的西方国家的操纵下，中国在联合国的合法席位被蒋介石集团以“中华民国”的名义霸占，一直到 1971 年 10 月 25 日，中华人民共和国才恢复了在联合国的合法席位。

从新中国成立到重返联合国前的22 年里，中国执行的是坚决反对联合国维和行动的政策，在此期间，中国被排斥在联合国之外，受到以美国为首的西方势力的敌视。特别是在朝鲜战争中，中国人民志愿军被迫与以美国为首、打着联合国旗号的几十个联合国会员国的军队作战。中国从此对联合国维和行动印象不佳，认为它是帝国主义推行侵略、干涉亚非拉发展中国家内政的工具。

然而，作为一个体系外的国家，中国在此期间对联合国维和行动坚决反对的声音更多的是单方向的政治立场宣示，不能对联合国维和体制的运作产生多少影响，也没有在国际上引起广泛的关注。

（二）1971—1980 年，消极反对

重返联合国以后，中国恢复了在安理会的合法席位，拥有了直接参与维和事务决策机制的权力。但是，在此期间中国并没有接受联合国维和行动的理念，而是采取了“消极反对”的政策。

尽管已经重返联合国，并且与美国建立了接触关系，但是前景尚不明朗，加之与苏联关系紧张，中国的国际安全形势没有发生根本性改变。中国领导层对战略形势的判断是，世界大战的危险依然存在，因此，中国对可能破坏传统国际关系原则的国际行为保持警惕。进而，在政策惯性的作用下，中国继续谴责和反对联合国维和行动，在同意缴纳联合国会费的情况下，拒绝分担联合国维和行动经费摊款。

然而，这个时期中国关于联合国维和行动的政策与之前相比还是有所不同的。主要表现在安理会的表决行为上。尽管对联合国维和行动继续持反对态度，但是当拥有了安理会否决权这个最为有效的反对工具之后，中国却没有贸然使用。中国采取了独特的“第五种投票方式”表明自己对安

理会事务的态度立场，即列席安理会表决过程，但是不发言，也不参与投票。

通过“第五种投票方式”，中国一方面避免了与其他大国发生不必要的冲突，同时也照顾到了一些希望安理会能够通过某些决议的第三世界国家的利益，为自己在外交上留有了回旋余地。

（三）1981—1987 年，开始认同

1981 年，中国在安理会表决同意延长联合国驻塞浦路斯维持和平部队期限。次年，开始缴纳维和行动经费摊款。同时，中国彻底告别了“第五种投票方式”，相比，中国参与安理会事务的态度已经发生根本性转变。这一切表明，中国已经开始认同联合国维和行动。

导致政策改变的根本原因是国家战略的转变。1978 年，在十一届三中全会上确立了以经济建设为中心的改革开放政策之后，中国急需营造有利于改革开放的国际环境。随着中美两国于 1979 年 1 月正式建立外交关系，特别是罗纳德·里根出任美国总统以后，中美苏“战略铁三角”关系建立，中国的国际战略地位大大提高；加之从 1982 年开始中苏紧张关系出现缓和迹象，中国的国际安全环境得到改善。第二代领导集体及时调整了对国际战略形势的判断，认为世界大战打不起来，进而提出了和平发展是时代主题的口号。在 1982 年党的十二大上提出了“独立自主的和平外交政策”，标志着中国放弃了以意识形态斗争为中心的“革命外交路线”，开始本着和平共处的原则，从国家发展的根本利益出发制定外交政策。因此，中国需要以合作的姿态处理与联合国这个全球性的多边主义国际组织的关系，调整有关联合国维和行动政策便是理所当然的选择。然而，这个时期冷战还在继续，联合国依然是超级大国逐利的场所。中国专注于改革开放搞经济建设的国内事务，对联合国维和行动这样的国际事务的政治兴趣不大。所以，除了以低调的姿态参与安理会活动之外，在维和行动方面遵循了冷战时期大国超脱于具体的维和事务之外的国际惯例，没有派出人员直接参与联合国维和行动。

（四）1988—1998 年，适度参与

1988 年 11 月，中国加入了联合国维持和平行动特别委员会。两年后，中国向联合国停战监督组织派出五名军事观察员。中国有关联合国维和行动的政策发生了进一步的转变。

时值冷战结束前后，联合国维和行动迎来第一个高峰期。这期间联合国总共新开设了 36 项维和行动，其中有些是规模庞大的多维维和行动，联合国动辄在一个任务区部署上万名维和人员。但是，中国除了于 1992—1993 年期间分两批向联合国柬埔寨过渡行政当局派出了 800 名工程兵之外，仅仅分 37 批次向 5 项联合国维和行动派出了 437 名军事察员，执行的是适度参与政策。

20 世纪 80 年代后期，冷战出现缓和的趋势，特别是安理会调停两伊战争取得成功，以及美苏两国在西南非洲等地的争夺降温，为联合国积极介入国际热点问题的解决创造了条件。1988 年诺贝尔和平奖授予联合国维持和平部队，这表明了国际社会对联合国维和作用的认同和期待。中国及时调整政策，派出人员参与维和行动，顺应了国际潮流。

然而，“战略铁三角”随着冷战结束而消失，中国的国际战略地位下降。特别是 1989 年之后，更是面对以美国为首的西方国家的孤立和敌视，国际安全环境恶化。在邓小平“韬光养晦”战略思想的指导下，中国外交总政策的首要任务是打破国际孤立，缓解西方“和平演变”的压力，为坚持并深化改革开放战略创造良好的国际环境。

在此情况下，中国在联合国事务上的一举一动事关重要。面对复杂的国际形势，中国在安理会表明自己立场的同时，尽量避免与美国发生冲突。先后在伊拉克、柬埔寨和索马里等热点问题上与美国合作，为自己赢得了外交回旋余地。比如，1992 年美国要求安理会以《联合国宪章》第七章授权其领导多国部队到索马里开展强制和平行动时，中国在强调美国的行动是在索马里特殊情况下的例外之举，而不能成为以后可以效仿的先例的同时，以罕见的姿态投下了赞成票。此外，中国在 20 世纪 90 年代初积

极参与柬埔寨和平进程，并向联合国在该国的维和行动派出了工程兵大队，为自己从西方国家和东南亚国家都赢得了政治资本。

（五）1999 年至今，积极参与

从 1999 年开始，中同参与联合国维和行动迎来新时期。从此，中国向联合国维和行动派出的维和人员数量迅速增加，从 20 世纪 90 年代后期年均几十人增长到 2010 年 2 月的 2137 人，成为安理会五个常任理事国中向联合国维和行动派出人员最多的国家。中国派出维和人员的种类也不再局限于军事观察员，民事警察、防暴队、工程兵分队、运输分队、排雷小组和野战医院等都开始部署到一些维和任务区。参与的维和行动不再偏重带有冷战时代特点的以监督停火为主要任务、经《联合国宪章》第六章授权的传统维和行动，而是开始大量参与以经《联合国宪章》第七章授权、维持和平与建设和平协调统一的多维维和行动。为此，参与这些行动的中国维和人员大多配备武器，可以按照任务授权使用武力。在联合国海地稳定特派团的中国维和警察防暴队甚至不时需要使用武力协助海地警察打击犯罪，以积极手段维护海地的和平，成为一支名副其实的“战斗分队”。这一切都表明与之前的各个时期相比，中国在事关主权、不干涉和使用武力等敏感问题的传统国际规范上表现出了一定的灵活性。

在派出大量人员参与维和行动的同时，中国开始积极承担维和经费摊款。所承担的份额从 20 世纪 90 年代末期的不到 1. 29% 增至 2010—2012 年财政年度的 3. 19% 。此外，中国还开始打造综合性的维和培训设施，积极参与维和相关的国际交流活动，并通过捐资捐物等方式，帮助相关国家和地区性组织提升维和能力，或者帮助相关维和行动任务区当事国开展和平重建。

所有这些都表明，中国自 1999 年开始逐步推行积极参与联合国维和行动的政策。

二、中国执行积极参与联合国维和行动政策的原因

在分析中国积极参与联合国维和行动政策的原因时，不少人或是强调台湾问题或自然资源等因素，或是认为中国是为了军队和警察的现代化建设。甚至还有部分西方学者认为中国维和部队可以从与西方同行的交流中获取情报或先进的通讯指挥技术。鲜有人结合中国的国际国内环境和国家战略需要，从深层次去探究真相。事实上，当前中国积极参与联合国维和行动的政策，主要服务于三方面的利益。

（一）树立爱好和平的国际形象，做负责任的大国

随着中国的改革开放战略取得重大成就，中华民族迎来伟大复兴的历史契机。但是，中国举世瞩目的成就也引起了外部的焦虑，“中国威胁论”的言论不绝于耳。为此，中国外交的紧迫任务之一，就是让国际社会相信中国是一个爱好和平、负责任的大国。通过积极参与联合国维和行动，身体力行地维护国际和平，有利于树立爱好和平的国际形象和消除外界的疑虑。

（二）支持联合国，倡导多边主义

冷战结束后，以美国和北约为首的国际霸权力量不时采取单边主义行动，严重践踏了联合国的权威，挑战了联合国所倡导的多边主义。中国作为倡导多边主义的大国，有充足的理由捍卫联合国系统。一个强大的联合国符合中国的核心利益。在这种情况下，中国通过积极参与联合国维和行动，显示了对联合国强有力的支持，进而宣扬了多边主义。

（三）承担维护国际和平与安全的责任，为和平发展营造国际环境

身为安理会常任理事国，中国肩负有《联合国宪章》规定的维护国际和平与安全的法定职责。随着中国加入全球化浪潮并进一步融入国际社会，发现自身国家安全越来越紧密地与国际安全联系在一起。在全球化效应的作用下，即使是发生在某一个偏远小国的灾难或者动荡，都可能影响到中国的利益。中国提出的构建“和谐世界”主张，反映了对国际和平与安全的重新认识。在新安全观的框架下，中国通过积极参与包括联合国维和行动在内的国际安全合作机制，分担安全责任，为国际和平做贡献，进而为和平发展的伟大战略创造良好的外部环境。

三、中国参与联合国维和行动政策的前景展望

随着中国执行积极参与联合国维和行动的政策，来自联合国和国际社会的期望也越来越高，希望中国更加积极地参与联合国维和。最近几年，联合国高官多次表示，希望中国向联合国维和行动派出安全部队。2009年，总部设在布鲁塞尔的国际危机组织和瑞典斯德哥尔摩和平研究所先后发布有关中国参与联合国维和行动的专题报告，建议中国加大参与联合国维和行动的力度，并建议包括美国在内的西方国家鼓励并支持中国这样去做。

然而，一些制约中国更加积极参与联合国维和行动的因素不容忽视。

首先是“韬光养晦”与“有所作为”的关系问题。随着中国日益强大，国内外要求中国“有所作为”的呼声渐起。近几年，国际上开始有人鼓吹“中国责任论”，认为中国应该承担更多维护和平与安全的义务。笔者相信，“韬光养晦”仍将是中国今后一个时期的主要策略。面对复杂的国际局势，唯有坚持“韬光养晦”，才能确保中国和平发展的主调不变。在今后相当长的时期内，中国仍将是一个发展中国家，在处理联合国维和

行动这样的国际事务时，只能够有选择、量力而行地“有所作为”。

其次是有关传统国际规范的问题。和平共处五项原则仍然是中国处理国际关系和看待国际问题时所遵循的基本规范。尽管在逐渐深入参与联合国维和行动的过程中，中国在关于主权、不干涉和武力使用等方面的国际规范上表现出了灵活性，但是这个灵活性是有限度的。在传统国际规范上的灵活是一把“双刃剑”：适当使用时，它可以让中国在处理国际事务时拥有更多的外交选择余地，避免与其他大国发生不必要的冲突，并为国家发展大战略营造良好的国际环境；当过度使用时，它就不但会损害中国有关国家主权的战略利益，还会损害中国作为一个爱好和平大国的国际形象。

最后是“中国威胁论”的问题。不可否认，在当前西方国家普遍对联合国主导的维和行动不感兴趣的情况下，国际上不少爱好和平之士的确希望中国积极参与联合国维和事务。但是，随着中国逐渐崛起，“中国威胁论”的声音此起彼伏，甚至连中国积极参与联合国维和行动的政策也招致猜测。2004 年，中国首次向海地派出一支 125 人的维和警察防暴队时，就在美国引起了不小的骚动。为此，五角大楼还与主管美国联合国事务的国务院发生龃龉。《华盛顿时报》等保守派媒体更是煽风点火，叫嚷中国的“部队”到了美国“后院”。中国积极支持联合国在非洲的维和行动，同样引起西方一些人的无端忧虑，认为中国这样做是为了与西方争夺非洲的石油等资源。甚至还有人指出中国派到苏丹达尔富尔的维和部队工程兵分队是为了保护中国公司在该国的石油利益。作为一个崛起中的大国，中国将尽可能低调行事。所以，尽管中国有足够的政治意愿积极参与联合国维和行动，但是中国的善意总能招致外界的误解或者无端指责。当这样的指责可能影响到中国的国际形象时，“绝不出头”将成为中国参与包括联合国维和行动在内的国际事务的政策主调。

四、结束语

中国参与联合国维和行动的过程，也是中国融入国际社会的过程。在这个发展过程中，中国对联合国的政策经历从坚决反对到积极参与的根本转变。不同时期中国执行不同的政策行为，是由中国当时所处的国内国际环境决定，并服务国家当时的根本利益。当前中国推行的积极参与联合国维和行动的政策，产生于国家和平发展的战略背景中。随着和平发展进程的不断深入，中国将越来越积极地参与联合国维和行动。但是，不可忽视的是，中国积极参与联合国维和行动的政策也受到国内外一些因素的制约。

参考文献

［1］Bate S. Gill, HUANG Chin-hao, China's Expanding Peacekeeping Role［EB/OL］. http://books. spiri. org/product_ info? c_ product_ id = 393.

［2］Bill Gertz, China Will Send Troops to Haiti［N］. *The Washington Times*, 2004-09-06.

［3］China's Growing Role in UN Peacekeeping［EB/OL］. http://www/crisisgroup. org/home/index. cfm? 1 = 1&id = 6062&m = 1.

［4］HE Yin. China's Changing Policy on UN Peacekeeping Operations［EB/OL］. http://www. idp. eu/component/jombib/? take = showbib&id = 5155.

［5］袁明：《国际关系史》，北京：北京大学出版社，2005 年版。

［原载《武警学院学报》2009 年增刊；本文系在作者英文报告 China's Changing Policy on UN Peacekeeping Operation（Stockholm: Institute for Security and Development Policy, 2007）的基础上完成的］

/中国的维和理念/

过去四十余年见证了中国越来越积极地参加联合国维和行动。现有相关文献有两个特点：其一，主要关注的是中国对联合国维和的态度变化及原因。[①] 很少有人深入研究中国参加维和所遵循的理念。分析中国的维和理念有助于从一个独特的角度理解中国的维和行为。其二，现有文献主要采用的是政策分析或者述评的方法，很少有人从理论的角度开展研究。本文将从理论的角度研究中国参加联合国维和行动的理念。

联合国会员国的维和理念通常包括政策和行动两个层面。政策层面的理念从政治上指导国家维和政策，行动上的理念指导维和人员的具体维和工作。与一些国家倾向于将联合国维和行动看作是军事行动不同，中国将之看作是政治行动。换句话说，中国的维和行为主要受到政策理念而不是行动理念的指导。事实上，迄今中国人民解放军（解放军）还没有发布维和行动理念文件。因此，本文将重点从政策的角度分析中国的维和理念。

全文第一部分介绍当前中国参加联合国维和行动的基本情况。第二部分提出一个分析框架，通过观察几十年来中国国家身份的变化，认识它的维和理念的变化。第三部分探讨新世纪之前中国的维和理念。第四部分分

---

① He Yin, "China's Changing Policy on UN Peacekeeping Operations," Asia Paper, Institute for Security & Development Policy, Stockholm, July 2007; Stefan Stahle, "China's Shifting Attitude towards United Nations Peacekeeping Operations," The China Quarterly, no. 195 2008): 631 – 55; Bates Gill and Huang Chin-Hao, "China's Expanding Role in Peacekeeping: Prospects and Policy Implications," SIPRI Policy Paper 25, Stockholm International Peace Research Institute, 2009; International Crisis Group, "China's Growing Role in UN Peacekeeping," Asia Report no. 166, Beijing, 2009; and Mac Lanteigne, "China's Peacekeeping Policies in Mali: New Security Thinking or Balancing Europe?" MFC Working Paper no. 11, MFG Research Group, Berlin, 2014.

析新世纪以来中国的维和理念。第五部分探讨解放军对维和的理解。最后一部分对全文进行总结。

一、中国积极参加联合国维和行动

今天的中国是支持联合国维和行动的中坚力量。如表 1 所示，截止 2016 年 4 月 30 日，中国在由联合国维和行动部指挥的 10 项行动中部署了 3042 名维和人员，其中包括 2833 名军人、48 名任务区军事专家以及 171 名维和警察。中国派出维和人员数量在 123 个出兵国中排名第 8 位，① 是安理会 5 个常任理事国中派出维和人员最多的国家。自 1990 参加联合国维和以来，中国已经派出维和人员 33000 多人次。②

2013 年 12 月，中国向联合国马里多层面综合稳定特派团（联马团）派出包括工兵、医疗和警卫分队在内 400 名维和官兵。这是中国首次向联合国维和行动派出执行安全任务的维和部队。2015 年初，中国向联合国南苏丹特派团派出一个 700 人的加强维和步兵营。③

2016 年中国承担的维和经费摊款比额为 10.2855%，在联合国 193 个会员国中排名第 2 位。中国还花费巨资打造维和培训设施。军队和警察都有自己的维和培训中心，不但培训中国维和人员，还培训外国维和人员并举办各种维和相关的国际交流活动。

今天的中国正日益积极地参与国际和平与安全事务。它向非洲和中东等热点地区派出了特别代表。2006 年积极参与劝说苏丹政府让联合国在达尔富尔建立维和行动。④ 中国外交官与美国和欧洲的同仁们一起，为管控

---

① United Nations, "Ranking of Military and Police Contributions to UN Operations," 30 April 2016, www. un. org/en/peacekeeping/contributors/ 2016/apr16_ 2. pdf.

② It should be noted that uniformed personnel, including military observers and police officers, on political missions commanded by the UN Department of Political Affairs are UN peacekeepers too.

③ Xinhua, "China to Send 700 Peacekeepers to South Sudan for UN Mission: Defence Ministry," 25 September 2014, http: //news. xinhuanet. com/english/ china/2014 - 09/25/c_ 133672485. htm.

④ International Crisis Group, "China's Growing Role in UN Peacekeeping," pp. 19 - 22.

发生在南苏丹、刚果（金）东部、马里、阿富汗和中东等地的危机做出贡献。① 此外，中国还大力支持旨在应对亚丁湾海盗问题的安理会1816号决议，并从2008年以来派出海军舰队参加国际护航行动。2014年1月，应联合国禁止化学武器组织的请求，中国派出盐城舰参加叙利亚化学武器海运护航任务。②

表1 中国派出联合国维和人员情况

维和行动（简称）	东道国	维和警察	任务区军事专家	维和部队	总数
西撒特派团	西撒哈拉		10		10
马里稳定团	马里			402	402
联刚稳定团	刚果（金）		13	221	234
达尔富尔混合行动	苏丹达尔富尔			235	235
联黎部队	黎巴嫩		10	408	418
联塞部队	塞浦路斯	6			6
联利特派团	利比里亚	152	2	512	666
南苏丹特派团	南苏丹	13	3	1045	1061
联科特派团	科特迪瓦		6		6
观察员部队	中东		4		4
总数		171	48	2823	3042

数据来源：Department of Peacekeeping Operations and Department of Field Support，“UN Mission's Summary Detailed by Country,” 30 April 2016，http：//www. un. org/en/peacekeeping/contributors/2016/apr16_ 3. pdf. 登陆时间：2016年12月1日。

2015年9月28日，中国国家主席习近平在纽约参加联合国峰会期间宣布了支持联合国改进和加强维和行动的六项措施：

第一，中国将加入新的联合国维和能力待命机制，率先组建常备

① Interview with an official from the Chinese Ministry of Foreign Affairs，Beijing，18 June 2014.

② Xinhua，“Chinese Frigate Starts Escort Mission for Chemical Weapons：FM，” 8 January 2014，http：//news. xinhuanet. com/english/china/2014 -01/08/ c_ 133026228. htm.

成建制维和警队，并建设8000人规模的维和待命部队；

第二，中国将积极考虑，应联合国要求，派更多工程、运输、医疗人员参加联合国维和行动；

第三，今后五年中国将为各国培训2000名维和人员，开展10个扫雷援助项目，包括提供培训和器材；

第四，今后五年向非盟提供总额为1亿美元的无偿军事援助，以支持非洲常备军和危机应对快速反应部队建设；

第五，向联合国在非洲的维和行动部署首支直升机分队；

第六，中国将设立为期10年、总额为10亿美元的“中国—联合国和平与发展基金”，并将其中部分资金用于支持联合国维和行动。①

二、分析框架

一个国家的维和理念包含指导并规范维和行为的政策指南和原则。中国的维和理念也是如此。尽管一些学者已经对中国维和政策中的部分理念性要素进行了探讨，② 比如有些学者研究了中国对待“保护的责任”（re-

① Xi Jinping, “Working Together to Forge a New Partnership of Win-win Cooperation and Create a Community of Shared Future for Mankind,” Statement by H. E. Xi Jinping, President of the People's Republic of China at the General Debate of the 70th Session of the UN General Assembly, New York, 28 September 2015, www. fmprc. gov. cn/mfa_ eng/zxxx_ 662805/t1305051. shtml; Xi Jinping, “China is Here for Peace,” Remarks by H. E. Xi Jinping of the People's Republic of China at the United Nations Peacekeeping Summit, New York, 28 September 2015, www. fmprc. gov. cn/mfa_ eng/topics_ 665678/xjpdmgjxgsfwbcxlhgcl70znxlfh/t1302562. shtml.

② He Yin, “China's Changing Policy on UN Peacekeeping Operations”; He Yin, “China-EU Cooperation on UN Peacekeeping: Opportunities and Challenges,” in Europe and China in 21st Century Global Politics: Partnership, Competition, or Co-Evolution? eds. Frauke Austermann, Wang Xiaoguang and Anastas Vangeli (London: Cambridge Scholars Publishing, 2014), pp. 43 – 61; International Crisis Group, “China's Growing Role in UN Peacekeeping”; Bates Gill and Huang Chin-Hao, “China's Expanding Role in Peacekeeping: Prospects and Policy Implications”; and Mac Lanteigne, “China's Peacekeeping Policies in Mali: New Security Thinking or Balancing Europe?”

sponsibility to protect）的态度，[①] 但是少有人深入研究中国的整个维和理念。

此外，现有关于中国参加联合国维和行动的大部分研究都是政策分析或者述评。一些人认为中国日益积极参加联合国维和行动是出于一系列现实需要，其中包括支持多边主义、改善崛起过程中的国际形象、反对“台独”和创造安全的国际投资环境等等。[②] 根据这些的观点，中国的维和理念体现的是国家发展过程中的现实需要或者利益。

不可否认，一国的国家利益，包括即时的利益，可以塑造该国的国际行为理念。然而，也很难让人相信这样的现实主义政策分析方法可以充分解读中国对维和热情，尤其是过去几十年推动中国的维和理念发生演变的原动力。

事实上，一些政策分析得出的结论很容易被质疑。比如，有人以南苏丹为例，指出中国积极参加维和行动主要是为了获取石油等自然资源。然而，这样的观点经不起推敲，因为中国也参加了在达尔富尔、黎巴嫩和海地等处的维和行动，而这些地方并没有丰富的自然资源。还有人认为“一个中国”政策是影响中国维和行为的主要因素。然而，即便海地没有与中国建立外交关系，中国还是积极支持并派人参加了联合国在海地的维和行动，并没有利用在安理会的否决权终止海地维和行动。可见，虽然现实主义的政策分析方法能够部分地解释中国维和行为的动机，但是并不能帮助我们深入理解中国的维和战略。

本文用一种新的理论框架来分析中国的维和理念，尝试探究影响中国维和行为的核心变量。如上文所述，中国对待联合国维和的政策态度在过

---

① 刘铁娃：《保护的责任与中国视角——以中国对利比亚问题的态度为例》，2012 年 9 月 26 日，www. unachina. org/upload/Attach/default/274269. pdf; Sarah Teitt, “The Responsibility to Protect and China's Peacekeeping Policy,” in China's Evolving Approach to Peacekeeping, eds. Marc Lanteigne and Miwa Hirono (New York and London: Routledge, 2011), pp. 56 – 70; Andrew Garwood-Gowers, “China's ‘Responsible Protection’ Concept: Re-interpreting the Responsibility to Protect (R2P) and Military Intervention for Humanitarian Purposes,” Asian Journal of International Law 6, no. 1 (2016): 89 – 118.

② Bates Gill and Huang Chin-Hao, “China's Expanding Role in Peacekeeping: Prospects and Policy Implications”.

去几十年里不断变化。这就意味着中国的维和理念也不是静止的，而是与时俱进地发展演变。自从1971年恢复在联合国的合法席位之后，中国开始逐渐融入国际社会。而且，自20世纪70年代末实行改革开放政策以来中国的物质势力快速增长，国际地位也不断提高。从这些前提假定出发本文提出一个理论假设：中国国家身份的变化引起包括参加维和在内的外交政策的变化。

中国不断变化的国家身份为理解它的维和理念提供了一个新的视角。在本文中，“身份”的概念立足但是并不局限于国际关系理论建构主义学派的论述。建构主义学派认为身份是共有文化，很少受到物质因素的影响。本文采用折中主义的分析方法，所指的“身份”受到物质和观念的双重影响。换句话说，本文借鉴国际关系三大主流理论来认识中国国家身份的变化。具体地讲，中国的国家身份主要受三个因素的影响：综合国力、参与国际制度机制的程度以及在国际社会中的社会化程度。

三、21世纪之前中国的维和理念

重大的政治、军事和社会变化导致国家身份的变化。[①] 总体上讲，自1971年以来中国的国家身份经历了三次变化：从20世纪70年代游离于国际社会之外的体系外国家，到20世纪80和90年代成为国际社会的正常成员，再到进入新世纪后的崛起大国。本部分研究新世纪之前中国的两个国家身份及对应的维和理念。

20世纪70年代，中国在一定程度上是一个肩负革命使命的国家，对当时的国际制度体系持怀疑态度。尽管1971年重返联合国，并在1972年尼克松访华后逐渐改善了与西方国家的关系，这个时期中国的国际观并没

---

① 秦亚青：《国家身份、战略文化和安全利益：关于中国与国际社会关系的三个假设》，载秦亚青著：《权力・制度・文化——国际关系理论与方法研究文集》，北京：北京大学出版社，2005年，第351页。

有发生重大的变化。它继续反对美苏争霸，将自己定位为“第三世界”的一员，[①] 严格捍卫威斯特伐利亚规范，反对任何侵犯国家主权和干涉内政的国际行为。在此背景下，中国将联合国维和机制看作是帝国主义侵略它国和干涉内政的工具。因此，中国在联合国谴责并反对建立新的维和行动或者延长已有的维和行动，拒绝承担维和经费摊款或者派人参加维和行动，并在安理会的表决中投弃权票。[②]

20 世纪 80 和 90 年代，中国谋求融入国际社会并成为其中的一员。它开始有选择地接受联合国维和机制。特别是 70 年代末开始的改革开放将中国的注意力从国内和国际革命转移到了以经济建设为中心的国家发展上。在与美国等主要西方国家建立外交关系之后，中国的国际安全环境得到很大的改善，[③] 使它得以将更多的资源用于落实改革开放的战略。这样的做法反之也增强了国家实力，提高了中国的国际地位和自信心。1982 年召开的中国共产党第十二大确立了“独立自主的和平外交政策”，标志着中国摒弃了与西方在意识形态上的纷争，转而谋求和平共处。[④] 这样的抉择表体现的是融入国际社会做一名正常成员的实用主义战略。尽管此间国际形势曾发生风云变幻，中国大体上还是坚持了这个战略。作为在安理会拥有否决权的常任理事国，中国发现参加联合国维和事务有助于更好地融入国际社会。因此，中国逐渐接受了联合国的维和理念。

1981 年，中国首次在安理会投票支持旨在延长联合国塞浦路斯部队任务的第 495 号决议。1982 年，开始缴纳维和经费摊款。1988 年，加入了联合国维和行动特别委员会。1990 年，向联合国停战监督组织派出 5 名军事观察员。

20 世纪 80 和 90 年代中国的维和理念寻求在守护威斯特伐利亚规范与

---

① Yeshi Choedon, “China's Stand on UN Peacekeeping Operations: Changing Priorities of Foreign Policy,” China Report 41, no. 1 (2015): 39.

② He Yin, “China-EU Cooperation on UN Peacekeeping: Opportunities and Challenges,” pp. 16－17.

③ Kim J. Ilpong, ed., The Strategic Triangle: China, the United States & the Soviet Union (Saint Paul, Minn.: Paragon House Publisher, 1987).

④ He Yin, “China-EU Cooperation on UN Peacekeeping: Opportunities and Challenges,” p. 22.

实现国家的现实利益之间保持平衡。因此，中国在参与维和事务时有两方面的考虑：一方面，它需要坚持国家主权和不干涉等威斯特伐利亚规范的政治立场；另一方面，也意识到合作的行为可以带来政治和外交上的收获。①

在此期间特别是20世纪90年代，中国的维和理念表现出了一定程度的灵活性，在涉及武力使用的问题上尤其如此。从1988—1998年间联合国总共建立了36项维和行动。中国在安理会投票支持建立新的传统维和行动以及现有传统维和行动的延期。与此同时，它并不反对、有时甚至还支持根据《联合国宪章》第七章授权的维和行动。比如，90年代早期中国支持了建立第二期联合国索马里维和行动。当然，当有维和行动当事方公然损害中国在国际社会中的成员地位这样的核心利益时，中国会毫不犹豫地表明立场。比如，1997年和1999年，中国先后在安理会投票否决了在危地马拉和马其顿的维和行动，原因是这两个国家都采取了偏激的行为挑战中国的一个中国原则。

四、21世纪中国的维和理念

21世纪的中国是崛起大国，它的维和理念服务于和平崛起。20世纪80年代和90年代以来融入国际社会和以经济建设为中心的战略提升了国家的能力和信心，促使中国重新思考自己的国家身份。早在1999年，朱镕基总理就宣布中国要做“负责任的大国”。2003年，中央党校常务副校长郑必坚在博鳌亚洲论坛上提出了“和平崛起”的概念。2005年9月，胡锦涛主席在纽约出席联合国峰会时发表演讲，呼吁建立“和谐世界”。中国高层提出的这些概念表明了对国家崛起前景以及由此带来的国家身份提升的自信。中国国家身份的变化也逐渐得到了国际社会认同。2005年，美国国务院负责东亚事务的副国务卿罗伯特·佐利克在美中关系全国委员会发

① Yeshi Choedon, “China’s Stand on UN Peacekeeping Operations: Changing Priorities of Foreign Policy.”

表演讲，提出希望中国做“利益攸关者”。佐利克指出：“是让我们的政策超越仅仅让中国成为这个体系的一名成员的时候了。我们需要促使中国在这个体系中成为一名负责人的利益攸关者。”①

中国崛起大国的新身份决定了它在国际体系中的利益，并塑造它的维和理念。联合国维和有三项基本原则：同意、公正和不使用武力。中国在维和三原则以及“保护的责任”上的立场反映中国的维和理念。

同意

中国坚持认为东道国的同意是建立维和行动的先决条件。当一个东道国同意接受维和行动时，通常情况下中国都会在安理会支持相关决议，并且还会派人参加该项维和行动。

中国也明白有时候需要国际社会做出努力以得到当事国的同意。但是，它坚决反对通过使用武力或者制裁等强制方式，而是倾向于通过说服和影响等非强制性的方式获取同意。近些年来中国曾与国际社会一道努力，说服苏丹、南苏丹、刚果（金）和叙利亚接受联合国维和行动或者与联合国合作。②

公正

中国坚持认为联合国和国际社会应当遵守公正、客观和中立的原则，避免介入维和行动东道国的政治纷争和阻碍和平进程。③ 中国驻联合国代表王民警告说：“任何偏离或者弱化（维和指导原则）的做法都无助于联合国维和行动保持客观、中立，甚至可能使联合国成为冲突一方，损害国

---

① Robert B. Zoellick, “Whither China: From Membership to Responsibility?” 21 September 2005, http://2001-2009.state.gov/s/d/former/zoellick/rem/53682.htm.

② 2014 年 6 月 18 日，笔者在北京对一名中国外交官的采访。

③ Chinese Ministry of Foreign Affairs, “Position Paper of the People's Republic of China at the 68th Session of the United Nations General Assembly,” 9 September 2013, www.china-embassy.org/eng/zgyw/t1074585.htm.

际社会解决冲突和争端的努力。"①

中国非常反感一些西方强国的政权更迭议程。例如，2011 年当安理会表决第 1793 决议草案，要授权在利比亚建立"禁飞区"以"保护平民"时，中国投了弃权票，担心一些国家会利用这个决议将武力侵犯利比亚主权的行为合法化。② 后来，一些北约国家故意曲解第 1793 号决议，对利比亚发动空袭并在该国造成政权更迭。从利比亚的事例中吸取教训之后，中国更加警惕部分西方国家以维和为名在他国推行政权更迭的冲动。比如，当觉察到一些国家在叙利亚支持反对派并打算迫使阿萨德政府下台时，中国毫不犹豫地表示反对。2012 年 6 月，在俄罗斯总统普京访问中国期间，两国政府发表了一份联合声明，重申了叙利亚危机应当通过公正与和平的方式解决，坚决反对任何想要在这个叛乱肆虐的国家推行政权更迭的企图。③ 2014 年 5 月 22 日，当安理会就法国提出的一份关于将叙利亚问题提交国际刑事法院的决议草案进行表决时，中国与俄罗斯一起投了否决票。中国外交部发言人洪磊在记者会上表示：

> 在叙利亚问题上，国际社会当前要做的是，坚持政治解决叙利亚问题的大方向，继续推动停火止暴，缓解人道主义局势，特别是通过日内瓦谈判进程，让叙利亚双方走一条符合自身国情、兼顾各方利益的"中间道路"。④

然而作为一个崛起大国，中国并没有生硬地践行公正原则。也就是

---

① Permanent Mission of the People's Republic of China to the UN, "Statement by Ambassador Wang Min at the Security Council Open Debate on United Nations Peacekeeping Operations," 11 June 2014, www. china-un. org/eng/hyyfy/t1168830. htm.

② Chinese Ministry of Foreign Affairs, "Foreign Spokeswoman Jiang Yu's Remark on the UNSC Resolution 1973 over Libyan Issue," 18 March 2011, www. fmprc. gov. cn/ce/cekor/chn/fyrth/t807595. htm.

③ Xinhua, "China, Russia Urge Impartial, Peaceful Syria Solution," 7 June 2012, http: // news. xinhuanet. com/english/china/2012 -06/06/c_ 123245703. htm.

④ Chinese Ministry of Foreign Affairs, "Foreign Ministry Spokesperson Hong Lei's Remarks on the UN Security Council's Vote on the Draft Resolution to Refer the Situation in Syria to the International Criminal Court."

说，一方面，中国主张不能干涉国家内部事务；而另一方面，它也愿意在国际冲突解决中发挥积极作用，包括必要时与相关国家的反对派接触。2011年6月，中国确认它驻卡塔尔大使张志良在多哈会见了利比亚“全国过渡委员会”主席贾利勒。① 2013年2月5日，中国驻埃及大使宋爱国在开罗会见了“叙利亚反对派与革命力量全国联盟”主席哈提卜。② 对于2014年11月阿富汗塔利班代表团访问北京的传闻，中国外交部发言人洪磊表示：作为阿富汗的友好邻邦，中国高度重视发展中阿关系，希望阿富汗早日实现持久和平、稳定与发展，支持“阿人主导、阿人所有”的和平与和解进程，愿为此发挥建设性的作用。③

不使用武力

中国坚持认为和平解决国际争端与国际关系中不使用武力是《联合国宪章》的重要原则以及国际法的基本准则。尽管如此，它并没有完全排除在极其特殊的情况下使用武力的必要性。中国认为，使用武力需要满足两个基本要求：一个是要有安理会的授权，另一个是为了自卫或者捍卫任务授权。而且，是否使用武力，应当由安理会视冲突实际情况逐案处理。④

在实践中，中国在武力使用问题上的维和理念主要体现在两个方面：一个是在安理会的表决行为，另一个是派人参加维和行动的情况。在安理会里，只要有东道国的邀请或者默许，中国通常都会投票支持建立维和行动或者延长现有的维和行动。中国支持了根据《联合国宪章》第七章授权在刚果（金）、海地、苏丹南部（后来独立为南苏丹）、达尔富尔、乍得和

---

① Xin hua, “China Ready to Receive Libya Opposition NTC Envoys: Diplomat,” 9 June 2011, http://news.xinhuanet.com/english2010/china/2011-06/09/c_13919420.htm.

② Xin hua, “Chinese Ambassador Meets Syrian Opposition Leader in Cairo,” 6 February 2013, http://news.xinhuanet.com/english/china/2013-02/06/c_132153328.htm.

③ Chinese Ministry of Foreign Affairs, “Foreign Ministry Spokesperson Hong Lei’s Regular Press Conference on 14 January 2015,” January 14, 2015, www.chinaembassy.cz/cze/fyrth/t1228255.htm.

④ Chinese Ministry of Foreign Affairs, “Position Paper of the People’s Republic of China on the United Nations Reform.”

马里等地建立维和行动。同时，它反对一些西方国家威胁使用武力或者制裁措施干预苏丹、津巴布韦和缅甸的内政。2007 年，中国与俄罗斯一起在安理会对美国和英国发起的一份企图对缅甸采取行动的决议草案投了反对票,① 指出制裁措施非但不利于缅甸问题的解决，还可能让这个贫困的国家情况恶化,② 损害中国的地缘和经济利益。③

"保护的责任"

中国关于维和三原则的立场也体现在了对待"保护的责任"的态度上。尽管北京签署了《2005 年世界首脑会议成果文件》，原则上同意"保护的责任"这个概念，但是，它从来就没有接受其中包含的干涉主义理念。在中国看来，干涉行为不但践踏联合国的权威，而且违背国家主权平等的原则。根据《2005 年世界首脑会议成果文件》，保护的责任有三个支柱：

> 支柱一：每一个国家都负有责任保护本国公民免遭大规模暴行之害。
>
> 支柱二：国际社会有责任协助国家保护它的公民。
>
> 支柱三：如果国家不能保护本国公民免遭大规模暴行之害而且和平手段已经穷尽，国际社会就有责任通过武力方式进行干预。但是军事干预是最后的手段。④

---

① UN News Center, "China and Russia Veto US/UK Backed Security Council Draft Resolution on Myanmar," 12 January 2007, www. un. org/apps/news/story. asp? NewsID = 21228&Cr1#. VLEvddKjKlY.

② Christopher Len and Johan Alvin, "Burma/Myanmar's Ailments: Searching for the Right Remedy," Silk Road Paper, Uppsala and Washington, Central Asia-Caucasus Institute (CACI) Silk Road Studies Program (SRSP), March 2007, www. ibiblio. org/obl/docs4/BurmaMyanmar-Len& Alvin. pdf.

③ He Yin, "China's Changing Policy on UN Peacekeeping Operations."

④ UN General Assembly, "2005World Summit Outcome," UN doc. A/60/L. 1, 20 September 2005, p. 31.

中国坚持“保护的责任”主要应当落到第一个支柱上。2009 年 7 月 24 日，中国常驻联合国代表刘振民在联合国大会上就“保护的责任”相关问题进行发言时指出：

> 各国政府负有保护本国公民的首要责任。国际社会可以提供协助，但保护其民众归根结底还要靠有关国家政府。这与主权原则是一致的。因此，“保护的责任”的履行不应违背主权原则和不干涉内政原则。尽管世界发生了复杂深刻的变化，但《联合国宪章》宗旨和原则不能动摇。①

一名退休外交官指出，中方将“保护的责任”看作是一个良好的理念，主要具有政治道德的意义。② 尽管如此，中国并没有完全排除需要履行“保护的责任”必要性。它同意当有“大屠杀、战争罪、种族灭绝和反人道罪”这四种严重罪行发生时，国际社会应当采取集体安全行动出面制止。③ 但是，中国同时坚持履行“保护的责任”需要考虑三个条件：其一，干涉是万不得已的手段；其二，应当有安理会的授权；其三，当履行保护的一方不是联合国自己时，应当定期向安理会通报情况。④

在联合国维和行动中，“保护的责任”的任务常常表现为平民保护（protection of civilian）。目前正在进行的联合国维和行动中，大多都有平民保护的任务。中国在安理会投票支持了这些维和行动，在原则上同意联合国维和人员履行平民保护的任务。然而，正如一名澳大利亚学者指出的，中国偏向政治的而不是强制的方案，只有在其他方法已经穷尽的情况下才

---

① Permanent Mission of the People's Republic of China to the UN, “Statement by Ambassador Liu Zhenmin at the Plenary Session of the General Assembly on the Question of Responsibility to Protect,” 24 July 2009, www. china-un. org/eng/hyyfy/t575682. htm.

② Interview with a Chinese veteran diplomat, Langfang, China, 13 December 2012.

③ Permanent Mission of the People's Republic of China to the UN, “Statement by Ambassador Liu Zhenmin at the Plenary Session of the General Assembly on the Question of Responsibility to Protect.”

④ Interview with a Chinese veteran diplomat, Langfang, China, 13 December 2012.

支持使用武力开展平民保护。[①] 而且，中国认为当确实有必要使用制裁或者武力这样强制措施时，也必须要有安理会的授权。

近些年，中国学者开始探讨“保护的责任”问题。2012 年，中国国际问题研究院研究员阮宗泽针对“保护的责任”提出了“负责任的保护”（responsible protection）的概念。[②] 阮宗泽指出，国际社会在考虑保护的责任之时，还应严格限制保护的手段，明确保护的目标，并对开展保护行为后的国家重建负责。[③]“负责任的保护”概念的提出具有重大意义，标志着中国学者在面对西方提出的各种概念时，已经从被动地接受或者生硬地反对，发展到立足中国文化价值观和国家发展实践提出具有中国特色的概念去深度参与对话和论争。崛起的中国不仅仅是国际规范的接受者，还应当是供应者和传播者。[④]

五、中国人民解放军对维和的理解

1990 年解放军首次派人参加维和行动之后，除了 1992 年 4 月至 1993 年 9 月向联合国柬埔寨过渡行政当局分两批派出 800 名工程兵部队，在整个 90 年代只派出了少量的的军事观察员。[⑤] 2003 年，一个 178 人的解放军工程兵大队部署到了联合国刚果（金）稳定特派团，开启了新世纪里积极参加维和行动的序幕。尽管如此，在之后的 10 年里，解放军都没有向维和

① Sarah Teitt, “China and the Responsibility to Protect,” Asia-Pacific Center for the Responsibility to Protect, 2008, http: //responsibilitytoprotect. org/ files/China_ and_ R2P%5B1%5D. pdf.

② Ruan Zongze, “Responsible Protection: Building a Safer World,” ChinaInstitute of International Studies, 15 June 2012, www. ciis. org. cn/english/2012 -06/15/content_ 5090912. htm.

③ Ruan Zongze, “Responsible Protection,” China Daily, 13 March 2012, http: //usa. chinadaily. com. cn/opinion/2012 -03/15/content_ 14838556. htm.

④ 何银：《规范竞争与互补：以建设和平为例》，《世界经济与政治》2014 年第 4 期，第 105—121 页；Andrew Garwood-Gowers, “China's ‘Responsible Protection’ Concept: Reinterpreting the Responsibility to Protect (R2P) and Military Intervention for Humanitarian Purposes”。

⑤ Information Office of the State Council, China's National Defence in 1998, July 1998, http: //eng. mod. gov. cn/Database/WhitePapers/1998. htm.

行动派出执行安全任务的部队，而只是派出了工程、运输、排雷和医疗等保障部队。

解放军有200多万人，是世界上规模最大的军队之一。联合国和国际社会长期以来希望解放军派遣作战部队参加维和行动。解放军向马里和南苏丹派出维和安全部队，表明了更加积极参加维和行动的意愿。迄今解放军还没有公开发布参加联合国维和的行动条例。尽管如此，近些年日益积极参加联合国维和行动促使解放军重新定义在新时期的使命。2009年1月，中国国防部发布《军队非战争军事行动规划》，规范了解放军遂行非战争军事行动的能力建设的原则、目标、规模以及手段和条件等。

2013年3月，国防部发布了国防白皮书《中国武装力量的多样化运用》，第一次系统地阐述了解放军在21世纪的使命，包括捍卫国家主权、安全、领土完整，保障国家经济社会发展，维护世界和平和地区稳定等。白皮书提出解放军应当履行国际责任，在维护世界和平、安全与稳定中发挥积极作用。①

在行动层面，解放军向马里派出警卫分队以及向南苏丹派出步兵营，表明中国军队愿意执行维和行动中的安全任务。在得到联合国授权且形势确有必要时，解放军维和人员将执行使用武力的任务。2014年9月14日，国防部发言人耿雁生在记者会上指出：

> 根据联合国安理会决议，联合国南苏丹特派团的一项重要职责是保护平民、联合国和人道主义工作人员。中国维和部队将严格遵守国际法和安理会授权，根据形势需要、任务区指令和交战规则，为当地民众和其他国家在当地从事和平行动、人道主义救援和经济建设工作的人员提供力所能及的保护，为维护南苏丹及该地区的和平稳定发挥建设性作用。②

---

① Information Office of the State Council, The Diversified Employment of China's Armed Forces, 2 April 2013, www.china.org.cn/government/white paper/node_ 7181425.htm.

② Ministry of National Defence, "Defence Ministry's Regular Press Conference on September 25, 2014," 25 September 2014, http://eng.mod.gov.cn/Press/2014-09/25/content_ 4539896.htm.

此外，耿雁生还强调，将中方派到南苏丹的维和步兵营称为“作战部队”的说法是不确切的。联合国将维和步兵营称为安全部队，执行安全和保护任务，而不是传统意义上的作战任务。维和部队不会直接卷入驻在国的武装冲突。

结　论

自中国重返联合国以来，它的国家身份发生了巨大变化，维和理念也随之发生改变。20 世纪 70 年代中国对联合国维和持负面态度。20 世纪 80 和 90 年代，中国不断融入国际社会，谋求成为一名正常的成员，所以开始参与维和事务。然而，受到国力和国际影响力的限制，中国忙于适应变幻的国际环境，参与维和事务时寻求威斯特伐利亚规范与实现国家的现实利益之间的平衡。这个时期中国的维和理念具有“反应式合作”（reactive co-operation）的特点。

21 世纪的中国是崛起大国。得益于国家实力增强、国际地位提升以及对包括联合国维和机制在内的国际制度规则了解加深，中国对自身作为崛起大国的权利和义务有了更为深刻的理解。换句话说，中国需要与其和平崛起战略一致的维和理念。这套理念应当有助于中国做负责任大国和构建和平的国际环境。所以，今天的中国成为了支持联合国维和事务的中坚力量。21 世纪中国的维和理念具有“积极参与”（active participation）的特点。

从最近几年中国开始向联合国维和行动派遣安全部队可以看出，在维和的行动层面，中国对使用武力的问题有了富有建设性的理解：在由联合国指挥的维和行动中，当有必要时，中国维和人员已经做好了根据任务授权而使用武力的准备。

2016 年 6 月 1 日，恐怖分子用汽车炸弹袭击了中国维和警卫分队在马里北部加奥的营地，造成 1 名中国维和人员死亡，另有 4 人受伤。7 月 10

日，在南苏丹政府军与叛军交火过程中，一枚炮弹击中了中国维和部队的巡逻车，造成2名中国维和人员死亡，另有5人受伤。在这两起事件中，中国维和部队都严格遵守联合国交战规则而保持了克制，没有做出过度反应。发生在马里的恐怖袭击事件激发了中国公众关于维和行动中反恐问题的讨论。然而，中国不会为联合国维和行动执行反恐任务开绿灯，因为它认为联合国既缺乏能力也缺乏政治意愿那样做。给维和行动授予反恐任务只会造成更多维和人员伤亡。①

尽管在马里和南苏丹遭受人员伤亡，但是中国并不会从这两个任务区撤出维和人员。相反，还在积极向非洲派遣更多的维和力量。当前中国派出的一个由4架多功能直升机和140名人员组成的分队已经部署到了非盟—联合国达尔富尔混合行动。可见，即便面对维和人员伤亡增加的挑战，崛起的中国仍然将继续积极参加联合国维和行动。

鉴于近年来国际冲突和争端的性质发生改变，联合国维和行动的理念和实践都出现了新趋势和新特征。② 联合国维和正处在十字路口：传统的维和理念受到后威斯特伐利亚规范有限主权和干涉主义的挑战。崛起的中国是支持联合国维和的中坚力量，它有属于自己的维和理念。在21世纪，中国的维和理念将不但推动联合国维和理念的变革，还会对世界政治产生影响。

（本文在“China's Doctrine on UN Peacekeeping”的基础上翻译编写完成；原文发表于 *UN Peacekeeping Doctrine in a New Era*, Edited by Cedric de Coning et al, London: Routledge, 2017）

---

① 何银：《100余联合国人员各种原因死亡，这个国家怎么了?》，载环球网，4 June 2016，http://mil.huanqiu.com/observation/2016-06/9008911_2.html。

② Chinese Ministry of Foreign Affairs, "Foreign Ministry Spokesperson Hong Lei's Remarks on the UN Security Council's Vote on the Draft Resolution to Refer the Situation in Syria to the International Criminal Court," 23 May 2014, www.fmprc.gov.cn/mfa_eng/xwfw_665399/s2510_665401/2535_665405/t1158923.shtml.

/联合国维和事务与中国维和话语权建设/

联合国维和事务是指联合国为履行维持和平与安全的使命而在政治和行动两个层面从事的工作，其中的话语权关涉各国在国际政治和全球治理中的利益。会员国在联合国维和事务中的话语权，可以分为应得话语权和实得话语权。应得话语权可以用会员国在安理会的地位、国家实力以及对维和事务支持的力度为指标衡量；实得话语权可以用会员国在秘书处各级官僚机构、政策咨询事务以及利益分配机制中的代表权为指标衡量。研究发现，尽管中国是安理会常任理事国和支持联合国维和事务的中坚力量，但是在维和事务中的实得话语权排名远远落后于应得话语权排名，表明中国在联合国维和事务中存在严重的话语权赤字。这既有中国自己的原因，也有联合国方面的原因。中国维和话语权赤字不仅仅影响到了中国的国家利益，也不利于联合国及维和事业的长远发展。维和话语权赤字仅仅是中国在整个全球治理体制中话语权赤字的一个缩影。中国应通过多种渠道和手段加强维和话语权的建设。

联合国是世界上最具普遍性、权威性和合法性的政府间国际组织，维持和平与安全（维和）则是联合国工作的重要部分和亮点。进入 21 世纪以来，中国开始成为支持联合国维和行动的中坚力量。[①] 与此同时，随着中国不断崛起，国际话语权问题开始凸显。[②] 然而在现有关于中国国际话

---

① 何银：《中国是支持联合国维和行动的中坚力量》，http：//opinion. china. com. cn/opinion_50_ 138350. html，登录时间：2016 年 10 月 9 日。

② 张志洲：《加强国际政治话语权研究》，载《人民日报》，2016 年 1 月 11 日；孟祥青、王啸：《在参与全球治理中提升国际话语权》，载《人民日报》，2015 年 10 月 15 日；胡正荣、李继东：《如何建构中国话语权》，载《光明日报》，2014 年 11 月 17 日。

语权的文献中，立足某一具体实践领域的研究还不多见。本文研究中国在联合国维和事务中的话语权建设，以期既有助于改进中国的维和工作，也能够对中国国际话语权研究有所贡献。

一、联合国维和事务及话语权

研究中国在联合国维和事务中的话语权，首先需要明确联合国维和事务及相关话语权的范畴。

（一）联合国维和事务

联合国维和事务包括政治和行动两个层面。政治层面主要是指联合国安理会（安理会）和联合国大会（联大）发挥话语平台的功能，汇聚联合国会员国（会员国）的政治观点和立场，就维和的重大问题做出具有政治意义的决议或者建议。具体讲，根据《联合国宪章》（简称《宪章》）的规定，安理会是维持国际和平与安全的最高权力机构，可以授权秘书处甚至会员国采取行动；联大可以讨论维持国际和平与安全的问题，负有对安理会建言等职权。[①] 1956 年为解决苏伊士运河危机，联大甚至直接介入安理会的职权范围，召开紧急特备会议并决定建立维和行动进行干预。[②]

行动层面主要是指联合国秘书处（简称秘书处）利用可能获取的资源，通过采取具体措施或者手段，执行安理会有关维和决议的授权，或者落实联大的相关建议。联合国维和的具体措施，是随着国际政治格局的变

---

① United Nations，*Charter* of the *United Nations*，Chapter Ⅳ，www. un. org/en/sections/un-charter/chapter-iv/index. html，登录时间：2016 年 10 月 9 日。

② United Nations，“Resolutions Adopted by the General Assembly during Its First Emergency Special Session from 1 to 10 November，” http：//www. un. org/ga/search/view _ doc. asp？ symbol = A/3354&Lang = E，登录时间：2016 年 10 月 9 日。

迁和全球治理需求的发展而演变的。尽管《宪章》规定“维持国际和平与安全”是联合国的首要使命，但是并没有规定有必要时可以采取何种具体措施履行这一使命。1948 年第一次中东战争之后，联合国建立了第一项维和行动——联合国停战监督组织在冲突的阿以双方之间部署军事观察员监督停火协议的执行。特别是 1956 年为解决苏伊士运河危机建立了第一支联合国维和部队——联合国紧急部队以后，维和作为应对国际危机的临时措施，开始成为联合国的一种实践。在冷战时代，联合国维和行动应对的往往是国家间冲突（inter-state conflicts），这一时期维和行动的措施主要是维持和平，在冲突双方之间部署维和部队和/或军事观察员监督停火协议的实施，为冲突的政治解决争取时间。

随着冷战结束，影响国际和平与安全冲突的主要特征从国家间冲突，转变为由民族、种族和宗教等身份认同问题引发的国家内冲突（intra-state conflicts）；加之国际局势趋于缓和，大国之间更容易在安理会等联合国的高级政治层面达成一致，联合国维护国际和平与安全的任务日益增多。在此情势下，联合国维和手段得以不断发展和丰富。1992 年 7 月，联合国秘书长布特罗斯·布特罗斯·加利（Boutros Boutros-Ghali）在《和平纲领》（An Agenda for Peace）中阐述预防性外交（preventive diplomacy）、建立和平（peacemaking）、维持和平（peacekeeping）三个用语的含义，并讨论了冲突后建设和平（post-conflict peacebuilding）这一概念。[①] 加利提出，这四个密切相关的概念涉及四个领域的行动，合并起来实施有助于按照《宪章》的精神保障和平。[②]

2000 年，联合国秘书长科菲·安南（Kofi Annan）任命了一个专家小组对联合国维和工作进行审议。同年 8 月，专家小组完成了《联合国和平行动问题小组报告》（简称《卜拉希米报告》）。该报告提出了和平行动（peace operation）的概念，指出联合国和平行动包含冲突预防（conflict

---

① United Nations, “An Agenda for Peace,” http：//www. un-documents. net/a47 – 277. htm，登录时间：2016 年 10 月 9 日。

② United Nations, “An Agenda for Peace,” http：//www. un-documents. net/a47 – 277. htm，登录时间：2016 年 10 月 9 日。

prevention）、建立和平、维持和平与建设和平四个要素以及维和行动和与政治特派团（political mission）两种基本形式。[①] 秘书处于2015年推出《联合国和平行动问题高级别独立小组报告》（《独立小组报告》），进一步确认并诠释了和平行动的概念、实践、四大要素和两种基本形式，[②] 并首次提出了“保持和平”（sustaining peace）的概念，主张给予当事国持续的关注和支持，以防止重新陷入冲突。

不难发现，联合国维持和平与安全事务涉及的概念繁多，含义交错，很容易让人陷入术语困境。为简便起见，加之考虑到“维和”一词既是联合国维持和平与安全实践中的最大亮点，也是相关舆论和话语的核心概念，本文用“维和事务”一词，概括性地指代联合国为履行维持和平与安全的使命而在政治和行动两个层面从事的一切工作。

（二）联合国维和事务话语权

联合国维和事务话语权属于国际话语权的范畴。国际话语权是指以国家利益为核心、就国家事务和相关国际事务发表意见的权力。[③] 联合国维和事务是国际政治和全球治理的重要领域，许多会员国都希望得到尽可能多的相关话语权以实现自身的国家利益。在各国竞相争夺面前，任何国际事务的话语权都是有限的资源，维和事务话语权也是如此：一些国家得到的越多，就意味着其他一些国家得到的越少。如何衡量一个国家所得维和事务话语权的多少呢？

国际社会是一个无政府社会，但并非一个没有秩序的社会。包括联合国在内的国际制度体系提供了一个基本的国际秩序。作为全球最大的

---

① United Nations，“Report of the Panel on United Nations Peace Operations，” http：//www. un. org/en/ga/search/view-doc. asp？ symbol＝A/55/305，登录时间：2016年10月9日。

② United Nations，“Report of High-Level Independent Panel on Peace Operations on Uniting Our Strength for Peace：Politics，Partnership and People，” http：//www. un. org/en/ga/search/view-doc. asp？ symbol＝S/2015/446，登录时间：2016年10月9日。

③ 梁凯音：《论国际话语权与中国拓展国际话语权的新思路》，载《当代世界与社会主义》2009年第3期，第110—113页。

国际制度平台，联合国建立了一些分配话语权的规范。比如，安理会实行常任理事国拥有否决权的权力集中原则，而联大等其他机构实行一国一票的民主原则。又比如，联合国在会费比额分配上考虑会员国的经济发展水平等因素，而在秘书长和非常任理事国的选拔、机构办公地设置、职员名额分配和政策咨询等事务上，又会考虑地域均衡等因素。综合这些因素不难发现，不同的会员国在联合国维和事务中可能得到不同的话语权份额。

约瑟夫·奈（Joseph S. Nye）在《权力大未来》一书中指出，权力派所理解的以物质实力为主的权力仅仅是权力资源；只有通过巧权力——外交战略，权力资源才能够转化为有意义的权力。[①] 本文在借鉴奈的观点的基础上，提出各国根据联合国规范和国际政治相关游戏规则，在联合国制度体系中可能得到的话语权份额并非话语权本身，而仅仅是话语权资源。只有在有效的巧权力配合下，这些话语权资源才能够充分转化为实际的话语权。也就是说，会员国在联合国应当得到的话语权份额仅仅是理想状况下可以得到的话语权（应得话语权），而与之对应的则是在具体的外交战略的配合下实际得到的话语权（实得话语权）。在联合国政治的现实中，一些国家的应得话语权可能大于实得话语权，而另一些国家的应得话语权可能小于实得话语权，并且还可能出现某些国家的两种话语权基本相当的情况。因此，可以通过对比这两种话语权，了解会员国的维和事务话语权状况。

会员国的维和事务应得话语权主要由三个因素决定：该国在联合国主要政治平台中的地位、国家实力以及对联合国维和事务的支持力度。安理会和联大都属于联合国维和事务的主要政治平台。由于联大实行每个会员国一票的民主议事制度，从理论上讲联大里每一个会员国在政治层面上的话语权都是平等的，所以可作为一个常量考虑。而根据《宪章》的精神，安理会是负责维和事务的最高权力机构，由五个常任理事国和十个定期经联大选举产生的非常任理事国组成。安理会对于实质性事项的决议表决，

---

① Joseph S. Nye, Jr. , *The Future of Power*, New York: Public Affairs, 2010.

必须有包括五个常任理事国一致同意在内的2/3以上多数票同意才能通过。[①] 可见，会员国在联合国主要政治平台中的地位，主要取决于在安理会的地位。

会员国的国家实力也能够影响维和事务话语权。国家实力强意味着有更多的资源参与国际事务，能够对具体的议程施加更大的影响力。例如，当日本和巴拿马同为非常任理事国，在安理会议事时日本的话语权往往能够大于巴拿马，这是因为日本的国家实力更大。国家实力可以用综合国力（comprehensive national power）衡量。综合国力以国家的军事、经济、人口和领土幅员等参数计算。[②]

此外，会员国对联合国维和事务的支持力度也能影响话语权。对维和事务的支持体现在政治、人力和财力等方面。政治支持难以用特定的指标衡量，所以除非某个会员国在支持联合国维和事务的政治姿态上有重大举措，都可以作为一个常量对待。人力支持主要指会员国向联合国维和行动派出维和人员的数量。会员国对维和事务的财力支持可以用维和摊款比额来衡量。

会员国的维和事务实得话语权主要体现在安理会和秘书处两个层面。由于在以安理会为中心的维和事务政治层面，重大问题的磋商过程是国际政治的"黑箱"，外界很难直接了解到会员国的实得话语权。而在秘书处层面，各国的维和事务实得话语权更容易通过一些公开的数据进行衡量。所以，本文将通过研究会员国在秘书处层面获得的维和事务话语权，以期从一定程度上了解该国在整个联合国维和事务中的实得话语权。

会员国的维和事务实得话语权主要体现为在秘书处各级官僚机构、政策咨询事务以及利益分配机制中的代表权。在维和事务官僚机构中的代表权，主要表现为占有各级职位特别是高级职位的数量。迈克尔·巴尼特（Michael Barnett）和玛莎·芬尼莫尔（Martha Fennimore）研究发现，国际组织的官僚机构在行事时具有独立于会员国政治意图的自主性，能够对国

① United Nations, *Charter of the United Nations*, Chapter IV.

② 宋瑞玉：《综合国力度量理论》，武汉：湖北教育出版社，1994年版。

际政治的进程产生影响。[①] 秘书处官僚机构的行事风格、议程设置乃至政策制定，往往都会受到职员特别是高级职员的影响。而来自不同会员国、充斥从总部机关到维和行动任务区的联合国职员的行事风格和价值理念，都难免带有自己国家文化背景和利益诉求的痕迹。会员国占据秘书处各部门职位特别是高级职位数量的多少，直接关涉到在维和事务行动层面的话语权。为此，许多会员国特别是西方大国一直就非常重视占据在秘书处维和事务主管部门的职位。比如，长期以来，美国人把持政治事务部，法国人把持维和行动部，英国人把持人道主义事务协调厅，其他国家很难染指这几个负责维和事务重要部门的主管职位。[②]

在维和事务政策咨询事务中的代表权，主要表现为会员国参与秘书处组织的维和事务问题咨询活动的机会。秘书处在处理维和事务日常工作时，经常需要制定各种具体政策或者规则。制定这些政策或者规则的通常做法是向会员国政府和智库咨询，或者任命由来自会员国的代表组成的专家小组撰写报告。会员国参与这些政策咨询活动，可以借机表述对维和事务问题的看法和利益诉求，甚至直接将己方观点写进各种报告，从而切实地获得话语权。政策咨询事务中的代表权主要涉及两个方面：一个是会员国的政府或者学界参与联合国维和事务咨询，另一个是派出代表参加维和事务专门问题咨询小组。前者的指标很难认定，相关信息很难统计；而后者的途径通常比较正式，相关数据也容易获取，可以作为一项衡量指标。

维和事务利益分配机制中的代表权主要表现为联合国对会员国的反哺程度。联合国从会员国得到维和事务所需的资源，又通过各种方式进行回馈，这就是一个反哺过程。反哺既包括雇用会员国的公民，也包括在会员国设立办公机构，以及从会员国购买商品和服务。鉴于雇用会员国公民的情况已经在“秘书处职员及高级职员人数”一项中得到体现，而联合国机构办公地的设置往往有复杂的历史原因，所以本文只将与维和事务相关的

① 迈克尔·巴尼特、玛莎·芬尼莫尔著，薄燕等译：《为世界定规则：全球政治中的国际组织》，上海：上海人民出版社，2009 年版。

② 笔者对中国外交部和联合国维和行动部官员的访谈，北京，2016 年 7 月。

商品和服务采购份额作为衡量指标。

综上所述，会员国在联合国维和事务中的话语权，可以分为应得话语权和实得话语权。这两种话语权都可以分别通过表 1 中对应的两组指标进行衡量。在确定了维和事务话语权的种类和衡量指标的基础上，本文的第二部分将进一步研究中国在联合国维和事务中的话语权现状。

表 1　维和事务话语权分类及衡量指标

<table>
<tr><th>话语权</th><th>应得话语权</th><th>实得话语权</th></tr>
<tr><td rowspan="4">衡量指标</td><td>在安理会的地位</td><td rowspan="2">在秘书处职员及高级职员人数</td></tr>
<tr><td>综合国力</td></tr>
<tr><td>维和人员数量</td><td>参加专门问题咨询小组的次数</td></tr>
<tr><td>维和摊款比额</td><td>商品与服务采购份额</td></tr>
</table>

资料来源：笔者自制。

二、中国维和话语权赤字

中国在维和事务中的话语权（维和话语权）分为应得话语权和实得话语权。本节将首先使用表 1 中涉及“应得话语权”的四项指标衡量中国在这四个方面的排名，并综合这四个方面的排名得出中国在维和事务中的应得话语权排名。然后再用表 1 中涉及“实得话语权”的三项指标衡量中国在这三个方面的排名，并逐一将这三个方面的排名与中国的应得话语权排名进行比较，判断中国在联合国维和事务中是否存在话语权赤字。做定量比较研究需要特定时间的数据和信息。从可得性角度来看，2015 年的数据和信息既比较新、也比较全面，所以除非有特别说明，本文将使用 2015 年的相关数据和信息做对比分析研究。

（一）中国在联合国维和事务中的应得话语权

联合国有193个会员国，其中美国、中国、英国、法国和俄罗斯是安理会五大常任理事国。2015年，中国社会科学院发布《国际形势黄皮书：全球政治与安全报告》，根据经济实力、军事实力、人口规模和国土面积等指标度量国家的综合国力。综合国力排名前10位的国家依次是：美国、日本、中国、俄罗斯、德国、法国、英国、加拿大、巴西和印度。[①] 而根据联合国秘书处的数据，2015年，在维和摊款比额方面排名前10位的国家分别是美国、日本、法国、英国、德国、中国、意大利、俄罗斯、加拿大和西班牙。[②] 不难发现，综合国力排名前10位的国家中既包含了安理会五个常任理事国，也包含了维和摊款比额排名前10位中的8个国家，基本上代表了在联合国维和事务中最活跃的大国。因此，本文将以综合国力排名前10位国家为范围，研究它们在维和事务应得话语权方面的排名，以确定中国的维和事务应得话语权的相应排名。

如前文所述，根据《宪章》的规定，在讨论关涉和平与安全的重大事项时，常任理事国都拥有否决权。常任理事国否决权首先意味着从理论上讲，所有五个常任理事国在安理会都拥有同等的地位，排名都应当是并列第一。常任理事国否决权还意味着一个会员国是否是常任理事国，使其在安理会的地位乃至在整个维和事务应得话语权方面有天壤之别。也就是说，一个会员国如果不是安理会常任理事国，它的维和事务应得话语权绝不可能超过常任理事国。因此，在考虑安理会地位排名时，本文将5个常任理事国排为并列第一，而将其他所有不是安理会常任理事国的会员国统一设定为无限大∞。表2显示了综合国力排名前10位的国家在安理会的地

① 杨原：《世界主要国家实力与影响力（2014）》，载李慎明、张宇燕编：《全球政治与安全报告（2015）》，北京：社会科学文献出版社·皮书出版社，2015年版，第40—64页。

② United Nations, "Implementation of General Assembly Resolutions 55/235 and 55/236: Report of Secretary-General," http://www.un.org/en/ga/search/view-doc.asp?symbol=A/70/331/Add.1, 登录时间：2016年10月9日。

位以及对联合国维和事务的财力和人力方面的贡献及排名。

表 2　综合国力排名前 10 位国家在安理会地位以及对联合国维和行动的财力和人力方面的贡献及排名

国家	综合国力排名	安理会地位	维和摊款			维和人员数量		
			比额（%）	绝对排名	相对排名	数量（人）	绝对排名	相对排名
美国	1	1	28. 3835	1	1	80	73	9
日本	2	∞	10. 8330	2	2	272	53	6
中国	3	1	6. 6368	6	6	3045	9	2
俄罗斯	4	1	3. 1431	8	7	80	74	10
德国	5	∞	7. 1410	4	4	175	61	7
法国	6	1	7. 2105	3	3	934	32	4
英国	7	1	6. 6768	5	5	290	52	5
加拿大	8	∞	2. 9840	9	8	113	66	8
巴西	9	∞	0. 5868	20	9	1231	25	3
印度	10	∞	0. 1332	28	10	7798	3	1

资料来源：杨原：《世界主要国家实力与影响力（2014）》，载李慎明、张宇燕编：《全球政治与安全报告（2015）》，北京：社会科学文献出版社·皮书出版社，2015 年版，第 40—64 页；United Nations，“Implementation of General Assembly Resolutions 55/235 and 55/236：Report of Secretary-General” and “Ranking of Military and Police Contributions to UN Operations，Month of Report：31 – Dec – 15，” in “Contributions Archives （2000 – 2014），” http：//www. un. org/en/peacekeeping/resources/statistics/contributors_ archive. shtml，登录时间：2016 年 10 月 9 日。

从表 2 可以看出，综合国力排名和安理会地位排名都可以理解为绝对排名，而在维和摊款比额与维和人员数量这两个方面则存在绝对排名和相对排名不一致的情况。为了便于做对比研究，本文主要关注各国在这两个方面的相对排名。

如表 3 所示，可以将各国在综合国力和安理会地位两方面的绝对排名，以及在维和摊款比额和维和人员数量这两个方面的相对排名分别转换为一个对应的排名指数，然后将这四个方面的排名指数相加得出一个综合指数。从综合指数的排名可以得到各国的维和事务应得话语权排名。综合指数越小，维和事务应得话语权排名就越高。从表3可以看出，美国与中国、巴西与印度这两组国家的综合指数相同。鉴于四项衡量指标中，美国在其中一项上的排名与中国相同，而在其他两项上的排名领先中国，所以美国的维和事务应得话语权排名应当领先中国。巴西与印度的情况也是如此，巴西的维和事务应得话语权排名应当领先印度。综合分析结果表明，安理会五个常任理事国的维和事务应得话语权排名前五位的都是安理会常任理事国，依次是美国、中国、法国、英国和俄罗斯；日本、德国、巴西、印度和加拿大排名第六位至第十位。也就是说，就维和事务应得话语权而言，中国在所有联合国会员国中应当排名第二位。

表3　维和事务应得话语权各项指数排名

国家		综合国力指数	维和摊款指数	安理会地位指数	维和人员数量指数	综合指数	维和事务应得话语权排名
安理会常任理事国	美国	1	1	1	9	12	1
	中国	3	6	1	2	12	2
	法国	6	3	1	4	14	3
	英国	7	5	1	5	18	4
	俄罗斯	4	7	1	10	22	5
普通会员国	日本	2	2	∞	6	10 + ∞	6
	德国	5	4	∞	7	16 + ∞	7
	巴西	9	9	∞	3	21 + ∞	8
	印度	10	10	∞	1	21 + ∞	9
	加拿大	8	8	∞	8	24 + ∞	10

资料来源：杨原：《世界主要国家实力与影响力（2014）》，载李慎明、张宇燕编：《全球政治与安全报告（2015）》，北京：社会科学文献出版社·皮书出版社，2015年版，第40—64页；United Nations，"Implementation of General Assembly Resolutions 55/235 and 55/236：Report of Secretary-General" and "Ranking of Military and Police Contributions to UN Operations，Month of Report：31 - Dec - 15，" in "Contributors Archives（2000 - 2014），" http：//www.un.org/en/peacekeeping/resources/statistics/contributors_archive.shtml，登录时间：2016年10月9日。

（二）中国在联合国维和事务中的实得话语权

中国在联合国维和事务中的实得话语权，首先表现为在秘书处任职人员特别是高级职位职员人数的排名。需要指出的是，一些国家仅仅因为是维和行动或者政治特派团的东道国而在职员人数上排名靠前，但这并不能说明它们在维和事务中具有相应的话语权。因此，本文在比较秘书处任职人数排名时，将只关注那些不是维和行动或者政治特派团东道国的会员国。

根据联合国秘书长潘基文于2015年12月11日向联大提交的一份秘书处职员统计报告，秘书处总共雇佣了41081名职员，其中99.61%来自会员国。① 如表4所示，在维和事务应得话语权指数排名前10位的国家中，包括美国、法国、英国、加拿大和印度在内的五国在秘书处职员人数的绝对排名都进入了前10名。中国有461人在联合国秘书处任职，占总数的1.12%，在所有会员国中的绝对排名为第14位；而在维和事务应得话语权排名前10位的国家中，中国的相对排名为第8位。并且，中国还是安理会五个常任理事国中在秘书处职员人数最少的国家。

表4 维和事务应得话语权排名前10位国家在秘书处任职人数及排名

国家	维和事务应得话语权排名	在秘书处任职人数			
		人数	比额（%）	绝对排名	相对排名
美国	1	2636	6.42	1	1
中国	2	461	1.12	14	8
法国	3	1470	3.58	3	2
英国	4	907	2.21	4	3
俄罗斯	5	551	1.34	11	6

① United Nations, "Composition of the Secretariat: Staff Demographics: Report of the Secretary-General," p. 16, http://www.un.org/en/ga/search/view-doc.asp? symbol = a/70/605，登录时间：2016年10月9日。

续表

国家	维和事务应得话语权排名	在秘书处任职人数			
		人数	比额（%）	绝对排名	相对排名
日本	6	259	0.63	24	9
德国	7	537	1.31	12	7
巴西	8	174	0.43	34	10
印度	9	593	1.44	10	5
加拿大	10	660	1.61	8	4

资料来源：United Nations，"Composition of the Secretariat：Staff Demographics：Report of the Secretary-General，" p. 16，http：//www. un. org/en/ga/search/view-doc. asp？symbol = a/70/605，登录时间：2016年10月9日。

联合国将193个会员国在联合国秘书处的任职情况划分为四类："没有任职""任职人数偏低""在幅度内"以及"任职人数偏高"。中国属于"任职人数偏低"的国家。① 在秘书处任职的中国公民不但人数不多，而且在维和事务相关的重要部门任职的也比较少，许多人都是从事翻译和文秘工作。②

出于公平原则，联合国按照惯例会拿出一些职位名额，综合考虑各会员国的会费、会籍和人口这三项权重因素按地域（国别）进行分配，并划分了各国的适当员额幅度。2015年联合国所拿出的按地域分配名额为3001个。尽管这一数量仅占当年秘书处所有41081个职位的7%，但是意义非凡，因为其中高级职位占比大：有多达30个副秘书长级职位，占总数的38%；21个助理秘书长级职位，占总数的29%；78个正司级职位，占总数的48%；226个副司级职位，占总数的42%。如表5所示，在适当员额幅度排名前10位的会费国中，中国排名第四。从各国实际有效使用分配员额的情况看，美国、德国和西班牙三国在适当员额幅度内；法国、英国、

① United Nations，"Composition of the Secretariat：Staff Demographics：Report of the Secretary-General，" pp. 46－47.

② 《西方把持重要部门，中国职员仅占1%——联合国权力格局"西强我弱"》，载《国际先驱导报》，2015年9月25日。

意大利和加拿大四国超出了适当员额幅度范围；而中国、日本和巴西则属于使用分配名额偏低的国家，这三国都远远没有达到适当员额幅度的下限。尽管中国按照适当员额幅度可以使用119—161个员额，但是实际使用员额只有77个，排名第8位。另外，在实际使用副司级以上员额方面，中国与日本和意大利并列排名第5位。经统计研究发现，在维和事务应得话语权排名前10位的国家中，在实际使用员额和实际占有副司级这两个方面，中国的排名也分别是第8位和并列第5位。

表5 按地域分配员额幅度排名前10位的国家

国家	适当员额幅度		实际使用员额				
	排名	幅度	排名	人数	幅度	副司级（D1）以上	
						人数	排名
美国	1	373—504	1	366	幅度内	50	1
日本	2	186—252	7	81	偏低	11	5
德国	3	125—169	4	132	幅度内	16	4
中国	4	119—161	8	77	偏低	11	5
法国	5	99—134	3	146	偏高	17	3
英国	6	92—125	2	151	偏高	24	2
意大利	7	80—108	4	133	偏高	11	5
巴西	8	58—79	10	40	偏低	5	10
西班牙	9	56—75	9	69	幅度内	4	9
加拿大	10	56—75	6	89	偏高	10	8

资料来源：United Nations，“Composition of the Secretariat：Staff Demographics：Report of the Secretary-General，” pp. 83 – 102，http：//www. un. org/en/ga/search/view-doc. asp？symbol = a/70/605，登录时间：2016年10月9日。

总之，尽管中国在维和事务应得话语权方面排名第二位，但是以“在秘书处职员及高级职员人数”这一指标来衡量，中国维和话语权存在赤字。

自2000年以来，联合国秘书长总共任命了六个专家小组（如表6所示），负责对维和事务的重要问题进行评估并提交报告。这六个专家小组总共有61名专家成员。维和事务应得话语权排名前10位的国家总共有29人参加了这六个专家小组，并且每个国家或多或少都有人参加，其中美国和印度各五人，法国、英国、俄罗斯和巴西各三人，中国、德国和日本各二人，加拿大一人。按照专家人数排名，中国与德国和日本并列排在第七位。就参与人数的绝对排名而言，共有36个国家参加了这六个专家小组，中国与德国等八个国家并列第七位。与维和事务应得话语权排名第二位相比，中国在维和事务专家咨询小组中的代表权明显不足，这也说明中国维和话语权存在赤字。

表6 2000年以来的维和事务专家咨询小组①

年份	专家小组名称	成员人数	小组成员国家
2000	联合国和平行动问题小组	10	阿尔及利亚、德国、俄罗斯、津巴布韦、美国、日本、瑞士、特林尼达和多巴哥、新西兰、英国
2004	威胁、挑战和改革问题高级别小组	15	埃及、澳大利亚、巴基斯坦、巴西、俄罗斯、法国、加纳、美国、挪威、日本、坦桑尼亚、乌拉圭、印度、英国、中国
2011	秘书长高级咨询小组	8	巴西、德国、圭亚那、几内亚比绍、利比里亚、美国、孟加拉国、印度
2015	联合国维和科技及创新专家小组	5	丹麦、加拿大、南非、美国、印度

① 相关资料来源于 United Nations, "Report of the Panel on Peace Operations," http://www.un.org/en/ga/search/view_doc.asp?symbol=A/55/305，登录时间：2016年10月25日；United Nations, "A More Secure World: Our Shared Responsibility: Report of the High Level Panel on Threats, Challenges and Change," http://www.un.org/en/peacebuilding/pdf/historical/hlp_more_secure_world.pdf，登录时间：2016年10月25日；United Nations, "Civilian Capacity in the Aftermath of Conflict: Independent Report of the Senior Advisory Group," http://www.un.org/en/ga/search/view_doc.asp?symbol=A/65/747，登录时间：2016年10月25日；United Nations, "Performance of Peacekeeping: Final Report of the Expert Panel on Technology and Innovation in UN Peacekeeping," www.performancepeacekeeping.org，登录时间：2016年10月9日；Challenges of Sustaining Peace: Report of the Advisory Group on the Review of the Peacebuilding Architecture," http://www.un.org/ga/search/view_doc.asp?symbol=A/69/968，登录时间：2016年10月25日；United Nations, "Report of the High-level Independent Panel on Peace Operations on Uniting Our Strength for Peace: Politics, Partnership and People," http://www.un.org/en/ga/search/view_doc.asp?symbol=S/2015/446，登录时间：2016年10月25日。

续表

年份	专家小组名称	成员人数	小组成员国家
2015	建设和平架构审查专家咨询小组	7	巴基斯坦、法国、毛里塔尼亚、尼日利亚、危地马拉、乌拉圭、印度
2015	联合国和平行动问题高级别独立小组	16	澳大利亚、巴西、布隆迪、东帝汶、俄罗斯、法国、加纳、美国、孟加拉国、挪威、斯里兰卡、突尼斯、印度、英国、约旦、中国

如表7所示，根据联合国系统行政首长协调理事会关于2015年采购用于维和行动货物和服务的报告，在维和事务应得话语权排名前10位的国家都有采购额。其中，在中国采购了价值约4838.48万美元的货物和服务，占采购总额的1.7%。在所有联合国采购对象国中，中国排名第17位；而在维和事务应得话语权排名前10位的国家中，中国排名第5位。根据中国商务部发布的数据，2015年中国出口在全球市场中的占比高达13.4%，是全球第一大货物和服务输出国。① 可见，从货物和服务采购额来看，中国维和话语权存在赤字。

表7　2015年维和事务应得话语权排名前10位国家向联合国提供用于维和行动的货物和服务排名

国别	维和事务应得话语权排名	用于维和行动的货物和服务采购			
		价值（美元）	百分比（%）	绝对排名	相对排名
美国	1	250617304	8.80	2	1
中国	2	48384783	1.70	17	5
法国	3	34259788	1.20	20	6
日本	4	14585613	0.51	32	8
英国	5	86450913	3.04	9	3

① 中国人民共和国商务部：《商务部召开例行新闻发布会（2016年1月20日）》，http://www.mofcom.gov.cn/article/ae/ah/diaocd/201601/20160101238681.shtml，登录时间：2016年10月25日。

续表

国别	维和事务应得话语权排名	用于维和行动的货物和服务采购			
		价值（美元）	百分比（%）	绝对排名	相对排名
俄罗斯	6	231310525	8.12	3	2
德国	7	32838130	1.15	22	7
巴西	8	18000	0.00	92	10
印度	9	1239629	0.04	50	9
加拿大	10	61167175	2.15	14	4

资料来源：United Nations，“Procurement by Country：2015，”www.un.org/Depts/ptd/procurement-by-country-table-detail/2015，登录时间：2016 年 10 月 9 日。

所以，尽管按照“在安理会的地位”“综合国力”“维和人员数量”以及“维和摊款比额”这四项指标进行综合衡量，中国在维和事务上的应得话语权排名高达第二位，但是如表 8 所示，用“在秘书处职员及高级职员人数”“参加专门问题咨询小组”以及“商品与服务采购份额”这三项衡量实得话语权的指标得出的五项排名，中国都远远低于处于第二位的应得话语权排名。这就说明中国维和话语权存在赤字。

表 8　中国的维和事务应得话语权与实得话语权对比

<table>
<tr><th colspan="4">话语权类别</th><th>绝对排名</th><th>相对排名</th></tr>
<tr><td colspan="4">应得话语权</td><td>2</td><td>2</td></tr>
<tr><td rowspan="5">实得话语权</td><td rowspan="3">在秘书处任职人数</td><td colspan="2">总人数</td><td>14</td><td>8</td></tr>
<tr><td rowspan="2">实际使用按地域分配员额</td><td>所有职位</td><td>8</td><td>8</td></tr>
<tr><td>副司级以上</td><td>5</td><td>5</td></tr>
<tr><td colspan="3">参加专家咨询小组人数</td><td>7</td><td>7</td></tr>
<tr><td colspan="3">货物和服务采购额</td><td>17</td><td>5</td></tr>
</table>

资料来源：笔者自制。

联合国大会于 2015 年 12 月 23 日通过了各国 2016—2018 年联合国会费与维和摊款比额。中国将承担 7.921% 的联合国会费以及 10.2855% 的维和摊款，分别排名第三位和第二位。而习近平于2015年9月在参加联合国峰会期间，就中国支持联合国维和行动宣布了一系列重大举措。[①] 这些都意味着中国在维和事务中的应得话语权进一步得到提升。尽管如此，中国在维和事务中的实得话语权地位并没有得到明显改善。以维和事务方面的高级职位为例，目前仍然没有中国公民在秘书处政治事务部、维和行动部、外勤支助部以及人道主义事务协调厅等核心部门担任正司级以上职位；尽管在正在进行的16项维和行动中有多达54个核心领导职位，但是没有中国公民占据其中任何一个职位。

三、中国维和话语权赤字的原因

是什么原因造成了中国维和话语权赤字？本文认为，既有中国自己的原因，也有联合国方面的原因。

（一）中国自身的原因

本文认为三方面的原因造成了中国维和话语权赤字。

第一，缺乏相关制度设计。自改革开放、逐步融入国际社会的政策实行以来的很长一段时间里，中国一直没有旨在提升在国际组织中话语权的国家战略。缺乏这样的国家战略，就没有相应的政策和机制有计划地推动中国公民进入国际组织，特别是去争取高级职位；也没有积极和深入参与国际组织事务的战略意识。

近些年，随着国力增强，国家层面才开始认识到争取国际话语权的重要性。中共十八大报告明确了增强中国在国际事务中的话语权的重要性。

① 习近平：《携手构建合作共赢新伙伴　同心打造人类命运共同体——在第七十届联合国大会一般性辩论时的讲话》，http：//www. gmw. cn/sixing/2015 - 09/content_ 17208042. htm，登录时间：2016年10月9日；Xi Jinping，“China Is Here for Peace，” http：//www. fmprc. gov. cn/mfa_ eng/topics_ 665678/xjpdmgjxgsfwbcxlhgcl70znxlfh/t1302562. shtml，登录时间：2016年10月9日。

习近平指出要推动变革全球治理体制中不公正不合理的安排，特别是要增加新兴市场国家和发展中国家的代表性和发言权。[①] 总体而言，国家已经有了重视在包括联合国在内的国际组织中的话语权的战略。为响应国家战略，相关部门已经采取了一些措施。以参与维和事务为例，人力资源和社会保障部加强与联合国人事部门的合作，通过组织考试、选拔人员到联合国任职。公安部和国防部开始大力推荐人员参加联合国维和行动部的选聘，2016 年，中国公民获聘联合国驻南苏丹任务区维和部队副司令和联合国维和行动部警察司副司长这两个高级职位。外交部也加大了参与联合国政策咨询工作的力度。2014 年 9 月，王学贤大使应邀成为“和平行动问题高级别独立小组”的 16 名专家之一，参与对联合国和平行动的评估工作并发挥了重要作用；中国联合国协会与一些高校合作，定期举办国际公务员培训班。

尽管现在国家层面已经有了提升在联合国话语权的国家战略意识，但是仍然缺乏相应的制度设计。所以急需从国家层面建立起促进联合国工作的跨部门协调机制，以便整合资源和促进信息共享，统筹和协调人才选拔、培养和推送等方面的工作，增加中国在联合国系统的任职人数和任职层次，提升中国在联合国系统的代表性和话语权。

第二，不熟悉联合国的制度规则。由于历史的原因，直到 1971 年新中国才恢复了在联合国的合法席位。而在此之前，运行了 20 多年的联合国在制度建设上已经比较成熟，包括西方大国和一些发展中国家在内的许多联合国会员国，都已经在联合国系统经营多年，深谙其中的制度规则特别是官僚部门的组织文化和游戏规则，熟知如何在联合国系统内争夺话语权。而中国则是在实行改革开放政策之后，从 20 世纪 80 年代才真正开始融入联合国的制度体系，相对于许多其他会员国来说是一个新来者和学习者。加之联合国自成立之初在制度规则和组织文化等方面就深深地打上了西方的烙印，更是加大了中国深入认知联合国的难度。正如《国际先驱导报》

---

① 《习近平在中央政治局第二十七次集体学习时强调：推动全球治理体制更加公正更加合理，为我国发展和世界和平创造有利条件》，载《人民日报》，2015 年 10 月 14 日。

的一篇文章指出，“很多中国职员对联合国的西方文官制度不适应，难以适应由西方主导的官场文化”。[①] 以人际交往文化为例，在联合国任职的西方人擅长营造社交网络，在人脉建设和信息共享等方面占尽优势，凡遇关乎切身利益的事，往往能够坦率或者直白地表述自己的需求；而中国人具有含蓄、谦逊的传统，喜欢礼尚往来，而不擅长在更大范围内营造社交网络，通常遇事不争或者说不善于去争，这样往往就失去了表达合理诉求或者争取利益的机会。[②] 联合国是一个制度和规则的平台，只有熟悉了联合国制度规则和文化环境，才能适应联合国系统的工作。

联合国的制度规则还表现为一些潜规则。联合国是国际政治舞台，许多高级别职位都是政治任命。一些西方国家善于利用这些潜规则，在争夺高级职位甚至某些核心部门的普通职位时都表现得非常强势，往往不惜动用大量的政治资源。2013 年某西方大国为了得到维和行动部民警司一个处长职位而做足了功课，不但主动承办维和行动部主办的大型会议，该国的外长还直接出面与联合国秘书处沟通。[③] 笔者曾就中国公民在联合国系统任职人数偏低的问题与西方相关人士交流，一位西方国家资深外交官说，中国是安理会常任理事国，如果需要联合国秘书处某个职位，中国外长直接告诉联合国秘书长应该就可以得到。然而，依照中国的外交文化，中国政府及其下属部门不可能依仗安理会常任理事国或者重要出资国的地位，就人事问题对联合国指手画脚。尽管如此，如果不重视政治因素对联合国人事安排的影响，中国公民在联合国系统任职的规模和层次都将难以取得实质性的突破，中国在这个全球最大的政府间国际组织中的话语权也难以从根本上得到提升。

第三，缺乏人才。尽管目前中国已有了在联合国发挥更大作用的政治意愿和物质实力，但是相关领域人才的缺乏成为主要的制约因素之一。在

---

① 《西方把持重要部门，中国职员仅占 1%——联合国权力格局“西强我弱”》，http：//agzy. youth. cn/qsnag/zxbd/201509/t20150929_ 7164697. htm，登录时间：2016 年 10 月 9 日。

② 笔者对中国外交部官员的访谈，北京，2015 年 10 月至 2016 年 3 月。笔者于 2001—2002 年在东帝汶执行维和警察任务时对此深有感受。

③ 笔者对美国学者和联合国官员的访谈，纽约，2015 年 5 月。

联合国的官僚机构中任职特别是担任高级职位的人才，通常需要具备几个基本条件：精通外语、有所任职位需要的专业知识、有较为丰富的工作经验特别是国际工作经验、适应国际工作环境等。换句话说，联合国需要的是拥有综合能力的高素质人才。尽管就绝对数量而言中国这样的人才很多，但是远远满足不了国家不断融入国际社会并积极参与全球治理事务的巨大需要。

人才短缺的问题突出地表现在两个方面。一是外语人才短缺。外语是影响中国公民在联合国系统任职和晋升的重要因素之一。以联合国最重要的工作语言英语为例，尽管当今有越来越多的中国人都能够讲英语并用英文通信，但是不少人到了联合国工作后就可能陷入语言困境，主要原因是在正式场合发言时难以区分英语的正式语和非正式语，以及不擅长用书面语言撰写公文。正如国内一位资深外交官指出，英文写作能力差，是许多在联合国工作的中国人的最大短板。① 外语方面存在的另一个突出问题，是法语人才短缺。当前联合国维和行动以及维和人员的大多数都在非洲，而在非洲的九项联合国维和行动中有四项都是法语任务区。法语人才短缺，制约了中国参与法语任务区的维和行动。此外，外语人才短缺的问题，还表现为缺少精通两门甚至多门除汉语之外联合国官方语言的人才。尽管联合国的法定工作语言多达六种，但是长期以来西方国家主导联合国系统，确立了英语和法语的优势地位。例如，由于法国坚持要求秘书长必须会讲法语，加之不少法语任务区的存在，造成的一个惯例是在联合国内无论是应聘职位还是晋升，同时精通英语和法语往往意味着很大的优势。

二是学术研究能力强的人才不足。联合国是全球治理规范的提供者，主持制定的全球治理制度和规则关涉到全球制度秩序主导权的归属，影响每一个会员国的切身利益。因此，许多会员国特别是西方国家，都非常重视参与联合国制度和规则的制定事务，通过参与相关辩论、磋商和文件起草工作，争取话语权的最大化。但是，一个会员国若要参与这样的事务并有效地施加影响，既需要政治意志，也需要专业知识准备。而专业知识准

① 笔者对中国外交部官员的访谈，北京，2015 年 10 月至 2016 年 3 月。

备往往都是由专家和智库完成，体现的是一个国家在相关领域的学术研究能力。需要引起重视的是，目前在联合国维和事务相关的领域，我国的学术研究能力仍然比较弱。比如，国内还鲜有高校或者智库以和平学为学科体系，深入开展包括和平与冲突、和平行动以及建设和平等学科在内的教学和科研工作。可以说，我国在这些学科领域还存在巨大的空白。与此形成鲜明对比的是许多西方国家甚至包括其他一些发展中国家，都非常重视开展与维和行动相关的学科建设和学术研究工作。尽管近些年来我国已经有越来越多的智库和学者开始关注维和行动研究，但是由于缺乏相关基础理论研究作为支撑，许多维和方面的研究都没能聚焦与联合国维和行动的规范和实践相关的重大问题。加之缺少立足中国和平崛起实践、服务国家参与维和事务体制变革的深度研究，造成我国现有维和行动相关研究很难为国家的维和工作提供专业知识咨询。只有有了强大的学术研究能力和知识储备作为支撑，才能够参与联合国在维和方面的咨询工作或者承接联合国的相关研究项目，也才能深度参与维和问题的国际对话，并在面对其他国家抛出的各种方案时贡献“中国方案”。[①]

（二）联合国原因

联合国方面不利于中国提升话语权的因素，主要表现在两个方面。

第一是联合国现有的制度格局难以打破。如本文第二部分所述，西方国家长期以来主导联合国事务，把持规则制定和议程设置，占据话语权的绝对优势。在此背景下，联合国现有的话语权格局在短时间内难以发生根本改变，包括中国在内的非西方体系国家要从实质上提升话语权份额绝非易事。比如，联合国秘书处各级官僚机构中的许多关键职位长期被某些会员国把持，形成了一种很难打破的局面，这也构成联合国落实按地域分配职员名额规则时难以逾越的障碍。

---

① 毛莉：《秦亚青：为国际秩序变革贡献“中国方案”》，载《中国社会科学报》，2014 年 12 月 17 日。

第二是联合国还缺乏足够的意识和准备以欢迎中国在维和事务的各个层面发挥更大的作用。中国是联合国安理会常任理事国，是在世界政治舞台上影响力与日俱增的大国，并且一直在以切实行动支持联合国维和事务。按照联合国的制度规则，中国理当有权更加深入地参与联合国各项事务并得到更多的话语份额。在此背景下，联合国尤其应当对中国的重大支持给予积极回应。

此外，在中国建设维和事务话语权努力的过程中，来自西方国家的阻力也不容忽视。中国在联合国维和事务中话语权的提升，将意味着中国能够更加深入地参与联合国维和制度和规则的变革，意味着中国的经验和理念将要影响联合国的维和事务。然而如上文所述，长期以来西方国家在维和事务中占据话语优势。固守冲突分立法思维方式的一些西方人会认为非西方国家在维和事务中发挥积极作用，将会损害西方国家的利益。普林斯顿大学教授约翰·伊肯伯里（John Ikenberry）提出，美国和西方可以接受一个崛起的中国在物质实力上超过美国，但是决不能容忍中国推翻现有由西方主导的国际制度体系。①

四、加强中国维和话语权的建设

结合中国在联合国维和事务中的话语权赤字及其背后的原因，本文提出有利于中国维和话语权建设的四条建议。

（一）加强内部协调和外部沟通

建议由外交部牵头，建立包括国防部、公安部、人力资源和社会保障部等相关部门参加的维和事务跨部门协调机制，加强顶层设计，从国家层

① G. John Ikenberry, "The Rise of China and the Future of the West: Can the Liberal System Survive," *Foreign Affairs*, Vol. 87, No. 1, 2008, pp. 23 - 37.

面统筹、协调维和工作。当前和今后一个时期，该机制应当关注的重点之一是如何快速、有效地提升中国在联合国秘书处任职人员的规模和层次以及争取更多参与维和事务规则制定和相关政策咨询的机会。建议以落实习近平主席提出的支持联合国改进和加强维和行动的六项重大举措和刚刚成为第三大会费国及第二大维和摊款国地位为契机，加强与联合国的沟通和合作，让联合国秘书处特别是秘书长及其助手清楚地认识到中方对联合国维和事务的重大贡献以及对话语权问题的关切。

要搞好与联合国秘书处负责维和事务的各级官僚部门以及各维和行动特派团的关系。军方与警方的维和培训中心应当经常邀请联合国方面的官员和专家前来讲学、交流。建议在维和待命部队和成建制常备警队的组建、培训和运作上，与联合国方面密切联系、听取意见，争取联合国的协助，将中国维和待命部队和成建制常备警队打造成联合国的“样板”，并积极参与相关的标准制定，让中国的维和经验得到联合国的认可和推广。

（二）改进人才选拔、培养和推送体制

建议军方、警方和民事部门三方以提升应聘的成功率和职位层次为目的，改进现有的人才选拔、培养和推送体制。建议各方都按照一定的标准建立起人才库，有计划地对库中的人员进行培训、培养，成立专家小组，对拟推送参加联合国职位特别是高级职位竞聘的人员进行考核和指导，确保向联合国推送人才的质量，提升职位应聘的成功率。应当把向联合国推送人才的工作与提升国家在国际组织中话语权的整体战略结合起来，确保向联合国输送的人才不但能够胜任本职工作，还有助于为更多中国公民进入联合国任职打好基础。

体制内推送仅仅是到联合国系统任职的渠道之一。建议采取有力的措施，鼓励和支持中国公民通过公开招聘渠道到联合国任职。建议鼓励并支持大学生到联合国系统实习或者做志愿者，从基础的工作做起，争取成长为联合国系统的职业官僚。对有志通过体制外渠道到联合国系统工作的人员，国家应当在培训甚至资金方面给予支持，比如设立奖学金和提供更多

带有公益性质的培训机会。

建议加强法语人才的培养和储备。当前以英语为中心、其他外语没有得到足够重视的现状，已经远远不能满足国家日益积极参与全球治理战略的需要。以参与联合国维和事务为例，建议采取两大措施突破外语的障碍：一个是各方要积极呼吁国家层面改革外语战略，重视法语人才的培养；另一个是军方、警方和民事部门都要从长远考虑出发，有计划地储备法语人才，为进一步积极参与法语任务区的维和行动和竞聘有法语要求的联合国职位做准备。

（三）提升维和培训层次和学术研究水平

联合国维和培训有四个层次：派遣前培训、专业培训、领导能力培训以及维和战略理念研修。建议在继续搞好维和人员派遣前培训工作的同时，进一步拓展培训范畴和提升培训层次，增强我国维和人员在联合国维和机制中的竞争力。建议学习国际经验，将在联合国维和事务部门工作的民事人员的培训纳入维和培训的范畴，开展军、警、民协作培训。比如，可以开展三方人员共同参加的预防外交和建设和平等专题培训。在维和事务跨部门机制的协调下，整合维和培训资源，开展军、警、民高层次人才共同参加的高级维和培训。以落实习近平 2015 年 9 月在联合国做出培训 2000 名外国维和人员的承诺为契机，积极争取联合国以及国际合作伙伴的支持，根据联合国维和行动发展的需要开发新的培训课程并在国际上推广。

当前我国维和学术研究还处于起步阶段，亟需进行大力投入和给予政策扶持。建议从事联合国及维和工作的相关部门加强与军队和地方高校以及研究机构的合作，尽快推动我国在维和学、和平学等专业领域的基础教育和科研工作。建议在维和事务跨部门协调机制的指导下，由相关机构牵头建立全国维和学术研究网络，争取并协调资金和项目支持，营造学术氛围，促进研究成果的共享和应用。例如，遇有联合国就维和事务相关重大问题征求各会员国的意见时，该牵头机构就可以迅速协调研究活动，确保能够及时拿出研究成果供国家相关决策部门以及联合国参考。此外，要鼓励并支持有实力的研究机构申请联合国维和行动部、外勤支助部和建设和平委员会等秘书处部门外包的科研项目。学习其他国家的经验，由国家相关部门与联合国方面协调，由我国政府出资并由我国智库牵头，主动帮助联合国研究与维和相关的重要问题。我国维和学术研究既要关注应用研究，也要关注基础理论研究。理论研究要从中国参与全球治理、推进全球治理体制变革的战略设计出发，研究中国和平发展实践中生成的经验对全球和平与安全治理的启示，推动具有中国特色的经验和理念走向国际并上升为全球治理的“中国方案”。

（四）积极争取联合国维和事务相关机构中的领导职位

鉴于迄今还没有中国人在秘书处维和事务主管部门及维和行动任务区担任主要领导职位，中国需要采取两方面的措施谋求改变：一方面要推动联合国维和制度变革，打破某些国家长期占据某些关键职位的现状；另一方面要在联合国新设立与维和事务相关的官僚机构时，力争由中国人主持该机构的工作。在落实“中国—联合国和平与发展基金”的各项相关工作时，积极促进并参与联合国的相关制度建设，并确保在相关机构中发挥主导作用。应当认识到，争取在联合国机构中领导权最有效的途径之一是促成联合国在中国设立官僚机构的总部或地区总部。曾长期在联合国系统任职的一名日本专家建议，将中国维和警察培训中心建成联合国维和警察学院。他指出这样做不但可以为中国带来会费回流等经济好处，更是可以打破没有联合国专门机构设立在中国的现状。①

要争取在联合国维和事务相关机构中的领导职位，还需要通过多元化的方式提升中国在维和事务中的国际影响力。建议参与并主导建立周边地区维和合作机制。联合国一直鼓励和支持同一区域内国家在维和事务上开展交流与合作。然而，包括东亚、东南亚、南亚以及中亚等中国周边的地

① 笔者对日本专家的访谈，上海，2016 年 3 月 23 日。

区，都还没有建立起维和领域的交流与合作机制。作为有着丰富维和经验的地区大国，中国应当积极参与并谋求主导建立地区维和交流与合作机制。该机制的建立可以先易后难、循序渐进。比如，在合作伙伴选择上，先从中—日—韩、中国—东盟和上海合作组织开始，再扩大到更大的范围；在合作内容选择上，先专注维和培训和学术研究，再扩展到政策和战略对话；在合作轨道选择上，从非官方的二轨，到半官方的1.5轨，最后发展到官方的一轨。积极参与和主导地区维和交流与合作，将会为中国提供更多与联合国以及国际社会在维和事务上对话的机会，进而提升中国在该领域的国际话语权。

此外，还可以通过扩大和加强在联合国维和事务领域与重要国际伙伴的合作，提升中国的维和话语影响力。比如，与美国在维和领域的合作需要得到深入拓展和落实。从2010年举行的第二届中美战略与经济对话开始，中美两国即就联合国维和行动相关合作事宜开展对口磋商，并从最初原则性的意见交换逐步发展到实质性的专家磋商。相关磋商的主要成果在2016年9月G20杭州峰会期间举行的中美元首会晤中得到再确认：中美双方共同承诺就非洲第三国维和能力建设开展协作，并期待在2016年底之前就此合作事项进行详细磋商。当前联合国维和行动急需大国的支持。中国与美国在维和行动上开展合作，不但大力支持了联合国维和行动，更有助于提升在联合国维和事务上的国际影响力，有利于中国的维和话语权建设。

五、结语

综上所述，提升中国维和话语权，既需要认识到中国在联合国维和事务中的应得话语权与实得话语权之间的巨大反差，也需要深入剖析造成话语权赤字的原因，并在此基础之上思考提升话语权的具体办法。中国维和话语权的严重赤字，不但影响到中国的国家利益，而且也不利于联合国及维和事业的长远发展。换句话说，中国维和话语权赤字问题既是中国自己的问题，也是联合国和国际社会应当关心的问题。这个问题已经引起了国际上一些有识之士的注意。意大利前总理若玛诺·普罗迪（Romano Prodi）曾撰文指出："迄今中国在联合国维和行动系统内的代表权存在不足。比如，十多年前没有中国代表进入由拉克达尔·卜拉希米（Lakdar Brahimi）领导的国际专家小组，参与起草关于联合国维和行动改革的报告。再者，17 个联合国专门机构中没有任何一个将总部设在中国，也没有来自中国的代表进入和平行动培训学院（POTI）的委员会。考虑到中国（对联合国维和行动）所做出的贡献，中国在维和制度内被边缘化不但是完全不应该的，而且可能对整个联合国系统产生负面影响……国际社会应当让像中国这样的崛起大国尽可能多地参与世界政治和全球安全的管理。"①

中国在维和事务乃至联合国系统中的话语权赤字，仅仅是中国在整个全球治理制度中话语权赤字的一个缩影。话语权并不会随着中国的国力增强以及对联合国支持的不断增加自然而来。需要有效的国家战略，把资源转化为真正的实力，把应得话语权转化为实得话语权。作为一个后发的非西方大国，中国融入国际社会、提升在全球治理制度中话语权份额的事业任重道远。只有有了有效的话语权建设战略，中国在全球治理体制中的话语权才会得到不断提升，在国际秩序和国际体系长远制度性安排中的地位和作用才会不断提高。

（原载《世界经济与政治》2016 年第 11 期）

① Romano Prodi, "Foreword," in Andrea de Guttry, Emanuele Sommario and Lijiang Zhu, eds., *China's and Italy's Participation in Peacekeeping Operations*, Lanham: Lexington Books, 2014, p. xvii.

外国维和与中外维和合作

/澳大利亚维和警察新体制解析/

缘于新时期地区安全战略的需要，澳大利亚打造了国际派遣处，建立起了维和警察新体制。该维和警察新体制的运作机制和理念值得关注和学习。澳大利亚希望通过其维和警察新体制扩张并主导在南太平洋地区的警察维和行动。与此同时，澳大利亚在南太平洋地区的强势维和行动面临挑战。

2004 年 2 月，霍华德政府宣布出资 4.93 亿澳元，在联邦警察署旗下打造国际派遣处（International Deployment Group）使其担负起澳大利亚日益增加的国际维和警察任务。通过成立国际派遣处，澳大利亚建立起了适应其地区安全战略需要的维和警察新体制。

一、国际派遣处的基本情况

2004 年以前，澳大利亚的维和警察招募机制与大多数其他国家一样，根据任务需要临时从全国警察中选拔。联邦警察和州警都是维和警察的来源。由于各州靠州财政养警力，对派州警出国参加维和行动的积极性普遍不高。加之近些年澳大利亚经济繁荣，私人保安市场兴旺，不少警员纷纷跳槽以谋取更为优厚的报酬，各州警员流失问题严重，对分担联邦政府维和任务的态度愈发消极。而与此同时，“9·11”事件之后澳大利亚调整了在南太平洋地区的安全战略，开始执行扩张性维和政策，导致对维和警察的需求激增。在此背景下，打造联邦警察常备维和力量，建设维和警察新体制，便成为顺理成章之举。

（一）组织结构

国际派遣处隶属澳大利亚联邦警署，由 1 名处长负责，下设 4 个部门：任务区管理科、规划与开发科、行动应急组和商务服务科。任务区管理科负责国内外行动任务区的日常管理工作，规划与开发科负责科研和人员培训工作，行动应急组负责行动应急分队建设和防暴处突行动，商务服务科负责人员招募、人力资源管理和后勤服务工作。目前，国际派遣处旗下有 900 多人，是总警力约 7000 人的澳大利亚联邦警署内最大的职能机构。

（二）任务和性质

国际派遣处参与的海外行动有三种模式：参与联合国维和行动，根据双边协议在相关国家开展警察能力建设项目，以及参与并领导区域维和行动。

目前国际派遣处在 10 个国家开展了 11 项行动共派出 341 人。其中，向东帝汶、塞浦路斯和苏丹 3 国派出 75 人，参加联合国维和行动；根据有关双边协议，向阿富汗、柬埔寨、东帝汶、瑙努、瓦努阿图、汤加和巴布亚新几内亚 7 国派出 79 人，通过提供警务培训援助和担任技术顾问等方式，帮助这些国家的警察开展能力建设工作；以区域组织为平台，向索罗门群岛派出 187 人，参与并领导在该国的区域维和行动。

此外，国际派遣处还担负着一些国内警务任务。目前向北方领地派出了 83 名警员，帮助该领地警方处理土著地区虐待儿童案件。国际派遣处还是澳国内反恐和防暴处突行动的重要后备力量。2008 年，北京奥运会火炬在堪培拉传递期间，国际派遣处参加了安保行动。

二、国际派遣处的运作机制

国际派遣处的运作机制有许多独特之处。本文重点介绍其中三个最为突出的方面。

（一）模拟任务区场景培训机制

模拟任务区场景是许多国家在培训维和人员时常用的一种教学方法，其目的是让维和学员在接近实战的情形下实践理论知识，并提前了解和学习适应维和行动任务区的工作和生活，缩短他们到达任务区之后适应新环境的时间。和许多其他国家的维和培训机构相比，国际派遣处把这项工作搞得最为全面和彻底。

国际派遣处培训中心利用堪培拉近郊一个废弃村落，打造出环境酷似南太平洋某岛国的“圣多明哥村”，可以模拟出130多个维和任务区场景。派遣前培训为期五周，其中后两周，学员们入住该村。

村里的生活条件非常艰苦，几乎和任务区没有区别。学员们入住时，只准带进必需的生活用品；上交通讯工具，每周只能利用有限的机会通过公用电话跟外界联系；几十个人搭起简易床铺，挤住在一个名为“村公所”的大屋里；需要在半露天的环境里使用简陋的炊具准备一日三餐。每个学员进村时领取一定数额的“任务区货币”，用于在村里的小卖部和农贸市场上购买品种有限的食物。村里常见的动物是鸡、羊和猪，等等。而不再是普通澳大利亚人所熟悉的猫、狗之类的宠物。

村里的工作环境也和任务区相似。学员们要成立一个维和警察局，负责村里的治安，处理随时可能发生的各种“案件”。“案件”性质五花八门，既有邻里民事纠纷，也有恶性刑事案件；既有交通事故，也有恐怖袭击。比如，半夜三更村里某处爆炸声响起，火光冲天，从睡梦中惊醒的学员们就要爬起来投入工作。村里没有电脑和打印机等现代化办公设施，学员需要使用打字机或者手工书写警务报告，以体会维和任务区简陋的工作条件。

（二）动应急机制

冲突爆发后的24—36小时，被普遍认为是国际社会干预力量进入的绝佳时机。这期间的快速干预容易控制局势和减少损失，为后续性维和行动创造良好条件。正是本着这个理念，国际派遣处特别注重行动应急机制建设，以便对发生在南太平洋地区的紧急情况做出快速有效的反应。

国际派遣处花大力打造了警力约200人的行动应急组。这是全球第一支可以进行快速部署的常备维和特警部队，同时也是国际派遣处最精锐的行动反应力量。其主要作战单位是3个编制各为36人的行动应急分队。每个分队下辖1个战术应急小组和2个稳定应急小组，每个小组各有12人。战术应急小组的功能相当于特种警队（SAT），主要用于处理高危和特别紧急的警务情况；而稳定应急小组则相当于维和警察防暴队，用于应对一般群体性骚乱。

行动应急组对队员的素质要求非常高，通常情况下会有1/3左右的学员在历时11周的专业技能培训中遭到淘汰。在执行防暴处突任务时，行动应急组颠覆了传统的被动反应模式，主张在研判骚乱人群心理活动的基础之上，通过积极、主动的措施掌控局面。

为保证行动应急分队能够应对各种紧急情况，行动应急组还成立了一个行动支援分队，为行动应急分队提供狙击、谈判、空运、通讯、情报、排爆、法医、警犬和医务等方面的技术和后勤保障。

为了提高反应速度，3个行动应急分队中除了1个驻扎在位于堪培拉的国际派遣处总部所在地外，其余2个驻扎在更加靠近南太平洋岛链地区的布里斯班，并且所有3个分队的营地都设在机场附近。此外，高效的后勤安排机制能够在非常短的时间内准备好飞机并办理好通关手续，确保在堪培拉决策层拍板后的24小时内把行动应急力量投放到南太平洋地区的任何一个国家。

（三）科研开发机制

国际派遣处非常重视科研开发工作。其下属的规划与开发科有一批专职和兼职的科研人员。具体任务包括：从战略角度出发，研究国家的维和警察政策；关注南太平洋地区相关国家的局势，为联邦政府决策层提供咨询和建议；开展有关维和行动管理和评估方面的学术研究，制定相关法规和规定；开展服务于维和培训教学的科研工作，包括教材和课程开发，以及装备和技术研发，等等。

国际派遣处同包括澳大利亚军方在内各方建立起了密切的合作关系。比如，向澳国防军在堪培拉、悉尼和纽卡斯尔的驻地派驻联络官，加强与军方的沟通和协调；将一些科研课题承包给昆士兰大学等六所澳大利亚高校的科研机构，并派人到这些机构去做课题，培养自己的科研力量。

发达的科研开发机制，确保了国际派遣处能够站在上至国家政策走向下至实战行动需要的不同高度，系统地规划并开展科研开发工作，使科研工作有效地服务于培训教学和实战行动，并为各级决策提供科学的咨询。

三、案例分析

国际派遣处在东帝汶、所罗门群岛和巴布亚新几内亚的经历最具有代表性。

（一）东帝汶

自1999年以来，澳大利亚一直派遣警察参与联合国在东帝汶的维和行动。随着国际派遣处的成立，澳警方在东帝汶的维和行动开始出现多样化的趋势。2004年6月，根据澳大利亚联邦政府与东帝汶政府达成的双边协议，国际派遣处开始执行东帝汶警察发展项目，帮助东帝汶培训警员。

2006 年 5 月，东帝汶爆发骚乱后，国际派遣处派人参加了澳大利亚领导的国际稳定部队。2006 年 8 月，以维和警察为主要维和力量的联合国东帝汶特派团成立。国际派遣处在派出大批警察参加这项由联合国主导的维和行动的同时，开始加大基于双边协议的警务援助行动的力度。2006 年 12 月，国际派遣处派出 4 人，恢复了因骚乱而一度中断的东帝汶警察发展项目一年以后，参与该项目的人员增加到 12 人。2008 年，澳东两国就新一轮的东帝汶警察发展项目达成协议，规定在随后的两年时间里，由澳联邦政府出资 5300 万澳元和派出 80 名警务顾问，帮助东帝汶开展警察能力建设。2008 年 2 月，东帝汶发生针对总统和总理的暗杀事件。国际派遣处在事件发生之后的 24 小时内将行动应急分队投放到了帝力街头，协助联合国维和警察和东帝汶警察控制局势。

尽管目前澳大利亚派出多达 50 名维和警察参加联合国在东帝汶的维和行动，但是堪培拉同样重视开展基于双边协议的援助项目，力图主导东帝汶警察体制建设进程，从而实现其在东帝汶的利益。联合国和国际社会应当关注澳大利亚在维和警察体制上的优势，特别是其在 2008 年东帝汶发生政治暗杀事件后所展示的快速反应能力，并在必要时本着灵活和务实的态度予以利用，以弥补现有联合国维和体制在这方面的不足。

（二）所罗门群岛

20 世纪 90 年代后期以来，所罗门群岛瓜达尔卡纳尔族和马莱塔族之间的民族冲突不断，当地安全形势恶化。2003 年 6 月 5 日，所国总理爱伦·凯马凯扎访问堪培拉，恳请澳大利亚出兵帮助他的国家恢复秩序。霍华德政府当即同意了该请求。同年 6 月 30 日澳大利亚在悉尼召集太平洋岛屿论坛会议，商讨出兵所罗门群岛事宜。澳大利亚的倡议得到了与会的其他 15 个国家的一致同意，决定成立以澳大利亚为领导的地区援助任务团进驻所罗门群岛。作为这项由 2000 名军人、警察和民事人员组成的区域维和行动的领导者，澳大利亚贡献了大部分维和力量。太平洋岛屿论坛各会员国参与该项行动的维和警察全部由澳联邦警署负责培训、派遣和管理。特别是国际派遣处成立以后，这项工作更加正规化和体制化。

所罗门群岛地区援助任务团是一项拥有执法权限的地区性维和行动。维和警察独立地或者协助当地警察，开展刑事调查、社区警务、收缴非法武器和维护公共秩序等警务工作，并通过人员培训等方式，帮助所国警察开展能力建设。国际派遣处参与并领导这些工作，反映了其以所罗门群岛为开端，主导南太平洋地区警察维和行动的战略。

（三）巴布亚新几内亚

2003 年 12 月，澳大利亚与巴布亚新几内亚达成名为《增强合作方案》的一揽子援助协议，规定由澳大利亚帮助巴新解决在发展中遇到的问题。2004 年 7 月 27 日，巴新议会通过了该协议，邀请澳大利亚派出警察和司法专家进入巴新，协助巴新开展执法和司法等国内安全领域的改革。国际派遣处派出了 230 名“澳大利亚协助警察”，与巴新皇家警察部署在一起工作。澳大利亚协助警察在巴新拥有一些执法权限，享有不受巴新司法管辖的豁免权。

2005 年 5 月 13 日，巴新最高法院判定《增强合作方案》违宪。最高法院的判定认为，既然澳大利亚协助警察享受和巴新警察一样的执法权力，就应该和巴新警察一样受到巴新宪法的约束。然而，澳大利亚政府以保护自己警察的工作不受无端干扰为由，不愿意放弃豁免权。该判决直接导致澳大利亚协助警察在巴新的存在丧失了合法性，而不得不在部署到位的 6 个月后撤出。

2008 年 3 月，陆克文总理访问巴新期间，收到关于澳联邦警察重返巴新的邀请。2008 年 4 月 23 日举行的第 18 次澳大利亚—巴新部长级论坛上，双方达成名为《巴布亚新几内亚—澳大利亚警务伙伴关系》的双边警务合作协议。该协议规定，澳大利亚向巴新派遣一支警务顾问小组，在由巴新总警监划定的一些部门开展工作。国际派遣处的顾问小组从 2008 年 9 月开始进入巴新，目前已有 14 人在执行该项任务。

四、结束语

澳大利亚维和警察新体制的建立缘于堪培拉对其地区安全战略的调整。尽管澳大利亚今后仍将继续有选择地参与联合国主导的维和行动，但是在当前西方国家普遍对派人参加联合国维和行动缺乏兴趣的国际政治背景下，澳大利亚的主要维和警察力量，特别是其最精锐的行动应急分队，不会直接服务于联合国维和行动。澳大利亚建设强大的维和警察力量，其主要目的是为了通过基于双边协议和地区维和安排机制，主导南太平洋地区警察维和行动，实现其地区安全战略利益。从东帝汶维和行动可以看出，澳大利亚维和警察既可能是联合国维和行动的支持者，也可能是竞争者。

尽管如此，澳大利亚大力打造维和警察新体制，建立起全球第一支具备快速反应能力的常备维和警察力量，是在维和警察待命机制建设领域的全新尝试。国际派遣处在开展模拟任务区场景培训、打造行动应急机制和重视科研开发等方面的经验，值得包括联合国在内的国际社会的关注和借鉴。

与此同时，澳大利亚维和警察新体制也面临着挑战。国际派遣处2005年在巴布亚新几内亚的教训表明，以双边协议为依据出兵他国的和平行动，随时可能因当事国的国内政局变化而丧失合法性。没有联合国的授权或者国际社会的广泛认可，澳大利亚在南太平洋地区开展的强势维和行动容易被看作是单边主义行为而招致猜疑和抵制。

参考文献

[1] 国际派遣处向中国维和警察培训中心参访团提供的讲义 [Z].

[2] Alexander Downer, Speech at the Australia-Papua New Guinea Business Council Breakfast [EB/OL] . (2001 - 02 - 27) . htp: //www. foreign-minister. gov. au/speeches/2005/050824png. heml.

[3] Shona Hawkes, Timor-Leste Police Development Program, Police Training in Timor-Leste, 2003 - 2010 [EB/OL] . [2009 - 05 - 14]. http: //www. globalcolab. org/Nautilus/australia/australia-in-east-timor/timor-leste-police-development-program.

[4] Thaddeus Lin, Institutional Capacity and Cooperation for Policing Operations: The Australian Experience [J] . *International Peacekeeping*, 2007, (14): 5, pp. 569 - 583.

(原载《武警学院学报》2010 年第 3 期)

/谈奥巴马时代美国的联合国政策/

奥巴马对联合国政策的调整，反映出奥巴马政府全球外交和安全战略的需要，体现了实用主义外交风格。较之于其前任，奥巴马将更加重视联合国维和行动，并让联合国更多地参与解决包括伊拉克和阿富汗在内的热点问题。奥巴马的联合国政策面临挑战，联合国仅仅是奥巴马实现美国国家利益的手段之一。

奥巴马以变革者的姿态入主白宫，提出了纠正其前任执政时期带有破坏性的外交政策，通过包括回归国际多边主义体系在内的各种途径，重新确立美国因发动伊拉克战争等单边主义行为而受损的国际领导地位。在此背景下，作为当前全球唯一超级大国的美国对联合国这一最重要的国际多边主义平台的政策值得关注。

一、小布什政府的联合国政策

2001 年 2 月，乔治·沃克·布什（小布什）入主白宫后，任用了一大批共和党鹰派人物占据政府和军方的重要位置，采取了一系列与克林顿时代不同甚至对立的外交和安全政策，以单边主义为核心的新保守主义日渐走强。“9·11”事件之后，美国发动并扩大了反恐战争，单边主义开始左右美国的外交和安全政策，以联合国为中心的国际多边主义体制受到严重挑战和破坏。

上台后的小布什提名约翰·内格罗蓬特出任美国驻联合国大使。和克林顿第一任期的联合国大使马德莲·奥尔布赖特相比，内格罗蓬特既没有出众的外交经历，也没有内阁成员的身份；其相对平庸的资历，加之其与联合国精神格格不入的政治理念，反映了小布什一改克林顿对联合国的重视，转而把美国与联合国的关系放到了外交关系的次要地位。

尽管伊拉克战争的恶果很快显现，但是小布什仍然于2004年成功连任，反映出当时单边主义在美国政治生态中的优势。连任后的小布什提名约翰·博尔顿出任美国驻联合国大使。博尔顿是联合国的长期批评者，其对联合国精神理念的蔑视和抵触情绪，较之于其前任内格罗蓬特有过之而无不及。小布什对博尔顿的提名遭到许多民主党人和部分共和党人的反对，在参议院里一直不能通过。小布什最后不得不动用“休会任命权”，直接让博尔顿到纽约赴任。博尔顿在各种场合的强硬作风、近乎鲁莽的口无遮拦，虽然招致国内外许多人的反感，但却得到鹰派们的喝彩。《华盛顿邮报》等保守派媒体甚至公开称道博尔顿对联合国的批评和攻击。

小布什任期内，美国的联合国政策表现出两面性。当认为联合国可能影响到美国的利益、违背美国的意志和束缚美国的手脚时，就采取消极的态度，甚至站在对立的立场。除了撇开联合国发动伊拉克战争，还拒绝、拒签或者不施行联合国框架内的国际协约。其中包括《京都议定书》《国际刑事法庭规约》《儿童权利公约》《禁止生物武器公约》《全面禁止核试验条约》和《禁止杀伤性地雷条约》。在联合国教科文组织内回避自己的责任，拒绝为联合国人口基金会拨款；2008年9月，美国以联合国人权委员会多次通过谴责以色列的决议为由，宣布退出该委员会；为迫使联合国按照美国的意愿进行改革，对所应承担的联合国会费和维和经费摊款进行无休止的讨价还价，最终拖欠10亿美元。

另一方面，当认为联合国能为自己所用时，则极尽强权之势，软硬兼施，要求联合国按照美国的政治意愿行事。比如，极力推动安理会通过一系列决议，一步步加重对萨达姆领导下的伊拉克的国际惩罚，直至要求授权进行武力入侵；力主对伊朗、朝鲜、缅甸、苏丹和津巴布韦等被美国列为“无赖”或者不受欢迎的国家进行制裁。给国际刑事法庭施加压力，引渡并审判包括总统米洛舍维奇在内的前南联盟领导人，并向苏丹总统巴希尔发出逮捕令。

对参与联合国维和行动持消极态度。尽管1994年克林顿总统签署了《第25号总统令》，以行政立法的方式规定以后不得派美国军队参与非由美国人担任部队最高指挥官的联合国维和行动，但是由于向波黑和科索沃等地派出了大量维和民事警察，到2001年1月小布什刚上台时，美国在8项联合国维和行动部署的维和人员仍然多达888名，人数在90个部队和警察派遣国中排名第14位。然而，随着小布什上台，特别是“9·11”恐怖袭击事件之后，美国派人参与联合国维和行动的热情日渐消减，到了2008年12月小布什离任前夕，美国仅仅象征性地在5项联合国维和行动部署有90人，人数在120个部队和警察派遣国中排名第65位，排名甚至在几内亚和厄瓜多尔等国之后。

二、奥巴马政府的联合国政策

随着美军未能够找到萨达姆寻求发展大规模杀伤性武器的证据，加之在阿布格莱布和关塔纳摩监狱虐囚丑闻曝光，小布什政府发动伊拉克战争的错误进一步得到应验，美国国内开始对将反恐战争扩大化等单边主义行为进行反省。在2006年底的中期选举后，民主党占据了参众两院的多数席位，共和党鹰派黯然退出一线政治舞台，长期以来一直坚定反对小布什政府的伊拉克政策的伊利诺伊州参议员巴拉克·奥巴马在全国上下思变的呼声中站到了政治角逐的前沿，宣布参选第44任美国总统。较之其主要竞争对手麦凯恩和希拉里，奥巴马在竞选纲领中对小布什政府的批评和挞伐更加旗帜鲜明，提出的施政方针更加切中美国内政外交的症结要害。在联合国政策方面，奥巴马在当选之前利用不同的场合，较为系统地阐述了他的主张。

奥巴马在2007年7—8月号的《外交事务》杂志上发表题为“重新确立美国的领导地位”的文章，全面阐述了其外交政策构想，被认为是其第一份竞选政治宣言。奥巴马在该文中指出，如果他能够当选，将通过包括参与全球多边体制在内的各种措施，重新确立美国的在军事、外交和道义方面的领导地位，与各国一起共同应对新世纪的各种挑战。

2007 年 10 月，美国联合国协会与总部设在纽约的非盈利性组织“美好世界行动”一道，向两党的总统候选人寄出一份问卷，就小布什之后的美国新政府与联合国关系听取观点。

奥巴马利用这份问卷详细阐述了他的联合国政策。其中指出：“没有哪一个国家像美国这样在一个强大联合国里有更多的利益……如果我们的领导人把联合国认作无关紧要或者起反作用（的东西），把积极的外交活动看作示弱的标志，那么我们就不能重新确立美国的全球领导地位”。奥巴马主张美国在联合国里扮演领导角色，并表示如果他能够当选，将会要求国会拨付资金，按时、全额和不设置不当条件地交纳联合国会费和维和经费摊款；参与应对全球气候变化的国际减排努力；支持“千年发展计划”，承诺当选后将美国的年度对外援助经费从 250 亿美元增加到 500 亿。奥巴马还表示，美国将重返小布什政府缺席的一些联合国功能机构。在该问卷中，奥巴马还指出，美国需要在联合国派驻具备一流政治和外交水平的大使去建立起广泛的同盟。

奥巴马希望改善与联合国关系的主张得到了民主党的支持。当选之后，奥巴马立即着手采取实际行动，逐步落实其在竞选期间有关调整联合国政策的主张。2008 年 12 月 1 日，奥巴马提名苏珊·赖斯为美国驻联合国大使，并将其升任为内阁成员。这是继奥尔布赖特之后，时隔 12 年之久，驻联合国大使再一次位列内阁成员。对苏珊·赖斯的高调任命，反应了奥巴马政府对联合国的重视。美国媒体指出，奥巴马是向世界各国的外交官发出一个信号：美国将在多边主义和联合国维和行动上更有善意。

苏珊·赖斯赴任联合国之后，美国在联合国里的活动开始出现一些新气象。2009 年 3 月 2 日，以观察员的身份重返总部设在日内瓦的联合国人权委员会；3 月 17 日，奥巴马政府给联合国人口基金会开出了一张 5000 万美元的支票，标志着恢复了曾在小布什任期内中断了 8 年之久的对该基金会的拨款。

三、奥巴马政府参与联合国维和行动的政策

维和行动是联合国最为核心和最具有活力的工作。参与联合国维和事务的政策，是奥巴马政府的联合国政策的重要组成部分。奥巴马认同联合国通过开展维和行动在维护世界和平中的作用。然而，由于其就任之初的外交工作重点是从伊拉克撤军和向阿富汗增兵，所以除了在其竞选前后有关联合国维和行动的一些原则性的表态之外，目前奥巴马就有关美国参与联合国维和行动的政策还没有具体和清晰的思路。

没有迹象表明奥巴马政府会在短期内重新向联合国领导的维和行动派出大量的军队和警察。但是，通过奥巴马和苏珊·赖斯等高官在各种场合有关美国参与联合国维和行动的表态。可以看出，奥巴马政府将会交纳联合国维和行动经费摊款，参与联合国维和行动的管理工作并力促联合国进行相关的改革，提高其开展大型综合维和行动的效率。此外，美国还会发挥其在战略投放能力方面的优势，继续帮助联合国向维和行动运送人员和物资。奥巴马支持联合国维和行动，主要目的之一还在于通过灵活和积极的手段把握外交上的主动，利用联合国这个具有广泛合法性的平台，实现美国在一些需要优先考虑的全球热点问题上的最大利益。

美国想让联合国积极参与解决伊拉克问题。美国的战斗部队从伊拉克撤出之后，伊拉克的稳定将在很大程度上取决于政治和解进程。奥巴马已经明确表示，将利用联合国的广泛合法性优势参与伊拉克和平进程。然而，自从2003年8月19日发生了针对联合国驻伊拉克办事处的袭击之后，联合国一度撤出了伊拉克。目前，联合国驻伊拉克援助团的活动中心仍然在安曼和科威特，而在伊拉克国内，仅仅在巴格达绿区派驻了一个工作小组。当前伊拉克的安全形势不容乐观，让联合国高调介入解决伊拉克问题的时机还不成熟。

奥巴马在阿富汗同样有求于联合国。以美国为首的北约于2001年发动阿富汗战争时有安理会的合法授权，联合国自从2002年以来一直在阿富汗

存在一个规模很小的政治特派团。奥巴马希望随着北约的增兵，阿富汗的安全局势有了明显的好转之后，联合国将更加积极地参与阿富汗的和平重建。然而，在北约稳定部队有效地控制阿富汗的大部分国土之前，联合国在阿富汗的存在仅仅具有政治上的象征意义。

索马里本来不是奥巴马政府关注的重点。2008 年，随着在索马里近海和亚丁湾的海盗活动日渐猖獗，即将任满的小布什政府以罕见的热情推动安理会通过决议，授权确定原则上将在索马里开展维和行动。然而，奥巴马拒绝了小布什的这份政治遗产。苏珊·赖斯多次表示，就目前的情况看来，谈论在索马里的维和行动为时尚早。

随着今年 3 月以来美国商船接连成为海盗直接袭击的目标，奥巴马被迫开始正视索马里问题，美国海军走到打击海盗的前沿阵地。不过，奥巴马显然明白不可能凭借美国的一己之力解决海盗问题；更为严重的是，如果美国投入的精力太多，将会影响到其在伊拉克和阿富汗的大局。尽管奥巴马不会过多关注索马里，但仍将在包括打击海盗在内的解决索马里问题的国际行动中寻求领导地位。奥巴马的具体选择将是：一方面在陆地上继续协同联合国、非盟、欧盟和相关国家支持索马里过渡政府，帮助其逐渐扩大在索马里国内的影响力；另一方面在海上通过北约主导各国护航和打击海盗的行动。

四、面临的挑战

政治的现实性等因素，决定了美国的联合国政策不可能完全按照奥巴马的竞选承诺和施政纲领落实。几个棘手的问题尤其值得关注。

首先要解决的是拖欠联合国经费的问题。小布什政府的拖欠行为，严重影响了包括维和行动在内的联合国各项工作的开展。奥巴马就职之后，联合国秘书长潘基文对华盛顿的第一次访问的重要任务之一就是要账。潘基文在访问美国参议员外交关系委员会时，甚至半开玩笑半认真地称呼美国为“赖账的”捐资国。

奥巴马和苏珊·赖斯都明确表示美国应当尽快偿还欠款。当前民主党在国会两院的优势也有利于奥巴马获得这笔拨款。然而，是否能够如奥巴马所主张的“不设置不当条件地”还清欠款并按时交纳今后的款项，以及在外交商榷中如何界定可能或者需要出现的“条件”，以避免重新陷入小布什政府与联合国在此问题上的僵局，将会是对奥巴马政府的一大考验。

其次是美国公众对联合国支持度的问题。根据盖洛普调查公司2009年度民意测验结果显示，只有26%的美国民众对联合国持正面支持态度，创下了自1953年开始该单项调查以来的历史新低。由此看来，奥巴马政府要改善与联合国的关系，还需要开展一些政府公关活动，赢得民众的理解和支持。

最后，来自国内一些势力的干扰和阻挠不容忽视。以共和党鹰派为核心的保守势力不可能乐见奥巴马与联合国走近。比如，博尔顿等人就极力反对苏珊·赖斯以内阁成员的身份出任驻联合国大使，认为美国不应该那样重视联合国。一些保守派思想库和媒体更是指责奥巴马政府执行亲联合国的政策，损害了美国国家利益。

奥巴马政府有关联合国的新政策，既反映出民主党的执政特点，又符合美国当前调整外交战略的需要。奥氏的联合国政策充分体现了实用主义的特点，一改小布什政府对军事和经济等硬实力的迷信，在追求美国最大国家利益的前提下，灵活处理外交关系，主张赋予“积极外交”等软实力以同等重要的地位。

值得注意的是，美国从来没有，也永远不会全面拥抱联合国及其倡导的多边主义。无论奥巴马的联合国政策如何发展，联合国都将仅仅是其实现美国国家利益的手段之一。正如传统基金会的报告指出：“当联合国能为美国所用时，美国必须继续通过参与联合国事务领导国际社会；但是，当联合国不能够或者不愿意为美国所用时，美国就应该建立其他机制、联盟、伙伴关系、同盟和组织来采取行动”。

参考文献

［1］Barack Obama. Renew American Leadership［J］. *Foreign Affairs*, 2008，86（4）：2－16.

［2］Brett D Schaefer. Keep the Cap on U. S. Contributions to U. N. Peacekeeping［EB/OL］．［2007－09－06］．http：//www. heritage. org/Research/Intemational0rganizations/b^067. cfm.

［3］Cliff Kindcaid. Soros Flunky Runs Obama's Pro-U. N. Policy［EB/OL］.［2001－01－12］．http：//www. usasurvival. org/docs/Obama-U. N _ RTF. pdf.

［4］David Jackson. Susan Rice's Task as U. N. Ambassador to Mend Fences［EB/OL］．［2009－12－01］．http：//www. usatoday. com/news/politics/2008－12－01－rice_ N. htm.

［5］Jody K. Biehl. Some Europeans Angered by Bush's Summer Surprise［EB/OL］．［2005－02－08］．http：//www. spiegel. de/intema-tional/0，1515，druck－367959，00. html.

［6］John Heilprin. In Congress，UN Chief Calls US w Dead beat M Donor［EB/OL］. Associated Press，2009－03－11.

［7］Kishore Mahbudani. The Case against the West［J］. *Foreign Affairs*, 2008，87（3）：111－124.

［8］Michael Abramowitz. U. N. Relationship Should Be a Priority，Say Foreign Policy Figures［EB/OL］．［2008－11－19］．http：//voices，washingtonpost. com/44/2008/11/19/un_ relationship_ should_ be_ a_ pr. html.

［9］Michael A. Fletcher & Colum Lynch. Shift on U. N. Seen in Rice Nomination［N］. *The Washington Post*，2008－12－02.

［10］Steven Groves & Brett D. Schaefer. Key Questions for Susan E. Rice，Nominee for U. S. Ambassador to the United Nations［EB/OL］．［2009－01－

14］. http：//www. heritage. org/Research/inter-nationalorganizations/wm2221. cfm.

［11］Susan E. Rice. Confirmation Hearing Statement［EB/OL］.［2009 - 01 - 15］. http：//www. cfr. org/publication/18321/susan_ rices_ confirmation_ hearing_ statement. html.

［12］MonthlySummary of Contributors of Military and Civilian Police Personnel［EB/OL］.［2001 - 01 - 31］；［2009 - 03 - 31］. http：//www. un. org/Depts/dpko/dpko/contributors/.

［13］Text of Barack Obama's Inauguration Speech［EB/OL］. Associated Press，2009 - 01 - 20.

［14］2008 Presidential Candidate Questionnaire Responses，Barack Obama［EB/OL］. http：//www. unausa. org/Page. aspx? pid = 892.

（原载《武警学院学报》2009 年第 7 期）

／中国与欧盟维和合作的机遇与挑战／

中国与欧盟都是全球政治中的重要力量。通过研究中欧在联合国维和事务上的合作，有助于了解双方在21世纪将发展什么样的双边关系。中欧在联合国维和事务上的合作存在三大机遇和三大挑战。中欧维和合作受到双边安全合作水平的影响。

过去十多年来，由美国主导的后冷战时代世界秩序的单极色彩逐渐淡去，取而代之的是地区大国不断出现的多极化体系。中国和欧盟同为全球政治中的重要力量，在21世纪里他们之间将出现怎样的双边关系？中国与欧盟的关系（中欧关系）将如何影响全球政治？面对这些大而泛的问题，学界在数年里也很难达成几点共识。然而，若是专注于双方都关注的小而具体的问题，我们就可能更容易理解中欧关系及其对世界的影响。联合国维和就是这样一个具体的问题。研究中欧在联合国维和事务上的合作，有助于观察21世纪的中欧关系。

本文将要分析中国和欧盟这两个世界政治的重要力量在联合国维和事务方面开展合作面临的机遇和挑战。全文包括四个部分。第一部分介绍关于中欧双方在维和方面合作的历史和现状。第二部分分析中欧开展维和合作存在的三大机遇。第三部分讨论可能阻碍中欧双方开展维和合作的三大挑战。最后一部分对全文进行总结。

在与中国开展维和合作之时，欧盟有两张“面孔”：一张是作为区域组织的欧盟，它力图代表各成员国在联合国维和事务上保持统一的立场；另一张是20多个欧盟成员国。尽管各欧盟成员关于联合国维和的政策存在差异，但是聚合在一起仍然能够绘制出一张具有欧盟政策特色的模糊图景。本文无意深入探讨这两张“面孔”的区别，而是将主要关注它们如何形成互补关系。所以，在本文中“欧盟”一词既指一个区域组织，也包含它的成员国。

一、中欧维和合作的意义

不同的学者关于中欧关系的论述有不同的观点。中国与欧盟都是国际格局中的重要一极。如果双方能够以合作的姿态处理双边关系，将不但能够积极地塑造他们的安全观，还会对国际和平与安全产生正面影响。好在北京和布鲁塞尔都认识到了合作的重要性，中欧领导人峰会机制的建立以及其它对话渠道将中欧双边合作提升到了战略水平。2006 年举行的第九次中欧领导人峰会发表联合声明指出：

> 双方领导人认为，中国和欧盟在过去十年中都发生了重大变化，中欧关系也逐渐深化并发展成全面战略伙伴关系。双方认为，加强中国和欧盟关系对中欧长远利益、亚欧合作及世界和平、稳定与发展具有重要意义。

安全合作是任何双边战略伙伴关系不可或缺同时也是非常敏感的部分。迄今由于双方缺乏战略互信，所以在传统安全领域的合作还没有取得多少实质性的成果。欧盟国家 20 多年前就开始针对中国进行武器禁运，目前也还没有解除。布鲁塞尔从 2010 年开始一度在伽利略卫星导航系统上与北京开展合作，但是随着一些欧盟成员国知华派领导人离任和亲美派领导人上任，这样的合作也已经停顿下来。欧盟的一些核心成员国在北大西洋公约组织（北约）中积极追随美国的单边主义政策，也让中国对欧盟在多边主义上是否有真正的兴趣保持怀疑。

然而，在打击海盗以及联合国维和这样的非传统安全领域，中欧关系看上去就要好得多。以联合国维和为例：中国自1999年以来不断积极参加联合国维和行动，引起了包括欧盟及其成员国的关注。北京和布鲁塞尔都已经用言行表达了开展合作的意愿，希望在政治支持、政策磋商、理念讨论以及人员培训等领域开展合作。

2004年3月，欧盟负责外交和安全事务的高级专员贾维尔·索拉纳访问中国，谈到了欧洲与中国在维和方面存在的共同点。他在清华大学发表演讲时对中国在联合国维和行动中的贡献表示欢迎。2006年9月，到访的意大利总理若马诺·普洛蒂在北京与中国总理温家宝会谈时，对中国积极参与联合国维和行动表示赞赏。

在学术讨论方面，最为引人瞩目的是中国—英国维和理念研讨会。这项研讨活动从2000—2003年总共举办了四次。此外，中国与瑞典也共同赞助了维和行动“挑战论坛”的活动。中国与欧盟成员国还在维和培训方面开展合作。英国和法国等国家都帮助中国培训军队和警察维和人员。中国维和培训教官经常赴欧洲参加维和培训及学术研讨活动，一些欧盟成员国从事维和培训和学术研究的人员也不时到访中方的维和培训机构。中国维和警察培训中心与英国和法国的合作伙伴签订了正式的合作协议。

二、中欧维和合作的机遇

中欧在维和合作方面充满机遇。本文并不打算做一一梳理，而是仅聚焦可能促进中欧开展维和合作的主要机遇。具体地讲有三大机遇：其一，中国和欧盟都在联合国维和事务上有重大利益；其二，双方都愿意推动多边主义发挥作用；其三，中国和欧盟都是全球治理中的重量级行动者，它们都拥有影响联合国维和进程和结果的硬实力和软实力。

在联合国维和事务中的共同利益

首先，最重要的机遇是中欧双方在联合国维和事务上都有重大利益。

这体现在它们对联合国维和的政治支持以及在人力、物力和财力上的贡献。自1971年中国恢复在联合国的合法席位以来，它对联合国维和的态度经历了三次重大转变：从20世纪70年代的坚决反对，到80年代的逐步接受以及90年代大部分时期的象征性参与，再到1999年以来越来越积极地参与。可以说，随着中国不断崛起，它在联合国维和事务中的利益也不断增加，所以越来越愿意支持联合国维和机制。中国在许多场合都表达了支持联合国的立场。2005年6月，中国政府发布了第一份关于联合国改革问题的立场文件，其中主张：

> 联合国在国际事务中的作用不可或缺。作为最具普遍性、代表性和权威性政府间国际组织，联合国是实践多边主义的最佳场所，是集体应对各种威胁和挑战的有效平台，应该继续成为维护和平的使者，推动发展的先驱。

截至2012年6月30日，中国有1928名军、警人员在联合国维和任务区执行任务。2013年中国承担的联合国维和经费摊款比额为6.65%，较前一年增加了69%。

尽管欧盟内部早在20世纪90年代初期就发起了关于维和合作的对话，但是用了超过十年的时间才最终发布了一份确认联合国在国际和平与安全事务中权威地位的正式立场文件。2003年12月，欧洲议会通过了《欧洲安全战略》。这是欧盟的第一份共同战略文件。《欧洲安全战略》强调了联合国集体安全机制的重要性，指出国际关系的根本框架是《联合国宪章》，联合国安理会在维护国际和平与安全上负有主要责任。增强联合国，支持它履行职责并有效行动，是欧洲的一项优先事项。

截至2012年6月30日，27个欧盟成员国有5922名军、警人员在联合国维和行动任务区执行任务。2013年所有欧盟成员国承担的联合国维和经费摊款比额为36.9%，较前一年增加了10%。

尽管中国的出兵量在120个出兵国中仅仅排名第16位，但是这对于一个发展中国家来说意义重大。而且，中国派出的主要是运输、工程、排雷和医疗等维和保障力量，其数量超过其他出兵国。虽然与欧盟相比，中国承担的维和经费摊款比额还不算大，但是处于快速上升的势头。自1999年以来，已经增加了约4倍。

1993年，美国从索马里撤出维和部队并大幅调整维和政策，引起了许多欧盟成员国的效仿。自那以后，它们便失去了积极派人参加联合国维和行动的热情。尽管如此，如果将欧盟看作是一个单一的出兵国，它的出兵量可以在120个出兵国中排名第5位。而且欧盟成员国总共承担的联合国维和经费摊款，占到了总量的约2/5。可见欧盟及其成员国对联合国维和机制仍然有很大的兴趣。

总之，北京与布鲁塞尔都是支持联合国维和的重要力量。这表明欧盟和中国都希望看到一个强大和有效的联合国维和机制。他们在联合国维和方面有着共同的利益。双方除了各自积极支持联合国维和，还都愿意鼓励其他国家特别是大国和国际组织加入到支持联合国蓝盔的行列中来。

在多边主义上的共同立场

第二个重大机遇是中国与欧盟都倡导多边主义。多边主义含义丰富，有各种不同的定义。不同的国家对多边主义的理解会有所不同。一些人认为中国主张的多边主义是“和谐的基于主权的多元主义”，而欧盟追求的是“有限的基于规范的多边主义”。尽管如此，北京和布鲁塞尔在多边主义上仍然有着共同的立场。

中国和欧盟都反复通过官方联合声明表明它们对多边主义的支持。这主要得益于多轮中欧领导人峰会达成的成果。在2006年赫尔辛基峰会期间，中国和欧洲的领导人宣布“支持建立联合国发挥中心角色的公平、公正和基于规则的多边主义国际体系”。

尽管中国和欧盟都宣称支持多边主义，但是对对方所倡导的多边主义有不同的理解。对于北京来说，布鲁塞尔的多边主义战略可以平衡美国的单边主义冲动。比如，一些欧盟成员国特别是德国和法国站出来反对美国2003年对伊拉克发动侵略的单边主义行径，让北京相信欧洲人可以成为在国际上倡导多边主义时的伙伴。对于布鲁塞尔来说，北京对多边主义的支持不仅表明它是一个不可或缺的伙伴，也意味着崛起的中国愿意拥抱现有的多边主义国际制度体系，或者说是中国愿意以和平的方式复兴的征兆。简而言之，北京与布鲁塞尔在多边主义上最重要的共同立场是它们都反对单边主义。这一点是将双方聚在一起并在联合国维和这个的多边主义议题上开展合作的最重要的因素。

够格的合作伙伴

第三个重大机遇，是中国与欧盟都是国际政治中的重要力量，双方都有可观的资源。这就确保了双方都能够将对方看作是重要、平等的伙伴。中国和欧盟都拥有可观的硬实力和软实力，可以影响联合国维和的进程和结果。就硬实力而言，最重要的是中国和欧盟都有充足的物质资源和人员储备。而且，北京和布鲁塞尔各自在发展中国家和发达国家这两个圈子里都有特殊的影响力。就软实力而言，双方都有文化吸引力，并且在国家和社会发展方面都有成功的经验。

中国和欧盟都是联合国维和的重要国际捐助者。尽管仍然是一个发展中国家，但是中国大力支持维和，通过提供物质和财政援助，帮助增强联合国的维和能力，并帮助遭受战争摧毁的维和行动东道国和地区重建和平。欧盟长期以来一直就是主要的国际援助者。欧洲委员会和欧盟成员国加起来成为了世界上最大的援助者，每年在国际发展援助、人道主义援助和危机应对上的资金投入引领全球。

除了相似之处，中国与欧洲在维和能力上也存在差异。这些差异很容易被看作是阻碍双方合作和建立伙伴关系的因素。然而，其实这些差异为合作提供了机遇。换句话说，可以转化为有助于建立伙伴关系的互补性优势。

中国的最大优势在于它不断增加的维和热情。如上文所述，自20世纪90年代末以来，中国在派人参加联合国维和行动方面变得越来越积极。相反，大部分欧盟成员国派人参加由联合国指挥的维和行动的热情与日俱减。中国对维和的热情在非洲尤为明显。联合国的维和资源大部分用到了非洲。2011 年 12 月，有 71606 名联合国维和人员在非洲执行维和任务，占所有联合国维和人员总数的 70% 以上。此间，中国的大部分联合国维和人员都在非洲，总共有 1532 人。欧盟有 248 名联合国维和人员在非洲，只占其总数的很少一部分。

欧盟最大的优势是它在联合国维和方面的经验和知识。由于西方的规范、文化和价值在联合国维和机制的建立过程中发挥了主导作用，所以较之于中国，欧盟对联合国维和机制更为谙熟。像中国这样处于西方文明圈之外的国家有时会发现联合国的规则和程序难以理解。而且，许多欧盟成员国参与联合国维和的时间长达半个世纪以上，积累了丰富的经验。而中国直到 1990 年才开始尝试向联合国维和行动派出维和人员。尽管过去 20 年来中国在参加联合国维和过程中，从实地工作和国际交流中学到了很多，但是与欧盟相比还仍然处于学习者的地位。

总的来看，中欧在联合国维和事务中深入开展合作存在重大机遇。尽管如此，一些可能影响合作的挑战不容忽视。

三、中欧维和合作的挑战

可能影响中欧维和合作的挑战主要表现在三个方面。其一，是北京和布鲁塞尔对威斯特伐利亚规范的立场不同；其二，是双方有着不同的维和规范；其三，是中国与欧盟在安全领域还没有建立起成熟的伙伴关系。

对威斯特伐利亚规范的不同立场

北京和布鲁塞尔在威斯特伐利亚规范特别是国家主权规范上的不同理解，对他们在联合国维和事务中的合作构成挑战。北京信守传统的威斯特伐利亚规范。最明显的是它坚持不使用武力原则，反对干涉别国内政。然而，作为一个国际规范强者，欧盟更愿意倡导后威斯特伐利亚规范，主张在一定程度上渡让主权。尽管在特殊的情况下中国可以表现出灵活的姿态，但是鉴于欧盟及其的一些成员国并不情愿停止干涉中国的内政，比如台湾问题，中国不可能在威斯特伐利亚规范上让步太多。在威斯特伐利亚规范上的不同立场，也是中国和欧盟在包括一些维和事务问题在内的许多国际议程上难以达成一致意见的主要原因。

北京和布鲁塞尔对威斯特伐利亚规范的不同理解，可以在他们对待国际干涉特别是“保护的责任”理念的不同态度上得到很好的体现。尽管北京已经签署了《2005 年世界首脑会议成果文件》，原则上同意了“保护的责任”这个理念，但是，它从来就没有给那些以“保护的责任”为名义干涉它国内政的行为开绿灯。在中国看来，这样的干涉行为不但践踏联合国的权威，而且违背了国家主权平等的原则。根据《2005 年世界首脑会议成果文件》，保护的责任有三个支柱：

> 支柱一：每一个国家都负有责任保护本国公民免遭大规模暴行之害；
>
> 支柱二：国际社会有责任协助国家保护它的公民；
>
> 支柱三：如果国家不能保护本国公民免遭大规模暴行之害而且和平手段已经穷尽，国际社会就有责任通过武力方式进行干预。但是军事干预是最后的手段。

中国坚持“保护的责任”主要应当落到第一个支柱上。2009 年 7 月 24 日，中国常驻联合国代表刘振民在联合国大会上就“保护的责任”相关问题进行发言时指出：

> 各国政府负有保护本国公民的首要责任。国际社会可以提供协助，但保护其民众归根结底还要靠有关国家政府。这与主权原则是一致的。因此，‘保护的责任’的履行不应违背主权原则和不干涉内政原则。尽管世界发生了复杂深刻的变化，但《联合国宪章》宗旨和原则不能动摇。

中国对“保护的责任”的理念可能被滥用保持警觉。2011 年北约国家对利比亚的军事干预更是证实了北京的担忧：一些国家会利用“保护的责任”的原则来谋求它们的政治私利。换句话说，在利比亚的案例中，“保护的责任”成为了北约故意曲解和滥用安理会 1973 号决议的借口。而且，北约空袭造成利比亚大量平民伤亡，中国对此深表忧虑，要求从利比亚事件中汲取教训。

与美国和其他西方国家一起，欧盟长期以来积极倡导“保护的责任”，站在倡导并实践这个理念的前台。欧盟不但支持《2005 年世界首脑会议成果文件》，还与其成员国一起通过各种方式，比如《欧洲发展共识》《欧洲安全战略》以及欧洲议会决议，表达对“保护的责任”的支持。《欧洲发展共识》第 37 条指出：“欧盟还大力支持‘保护的责任’。在大屠杀、战争罪、种族灭绝和其它各种种违反国际人道主义法和人权法的行为发生时，我们不能袖手旁观。”

“保护的责任”的原则与欧盟主张的后威斯特伐利亚规范有关。对于布鲁塞尔来说，“保护的责任”是穿透威斯特伐利亚主权规范之墙的利器。因而，与北京更看重“保护的责任”的第一个支柱，强调保护的责任应当落到国家政府身上不同，欧盟提倡外部“正义”力量所肩负的责任。尽管北京和布鲁塞尔都主张“保护的责任”应当在联合国的框架之内来履行，但是他们在履行“保护的责任”的时机和方式上存在不同观点。

北京和布鲁塞尔在威斯特伐利亚规范上的不同观点还表现在对维和一词的理解上。具体地讲，北京与布鲁塞尔在对“维和”的定义上存在不同。在谈论“维和”一词时，北京通常指的是联合国授权并指挥的维和行动，而欧盟则可能指的不仅是联合国授权并指挥的维和行动，还包括联合国授权、但是由区域组织或者多国部队执行的维和行动。某些欧盟国家甚至还可能认为它们参加的由美国发起的单边主义军事侵略行动也是维和行动。可见，北京倾向于认同狭义的维和，而布鲁塞尔则倾向于认同广义的维和。

与北京坚持只参加由联合国指挥的维和行动不同的是，布鲁塞尔近些年开始越来越重视参加自己的区域框架下的维和行动。欧盟于2002年在波斯尼亚和黑塞哥维纳从联合国手里接管了国际警察任务部队的职责，并于2003年6月在法国牵头下出兵刚果（金）东部地区。此外，欧盟还于1999年6月在科索沃担负起了联合国维和行动任务区的重建和经济发展的工作。2008年3月，欧盟在乍得建立了维和行动。根据2013年6月24日阿富汗由北约领导的国际安全援助部队公开的数据，欧盟成员国总共有23490名军、警人员在该行动中执行任务，而那一天欧盟国家在联合国维和行动中的军、警维和人员只有4761人。

北京可以对经安理会授权但是由区域组织指挥和实施或者在特定情况下由多国部队实施的维和行动开绿灯。它有时甚至可以通过提供物资和资金帮助非洲的区域或次区域组织的增强维和能力。但是，它目前仍然拒绝直接参加任何不是由联合国指挥的维和行动。因而，可以想象当来自北京和布鲁塞尔的官员们坐下来讨论维和的理念时，他们各自所谈论的东西会有多大的差异。布鲁塞尔可以宣称自己参加了在联合国框架外的维和行动，但是北京也有充足的理由怀疑布鲁塞尔的动机，尤其是看到它鼓励科索沃和南苏丹等地的分裂运动。北京和布鲁塞尔在关于维和的定义上的分歧将会阻碍它们将在维和上的双边合作提升到更高水平。

不同的维和规范

中国和欧盟在如何开展维和行动方面存在不同的规范。双方的最大分歧体现在一个问题上：对于一个遭受战争之害的维和行动东道国，制度建设与经济发展，哪一项任务应当优先？

欧盟坚持认为要在受到冲突影响的国家实现持久和平，首要任务应当是根据西方的标准进行制度建设。2006年《欧洲发展共识》指出，在保障人权、善治和民主化方面的进步对于减贫和可持续发展至关重要。而且，《里斯本条约》也指出，欧盟在国际舞台上的行为应当得到其自身的创建、发展和扩大过程中沿用原则的指导，以及其寻求在更广泛的世界上传播的原则—民主的指导。

欧盟倡导的民主是“自由民主”，通常与市场经济制度共生。有些人认为这两个规范组合在一起就构成另一个规范——“自由和平”（liberal peace)。“自由和平”有两个支柱：一个是自由民主的政治制度，另一个是新自由主义的市场经济制度。

如前文所述，西方的规范、文化和价值在联合国及其维和机制的建立过程中发挥了重要作用。因此，后冷战时代联合国多维维和行动的主要任务内容之一，是传播“自由和平”规范。一些学者研究指出，在那些原本存在治理制度的国家强力移植民主的政府，容易出现“虚幻的和平”：有表面上的民主制度却没有物质基础做支撑。正如耶鲁大学教授蔡美儿指出，当自由民主与新自由主义市场经济走到一起，就会在那些存在种族问题的社会滋生仇恨。

与欧盟一心传播“自由和平”不同，中国没有通过参加维和行动传播任何规范的议程。除了派人参加联合国维和行动之外，中国与维和行动东道国之间的关系在原则上是平等的双边关系，不愿意将自己的政治意志强加于人。当然，正如苏丹的案例表明，中国在合适的情况下会通过说服等方式做促和工作。实际上，中国官方并不认为可以从自己过去30多年成功的发展经验中提炼出可供别国借鉴的发展模式或者规范。中国一直相信每一个国家都有自己的国情。

然而，中国国内载国家发展方面的成功实践以及在国外具有中国特色的援助和投资活动，蕴含一种独特的国家发展模式。尽管中国自身可能仍然没有意识到这个发展模式在国际制度层面的规范意义，但是已经有一些学者开始觉察到中国可能为联合国维和提供另一种规范选择。

中国维和规范生成于国内以经济建设为中心的国家发展实践以及对外独具特色的援助和投资行为。南非华裔学者郭俊逸认为，中国在建设和平中传播了一个称作“中国和平”的规范，与西方的“自由和平”形成对比。然而，中国维和规范中的一些要素并非完全是“中国制造”。其他一些发展型国家，比如新加坡和韩国，在中国之前都实践了以经济建设为中心的发展模式。而且，中国在非洲以及其他地区实践的以服务换资源的投资模式也是从日本学来的（Brautigam 2009）。因而，本文认为将中国和平规范称作“发展和平”（developmental peace）更为准确。“发展和平”有两个支柱：一个是以经济建设为中心，另一个是国家政府和市场在经济运行中都能发挥作用。

“自由和平”与“发展和平”是两个存在巨大差异的和平规范，它们的一些要素甚至存在冲突。最明显的是两个和平规范关注的优先任务不同：“自由和平”强调制度建设而“发展和平”强调经济发展。而且，“自由和平”反对政府干预经济活动，而“发展和平”则赋予了政府在经济事务中的主导地位。由于“自由和平”已经成为一个得到包括联合国在内的国际组织、国际非政府组织和西方国家的支持和传播，欧盟将很难接受中国的“发展和平”。中欧双方都需要以更加包容的心态看待对方对联合国维和的不同理解和贡献。

不成熟的伙伴关系

中欧伙伴关系水平还不算高，还有待进一步发展。特别是在安全领域的合作水平还比较低，这也影响到在维和事务上的合作。主要原因之一，是欧盟的一体化进程还没有发展到可以以主权行为体的身份与其他主权国家建立全面关系的程度。在此情势下，欧盟难以在安全领域制定出与中国开展合作的的战略，无论是在传统安全还是非传统安全上都是如此。中国非常明白这一点，愿意耐心地等待中欧维和合作在将来会有进一步发展。2009 年 11 月 19 日，欧盟任命了凯瑟琳·阿什顿担任它的首任外交和安全事务高级代表，这表明布鲁塞尔正在努力朝着统一的外交政策方向迈进。然而，迄今中欧之间在维和领域还没有开展实质意义的高水平合作。现有的互动主要发生在官方话语层面，而真正意义上的合作还处于低层次水平以及中国与某些欧盟成员国的双边层面。

四、结论

由于中国和欧盟都是国际舞台上的重要力量，它们之间在维和行动上的合作不但有利于双边关系，还有利于联合国维和乃至世界和平与安全。在21世纪里，随着中国和欧盟在各自的眼中变得越来越重要，联合国维和将很可能成为双方合作最具有潜力的领域之一。中国和欧盟在维和事务上的合作对于双方来说都是一项重大的任务。它们需要探究如何充任利用现有机遇的同时，想办法减少挑战带来的负面影响。

在一个开展国际政治和安全合作较之于经济合作往往要困难得多的时代，对中欧之间在包括联合国维和在内的安全领域的合作报有太高的期望是不现实的。尽管如此，中国与一些欧盟成员国之间的相关合作将会继续并且甚至会扩大。这样的双边合作的重要性不可忽视。它们是中欧在更高的政治和安全层面开展合作的基础。

而且，本文所分析的机遇与挑战也绝非总是互相冲突的。挑战并不总是会阻碍合作。相反，它们有时可能蕴藏着机遇，以中欧双方不同的维和规范为例：中国的“发展和平”与欧盟的“自由和平”实际上可能在冲突后社会的和平进程中形成互补关系。从这点上看，中欧维和合作的确存在大力提升的潜力。

参考文献

[1] 何银：《中国崛起与国际规范体系：以联合国维和行动为例》，载中共中央党校国际战略研究所编：《新战略研究》，2013 年第 3 期，第 29—44 页。

[2] 冯仲平：《新形势下欧盟对华政策及中欧关系发展前景》，《现代

国际关系》，2011 年第 2 期，1—5 页。

［3］李君如：《慎提“中国模式”》，《学习时报》，2009 年 12 月 7 日。

［4］叶江：《中欧全面战略伙伴关系面临新挑战》，《国际问题研究》，2011 年第 3 期，第 1—9 页。

［5］赵怀普：《当前中欧关系浅析》，《外交评论》，2008 年第 5 期，第 17—24 页。

［6］周宏：《中欧关系的认知错觉》，《国际问题研究》，2011 年第 5 期2，第 34—43 页。

［7］Berger，Bernt. 2007. “China Outwits the EU in Africa.” *Asia Times*. December 13. http：//www. atimes. com/atimes/China/IL13Ad01. html.

［8］Bouchard，Caroline，and John Peterson. 2010. “Conceptualising Multilateralism Can We All Just Get Along?” E-Paper. Mercury E-Papers. Mercury. http：//www. sipri. org/research/security/old-pages/euroatlantic/projects/mercury_ principal/mercury_ papers/epaper_ 1.

［9］Brautigam，Deborah. 2009. *The Dragon's Gift*：*The Real Story of China in Africa*. Oxford：Oxford University Press.

［10］China，and European Union. 2006. “Joint Statement of the Ninth EU-China Summit.” http：//www. gov. cn/misc/2006 – 09/10/content _ 383505. htm.

［11］Chua，Amy. 2004. *World on Fire. How Free Market Democracy Breeds Ethnic Hatred and Global Instability*. London：Arrow.

［12］Crossick，Stanley，and Etienne Reuter. 2007. *China-EU*：*A Common Future*. New Jersey：World Scientific.

［13］European Union. 2003. “A SecureEurope in a Better World：The European Security Strategy.” Council of the European Union. http：//www. consilium. europa. eu/uedocs/cmsUpload/78367. pdf.

［14］—. 2006. *The European Consensus on Development. Official Journal of the European Union*. http：//eur-lex. europa. eu/LexUriServ/LexUriServ. do? uri = OJ：C：2006：046：0001：0019：EN：PDF.

[15] —. 2007. *Treaty of Lisbon. Official Journal of the European Union.* http://europa.eu/lisbon_treaty/full_text/index_en.htm.

[16] Fox, John, and FrançoisGodement. "A Power Audit of EU-China Relations." London: European Council on Foreign Relations.

[17] Gill, Bates, and Chin-Hao Huang. 2009. "China's Expanding Role in Peacekeeping: Prospects and Policy Implications." Policy Paper 25. SIPRI Policy Papers. Stockholm: Stockholm International Peace Research Institute. http://books.sipri.org/files/PP/SIPRIPP25.pdf.

[18] He, Yin. 2007. "China's Changing Policy on UN Peacekeeping Operations." Asia Paper. Stockholm: Institute for Security and Development Policy. http://www.silkroadstudies.org/new/docs/Silkro adpapers/2007/Yin-He0409073.pdf.

[19] International Crisis Group. 2009. "China's Growing Role in UN Peacekeeping." 166. Asia Report. Beijing/New York/Brussels: International Crisis Group. http://www.crisisgroup.org/en/regions/asia/ north-east-asia/china/166 – chinas-growing-role-in-un-peacekeeping.aspx.

[20] International Security Assistance Force. 2013. "International Security Assistance Force: Key Facts and Figures." http://www.isaf.nato.int/images/stories/File/Placemats/20130624_130624 – mb-isaf-placemat.pdf.

[21] Klein, Nadia, Wulf Reiners, Zhimin Chen, Junbo Jian, and Ivo Slosarcik. 2010. "Diplomatic Strategies of Major Powers: Competing Patterns of International Relations?" E-Paper. Mercury. http://mercury.uni-koeln.de/fileadmin/user_upload/E-paper_no2_r2010.pdf.

[22] Kuo, Steven C. Y. 2012. "Beijing's Understanding of African Security: Context and Limitations." *African Security* 5 (1): 24 – 43.

[23] Liu, Zhenmin. 2009. "Statement by Ambassador Liu Zhenmin at the Plenary Session of the General Assembly on the Question of Responsibility to Protect." *UN Representation of the PRC.* http://www.china-un.org/eng/hyyfy/t575682.htm.

[24] MacGinty, Roger. 2009. *The Liberal Peace and Post-War Reconstruction: Myth or Reality*? London: Routledge.

[25] Manners, Ian. 2002. "Normative PowerEurope: A Contradiction in Terms?" *Journal of Common Market Studies* 40 (2): 235 – 258.

[26] —. 2008. "The Normative Ethics of the European Union." *International Affairs* 84 (1): 45 – 60.

[27] Narramore, Terry. 2008. "China and Europe: Engagement, Multipolarity and Strategy." *The Pacific Review* 21 (1): 87 – 108.

[28] Paris, Roland. 2004. *At War's End: Building Peace after Civil Conflict*. Cambridge: University Press.

[29] PRC Ministry of Foreign Affairs. 2005. "Position Paper of the People's Republic ofChina on the United Nations Reforms." Beijing: PRC Ministry of Foreign Affairs. http://www.fmprc.gov.cn/ ce/ceun/eng/xw/t199101.htm.

[30] — 2006. "Premier Wen Jiabao of the State Council Holds Talks with Italian Prime Minister Romano Prodi." PRC Ministry of Foreign Affairs. http://www.fmprc.gov.cn/eng/wjb/zzjg/xos/gjlb/3311/3313/t27 2823.shtml.

[31] Richmond, Oliver P., and Jason Franks. 2007. "Liberal Hubris? Virtual Peace in Cambodia." *Security Dialogue* 38 (1) (March 1): 27 – 48.

[32] Salih, M. A. Mohamed. 2009. "A Critique of the Political Economy of the Liberal Peace: Elements of an African Experience." In *New Perspectives on Liberal Peacebuilding*, edited by Edward Newman, 133 – 158. Tokyo; New York: United Nations University Press.

[33] Scott, David. 2007. "China-EU Convergence 1957 – 2003: Towards a 'Strategic Partnership'." *Asia Europe Journal* 5 (2) (June 1): 217 – 233.

[34] Solana, Javier. 2004. "The European Union andChina: Strategic Partners." Speech March 17, Beijing, Tsinghua University. http://ue.eu.int/ueDocs/CMS_ Data/docs/pressdata/en/discours/79736.pdf.

[35] Taylor, Ian. 2007. "What Fit for the Liberal Peace inAfrica?" *Global Society* 21 (4): 553 – 566.

[36] UN Department of Peacekeeping Operations. 2012. "Troop and Police Contributors Archive (1990 – 2012): Contributions by Country." http://www.un.org/en/peacekeeping/resources/statistics/contrib utors_ archive.shtml.

[37] —. 2011. "Monthly Summary of Contributions (Police, UN Military Experts onMission and Troops, as of December 31)." http://www.un.org/en/peacekeeping/contributors/ 2011/dec11_ 1.pdf.

[38] —. 2013. "Monthly Summary of Contributors (Police, UN Military Experts onMission and Troops, as of June 30)." http://www.un.org/en/peacekeeping/contributors/2013/jun13_ 1.pdf.

[39] UN General Assembly. 2005. "2005 WorldSummit Outcome." United Nations. http://www.who.int/hiv/universalaccess2010/worldsummit.pdf.

[40] —. 2012. "Implementation of General Assembly Resolutions 55/235 and 55/236." Report of the Secretary-General. New York: United Nations. http://www.un.org/ga/search/view_ doc.asp? symbol = A/67/224.

[41] Wang, Min. 2012. "Statement by Ambassador Wang Min, Deputy Permanent Representative of China to the United Nations, at the Security Council Briefing on the Libyan Issue." *UN Representation of the PRC.* http://www.china-un.org/eng/hyyfy/t930694.htm.

[42] Zhuang, Maocheng. 2005. "A Synopsis of Beijing International Seminar on Challenges of Peace Operations: Into 21st Century." In London. http://www.challengesforum.org/Global/Reports/Seminar% 20Reports/Beijing% 202004/Synopsis% 20Beijing% 20Seminar% 202004.pdf.

(本文在"China-EU Cooperation on UN Peacekeeping: Opportunities and Challenges"的基础上翻译编写完成；原文发表于 *Europe and China in 21st Century Global Politics: Partnership, Competition, or Co-Evolution?* Edited by Frauke Austermann et al, London: Cambridge Scholars Publishing, 2014)

联合国维和中的中国方案

中国崛起与国际规范体系

——以联合国维和行动为例

中国崛起会对世界秩序产生怎样的影响？这是当前以及今后相当长一个时期内国际政治学界关心的热点问题之一。现有文献大多偏重理论阐释或者政策分析，缺乏足够的实证研究。中国崛起是21世纪的一个严肃、重大而复杂的国际关系学话题，简单的辩论不但缺乏学理意义，更有误导政策和舆论的危险。通过多角度、大量基于经验的科学论证，将会帮助我们找到更接近真相的答案。世界秩序主要有三项基本要素，即国际权势分布、国际规范体系和跨国价值观念体系。本文将重点研究中国崛起对国际规范体系的影响，以期为中国崛起对世界秩序的影响这个问题的系统性回答做出贡献。全文包含六个部分：第一部分综述国内外有关中国崛起的辩论；第二部分介绍国内外有关中国崛起的国际规范意义的文献；第三部分和第四部分分别论述了影响联合国维和行动的两个规范，即处于规范霸权地位的自由和平规范，以及参与规范竞争的发展和平规范；第五部分通过对利比里亚和海地这两个联合国维和任务区东道国建设和平情况的对比分析，探讨自由和平与发展和平的互动关系及结果；第六部分是本文的结论。

一、中国崛起之辩

“中国崛起”的话语在中国和西方以不同的时间和方式出现。在中国，以邓小平为核心的第二代领导集体从20世纪70年代末开始规划改革开放蓝图，并于1987年10月中国共产党的十三大上提出了中国经济建设三步走战略：第一步目标，到1990年解决温饱问题；第二步目标，到20世纪末，人民生活水平达到小康水平；第三步目标，到21世纪中叶，达到中等发达国家水平。[①] 三步走下来，中国将“屹立于世界民族之林”，[②] 实际上就是中国和平崛起。不难想象，一个人口规模十多亿的国家，不用说达到中等发达国家的发展水平，即便是小康，产生的规模效应对世界权势版图和制度秩序的影响都将是巨大的。然而，整个20世纪80年代，无论是在中国还是在西方，都很少有人去认真思考中国在改革开放取得成功后，将会对世界秩序产生怎样的影响，中国崛起的话语尚未成为国际政治的热点话题。[③]

中国崛起正式进入国际政治话语系统，发生在以一系列事件为标志的时代节点。20世纪90年代初，冷战以美国或者说是西方的胜利宣告结束。与此同时，一度被美国视为潜在竞争对手的日本，在“广场协议”签署之后，发展的强劲势头开始消失并陷入低迷，而顺利渡过苏联解体和东欧剧变冲击的中国，开始成为美国的战略关注的重点目标。1992年9月17日，美国《政策研究》杂志刊登了费城对外政策研究所亚洲计划协调员罗斯·芒罗（Ross H. Munro）的《正在崛起的巨龙——亚洲真正的威胁来自中国》一文。该文认为：中国崛起将对美国的国家安全和经济利益造成前所未有的影响，进而对美国的经济和战略构成威胁。[④] 1993年哈佛大学教授塞缪尔·亨廷顿（Samuel P. Huntington）在《外交季刊》夏季号发表了《文明的冲突?》一文，指出以中国为代表的儒教文明是西方文明的威胁。[⑤]

---

① 赵紫阳：《沿着有中国特色的社会主义道路前进 —— 在中国共产党第十三次全国代表大会上的报告》，1987年10月25日，<http://www.gov.cn/test/2007-08/29/content_730445.htm>。

② 邓小平：《致中央政治局的信》（1989年9月4日），载《邓小平文选》第三卷，第323页，北京：人民出版社，1994年版。

③ 朱奕冰：《国外关于中国崛起问题的研究综述》，《毛泽东邓小平理论研究》2004年8期，第76—封三页。

④ Ross H. Munro, “Awakening Dragon: The Real Danger in Asia is from China”, *Policy Review*, No. 62, 1992, pp. 10-16.

⑤ Samuel P. Huntington, “The Clash of Civilization?” *Foreign Affairs*, Vol. 73, Summer 1993, pp. 22-49.

亨廷顿的“文明冲突论”实际上是继冷战之后，西方命题的世界秩序上层建筑结构冲突论的2.0版，只不过冲突的原动力从冷战时代的意识形态，换作了冷战后时代更高层次的文明或者是文化价值体系。在亨廷顿“文明冲突论”的铺垫下，因冷战结束而在一夜之间独孤天下的美国似乎又重新找到了战略对手，以中国崛起为议题的“中国威胁论”开始在由美国和西方主导的政治话语圈迅速传播。

如果说20世纪90年代初有关中国崛起的辩论在美国的兴起，在很大程度上受到美国国内保守势力的反共和反非民主意识形态情绪的推动，那么，随着一些研究国际关系理论学者的加入，对中国崛起的解读开始有了一些学理支撑，出现了悲观现实主义和乐观自由主义的二元化格局。[①] 现实主义者，无论是以肯尼思·华尔兹（Kenneth N. Waltz）为代表的“防御型现实主义”，[②] 还是以约翰·米尔斯海默（John J. Mearsheimer）为代表的“进攻型现实主义”，[③] 都信奉物质权力和看重相对收益，认为中国崛起必然与现有的霸权国美国发生严重冲突，崛起的中国将面临与美国进行类似美苏冷战的对峙，甚至是一场霸权战争。自由主义者则认为在全球化时代，国家间特别是大国之间存在相互依存关系。在物质权力和相对收益之外，还有许多需要共同关注的重要议程，特别是经济议程，可以冲淡现实主义者所强调的由物质权势地位变化和相对收益结果悬殊引发的结构性矛盾。按照自由主义的逻辑，崛起国与霸权国之间的冲突并非不可避免，中国可以和平崛起。

不难发现，美国国际关系学界关于中国崛起的辩论存在缺陷。现实主义理论虽然抓住了权力和无政府性这两个影响国际关系的核心要素，但是其最大的硬伤是自闭于自修昔底德以来的历史旧卷，忽视了人类世界的进化与变迁，因而有历史宿命论之嫌。自由主义虽然看到了世界政治的本质

① Charles Glaser, “Will China's Rise Lead to War?” *Foreign Affairs*, Vol. 90, March/April 2011, pp. 80 – 91.

② 肯尼思·华尔兹著，信强译，《国际政治理论》，上海：上海人民出版社，2008年版。

③ 约翰·米尔斯海默著，王义桅等译，《大国政治的悲剧》，上海：上海人民出版社，2003年版。

是一个进程，相信经济上的相互依存，以及充满了制度、规范和规则的世界越来越显著的社会性可以抵消无政府性，却忽视了权力能够塑造世界政治结果的严酷现实。

中国国内有关中国崛起的学术讨论起源于对在美国发生的相关学术辩论的回应。阎学通教授在《国防大学学报》1998 年第 1 期发表的《21 世纪中国崛起的国际安全环境》一文，是国内较早正式谈论“中国崛起”的文献。随后，王逸舟教授跟进，于同年在《国际经济评论》上发表了《中国崛起与国际规则》一文。2003 年，郑必坚教授在博鳌亚洲论坛上发表了题为《中国和平崛起新道路和亚洲的未来》的演讲，[①] 标志中国官方背景的重量级学者首次自信地提出了“和平崛起”的话语。2005 年，郑必坚教授在美国外交政策最权威的学术刊物《外交》杂志上发表了题为《中国的和平崛起》的封面文章，进一步阐述了“和平崛起”的概念。总体上看，国内关于中国崛起的学术讨论除了介绍国外关于中国崛起的辩论之外，其研究可以大致分为三个方向：其一是中国能够和平崛起；[②] 其二是如何才能够崛起；[③] 其三是中国崛起对世界秩序的影响。[④] 在这三个方向的讨论中，相对而言，在第三个方向的研究最为薄弱。事实上，关于中国崛起对世界秩序的影响，是中国崛起命题中最为关键的部分，也是国际上最关心的一个问题。

截至目前，关于中国崛起的认识侧重器物层面。不难理解，中国崛起的外在表现是，在巨大的经济规模基础上发生的物质实力的持续而快速的

---

① 郑必坚：《中国和平崛起新道路和亚洲的未来》，《学习时报》，第 318 期，2003 年 11 月 24 日。

② 最具有代表性的是郑必坚：《论中国和平崛起的新道路》，北京：中共中央党校出版社，2005 年版；秦亚青：《世界格局与中国的和平崛起》，《党建》，2004 年第 5 期，第 13—14 页。

③ 阎学通：《21 世纪中国崛起的国际安全环境》，《国防大学学报》，1998 年第 1 期，第 34—37 页；杨秋宝：《论中国崛起的战略机遇期》，《中共云南省委党校学报》，2004 年第 2 期，第 37—41 页；时殷弘：《中国崛起的条件：从对外关系角度的讨论》，《世界经济与政治论坛》，2006 年第 1 期，第 1—6 页。

④ 时殷弘：《美国权势、中国崛起与世界秩序》；门洪华：《中国崛起与东亚安全秩序的变革》，《国际观察》，2008 年第 2 期，第 16—25 页；秦亚青：《世界格局、国际制度与全球秩序》，《现代国际关系》，2010 年庆典特刊，第 10—17 页。

增长。随着中国崛起在器物层面的意象日渐清晰，美国和西方关注的重点开始从硬权力转移到软权力。正如普林斯顿大学教授约翰·伊肯伯里（G. John Ikenberry）指出：美国和西方可以接受一个崛起的中国在物质实力上超过美国，但是决对不能容忍中国推翻现有的由西方主导的国际秩序。[①] 这个秩序的重要内容，是美国在二战结束后建立并主导的具有多边主义性质、基于一系列代表西方民主和自由价值规则的国际规范体系。

相信中国能够和平崛起的西方自由主义学者认为，崛起的中国正在逐步接受现有国际规范秩序。对中国和平崛起持怀疑态度的现实主义者相信，中国崛起引发的结构性矛盾必然从物质层面延伸到制度层面，崛起的中国必然寻求修正现有的国际规范体系，因而霸权冲突乃至战争将不可避免。由此看来，研究崛起的中国与国际规范秩序之间的关系，对于回答中国崛起将会对全球秩序产生怎样的影响这个问题具有重要意义。

二、中国规范崛起

近些年来，国内外一些学者开始从不同的角度思考中国崛起的国际规范意义。本文仅介绍一些具有代表性的文献。

20 世纪 90 年代，俄罗斯尝试采用“休克疗法”的激进模式完成经济转轨的努力招致失败。相比之下，中国“双轨制”的渐进模式却取得了成功，[②] 激发了国内外学界关于中国模式的讨论。但是，这时期关注的重点还仅仅局限于宏观经济政策。直到 90 年代后期，中国在包括应对亚洲金融危机在内的一系列国家发展战略上取得成功之后，国内外学界才开始从深层次探讨中国发展的经验及其根源。

2004 年，美国《时代》周刊高级编辑、高盛公司资深顾问乔苏亚·雷

---

① G. John Ikenberry, “The Rise of China and the Future of the West: Can the Liberal System Survive”, *Foreign Affairs*, Vol. 87, January/February 2008, pp. 23 - 37.

② 胡键：《争论中的中国模式：内涵、特点和意义》，《社会科学》，2010 年第 6 期，第 3 页。

默（Joshua C. Ramo）在英国外交政策中心发表题为《北京共识》的文章，提出了“北京共识”（Beijing consensus）的概念。该文总结了中国20多年的经济改革成就，指出中国探索出了一套属于自己但是同时也适合其他发展中国家的发展模式。这个模式就是“北京共识”，与“华盛顿共识”（Washington consensus）所代表的模式形成对比并且能够胜出。雷默认为，“北京共识”强调将现实主义与理想主义相结合，在充满风险的改革进程中不断创新、大胆试验。[①]

美国约翰·霍普金斯大学教授德波拉·布罗蒂加姆（Deborah Brautigam）研究中国援助非洲问题近三十年。她在《龙的礼物——中国在非洲的真实故事》一书中，利用大量资料分析和案例研究，还原中国援助非洲的真相。[②] 布罗蒂加姆批驳了流行于西方舆论界和学界针对中国在非洲援助和投资行为的一系列指责，认为那些都是带有情绪色彩的言论和观点。该书呈现给读者的是一个在非洲受到欢迎的中国。她指出，在援助非洲时，中国并不像西方那样设置苛刻的政治条件；中国对非的投资和其他商业活动也遵循了一套有别于西方的做法，即往往与非洲丰富的但却似乎遭受“诅咒”的资源相结合，确保中国能够得到所需资源的同时，非洲国家也能够获得来自中国的廉价商品和主要用于改善基础设施的服务，结果是互利双赢，与西方国家忽视非洲的基础设施建设的做法形成鲜明的对比。[③] 布罗蒂加姆的研究虽然没有使用诸如规范或者模式这样的词汇，但是从字里行间可以看出，她实际上讨论的是中国的一种有别于西方的对非援助和经济活动模式，或者说是规范。

郭俊逸（Steven C. Y. Kuo）通过对利比里亚进行案例分析，观察中国在非洲的援助、投资与维和等行为，从而研究中国对非洲安全的理解。[④] 他认为，源于同非洲精英打交道的经验、自身遭受的殖民经历，以及混合

---

① Joshua Cooper Ramo，“The Beijing Consensus”，London：The Foreign Policy Centre，May 2004.

② Deborah Brautigam，*The Dragon's Gift：The Real Story of China in Africa*，New York：Oxford University Press，2009.

③ Ibid.，pp. 307 – 312。

④ Steven C. Y. Kuo，“China's Understanding of African Security：Context and Limitations”，*African Security*，Vol. 5，Issue 2，2012，pp. 24 – 43.

了现实主义、马克思主义和后殖民分析，中国并不相信西方主导的“自由和平”（liberal peace）能够为非洲带去真正的和平。中国对非洲安全的理解是建立在对威斯特伐利亚规范的坚守，以及改革开放以来重视基础设施建设和国家发展经验的基础之上，郭俊逸称之为“中国和平”（Chinese peace）。[①] 他认为，“中国和平”与“自由和平”的关系可以既有竞争，也存在互补。[②]

时殷弘教授的《美国权势、中国崛起与世界秩序》一文，是国内较早讨论中国崛起对国际规范影响的文献之一。该文立足历史解读，认为大国权势转移的影响力必然传递到国际规范领域，因而，伴随中国崛起，国际规范体系势必将发生重大的进步性演变。[③] 秦亚青教授分析了后金融危机时代美国、欧盟和新兴大国三种力量形成三元结构的世界格局，指出由于世界政治存在全球治理需求加大与国际制度供应不足的矛盾，原有大国与新兴大国之间能否进行良性互动与合作，将决定未来的全球秩序。[④] 秦亚青教授认为，国际治理制度的改革、转型与创新是最具合作潜力的领域。[⑤] 秦亚青教授的研究实际上涵盖了中国在国际规范体系中的新角色，因为中国参与国际治理制度的改革、转型与创新，在很大程度上包括参与国际规范体系的重塑。

从“北京共识”到“中国模式”，再到“中国和平”，学者们一直在尝试解读中国发展经验的本质内容，并以简练的语言进行概括。我们发现，这些提法从不同的角度或者层次，解读了中国发展经验具有的国际规范意义。“北京共识”的提法是针对“华盛顿共识”，强调的是中国在宏观经济治理方面不同于美国的理解和做法。“中国模式”针对的是“西方模式”，是对中国特色的发展经验的整体概括。“中国和平”则是针对“自由和平”而提出，强调的是当中国的发展经验适用于遭受冲突影响的国家

---

① Steven C. Y. Kuo, “China's Understanding of African Security: Context and Limitations”, *African Security*, Vol. 5, Issue 2, 2012, p. 36.

② Ibid., p. 37.

③ 时殷弘：《美国权势、中国崛起与世界秩序》。

④ 秦亚青：《世界格局、国际制度与全球秩序》。

⑤ 同上书，第17页。

（conflict-affected states）的建设和平活动时，在某些领域所具有的相对于自由和平的比较优势。

简而言之，现有的研究中国崛起对国际规范影响的文献有两个重要贡献：其一，注意到了中国崛起对国际体系的影响必然从物质层面向精神和价值层面、从硬权力层次向软权力层次扩展；其二，中国崛起的实践所凝聚的观念和规范，必然与现有从西方国家的发展实践中凝聚的观念和规范发生互动。尚需进一步研究的是，这样互动的具体进程和结果会是怎样的？具体地讲，随着中国的崛起，中国规范是像如雷默所相信的“北京共识”战胜“华盛顿共识”那样，颠覆现有由西方规范主导的国际规范体系，还是像如郭俊逸认为的“中国和平”抗衡并补充“自由和平”那样，促进国际规范体系发生如时殷弘教授所言的进步性演变，是一个值得深入研究的问题。在下一部分里，笔者将以联合国维和行动为例，尝试回答这个问题。

三、自由和平与联合国维和行动

作为多边主义框架下全球治理的重要工具，联合国维和行动的内容和形式受制于并反映了国际格局的特征。冷战时代的传统维和行动（traditional peacekeeping operations）关注的主要是发生在国家之间的冲突或者战争。受制于冷战格局，联合国开展维和行动的方式主要表现为，通过在通常情况下分别得到美苏两个超级大国支持的冲突双方之间，部署携带轻武器或者不带武器的军事人员，建立缓冲地带，监督对业已签订的停火协议的执行，为冲突的政治解决赢取时间。传统维和行动的主要任务是维持和平（peacekeeping），是联合国宪章的理想主义精神与冷战政治的残酷现实之间的公约数。

随着冷战结束，国际格局重新洗牌。一些处于世界体系边缘区域的国家因失去了超级大国的支持，国内有关民族、宗教、种族等在冷战时期被压制的身份认同老问题开始凸显，加之经济全球化和政治制度民主化浪潮的发酵作用，最终发展成为国家内部冲突，并在周边国家和地区引发多米诺骨牌效应，严重影响当事国国家安全与发展，并成为影响国际和平与安全最为突出的问题，急需国际干预。与此同时，冷战后时代的国际政治生态的改善，使得安理会容易通过旨在建立维和行动的决议。联合国开始派出大批维和人员和文职人员到冲突所在国开展恢复和平、维持和平和建设和平的行动。这样的维和行动被称作多维维和行动（multi-dimensional peacekeeping operations）。多维维和行动的主要任务是建设和平（peace-building），即重建在冲突和战火中遭到破坏的国家基础，以期为东道国带去可持续的和平。多维维和行动的重要内容是传播西方自由和平规范，对东道国国内政治和经济制度进行深度改造。其具体做法是：在政治上倡导普选式民主，强调法制、人权和公民社会建设；在经济上推行市场经济模式。①

尽管来自西方之外的抵制和批评之声不断，但是，作为西方现代政治文明的基石，"自由和平"规范在第三世界国家的传播，长期受到"政治正确"的话语庇护而很少遭到西方主流学界的质疑。直到最近些年，才有主流学者开始发出不同的声音。2003 年，美国耶鲁大学华裔法学教授蔡美儿（Amy Chua）发表著作《燃烧的世界：自由市场民主的输出滋养了种族仇视和全球动荡》，指出在许多发展中国家发生的种族间暴力冲突，是美国推行民主政治制度和市场经济制度的后果。② 2004 年，罗兰德·派瑞斯（Roland Paris）发表名为《战争结束之后：内战后的建设和平》一书，进一步引发了西方主流学界对在冲突后国家传播自由和平规范做法的质疑。③

---

① Roland Paris, *At War's End: Building Peace after Civil Conflict*, Cambridge: Cambridge University Press, 2004.

② Amy Chua, *World on Fire: How Free Market Democracy Breeds Ethnic Hatred and Global Instability*, New York: Doubleday, 2003.

③ 有关批判自由和平的文献，Roland Paris, *At War's End: Building Peace after Civil Conflict*; Ian Taylor, "What Fit for the Liberal Peace in Africa?" *Global Society*, Vol. 21, No. 4, 2007, pp. 553 – 566; M. A. Mohamed Salih, "A Critique of the Political Economy of the Liberal Peace: Elements of an African Experience," in Edward Newman *et al* eds., *Perspectives on Liberal Peacebuilding*, Edinburgh: Edinburgh University Press, 2009, pp. 133 – 158; Oliver Richmond and Jason Franks, *Liberal Peace Transitions: Between Statebuilding and Peacebuilding*, Edinburgh: Edinburgh University Press, 2009; Roger Mac Ginty and Oliver Richmond, *The Liberal Peace and Post-War Reconstruction: Myth or Reality?* London: Routledge, 2009.

一些学者更是指出，通过维和行动向原本存在上层建筑基础的国家强行移植西方标准的自由和平，其结果只会是制造出“虚幻的和平”（virtual peace）。[①]

“虚幻的和平”似乎已经成为联合国维和行动的代名词。自冷战结束以来的20多年时间里，联合国在世界各地建立了几十项多维维和行动，耗费了大量人力、物力和财力，却鲜有称得上成功的事例。联合国维和行动在海地、东帝汶和撒哈拉以南的非洲地区反反复复，在柬埔寨、莫桑比克和波黑等地草草收场。无数的事实证明，自由和平并非包治百病的“灵丹妙药”。选举和私有化过后，矛盾尤存，冲突依旧。比如，自1992年以来的20年里，联合国已经在海地先后建立了四项维和行动，亲自组织或者监督了好几次西方自由民主标准的大选，不遗余力地开展立法、行政和司法制度领域的能力建设（capacity building），但是，在今天的海地，无论是安全形势、和平前景和国家发展水平，还是民主规范的内化程度都并没有较之于20年前的情况有所改善。[②] 显然，在自由民主和市场经济之外，还有许多深层次的问题没有得到切实关注。

对自由和平的质疑，让一些人开始把寻找替代和平模式的目光投向西方之外的其他实践场域。其中，中国独具一格的发展经验、稳健的崛起势头，以及在包括众多联合国维和行动东道国在内的受到冲突影响国家的建设和平中发挥的重要作用，引起了广泛关注。

四、发展和平与联合国维和行动

伴随中国日渐积极参与联合国维和行动的是，国内外出现了研究中国

① Oliver P. Richmond and Jason Franks, “Liberal Hubris? Virtual Peace in Cambodia”.

② Peter Hallward, *Damming the Flood: Haiti, Aristide and the Politics of Containment*, London: Verso Books, 2010.

维和的热潮。[①] 值得注意的是，在中国的其他外交政策常常遭到西方非议和刁难的背景下，中国参与联合国维和行动的行为受到了罕见的称赞和鼓励。[②] 然而，现有关于中国参与联合国维和行动的文献，关注的几乎都是作为安理会常任理事国的中国的维和政策，使用的素材大抵是：中国政府有关联合国维和机制的官方立场文件，在联合国安理会的投票行为，分摊了多少维和经费摊款，派出了多少维和人员，以及中国维和人员的种类、携带的装备和在维和任务区的表现，等等。研究的问题主要是，中国为什么以及如何逐步接受了联合国维和制度。研究的出发点仍然停留在中国为何以及如何从一个体系外的国家，变为体系内的国际规范接受者。

大国崛起的基本标志是在国际体系中的身份和地位发生改变。随着中国崛起，其引人瞩目的国际身份将不可避免地继续演变，从国际规范的接受者，最终成为国际规范提供者。比如，在联合国维和行动领域，中国已经开始显露出了规范提供者的身份。

当人们开始质疑自由和平作为联合国维和行动核心规范的地位和作用之时，一些学者开始关注崛起中的中国，在包括维和任务区东道国在内的众多受到冲突影响的国家的援助和投资行为，及其可能具有的国际规范意义。如前文所述，布罗蒂加姆教授研究中国在非洲的援助和经济活动，指出了其有别于西方的做法及意义。郭俊逸是第一位从规范传播的角度研究中国维和行为的学者，极具创造性地使用“中国和平”的概念，概括中国在建设和平方面不同于倡导“自由和平”的西方的做法。但是，他的研究存在两个不足。其一，“中国和平”的提法及其内涵值得商榷；其二，他虽然指出了“中国和平”可以与“自由和平”开展竞争并对其进行补充，但是，

---

① 有关研究中国参与联合国维和行动的文献很多，其中综合性报告有：International Crisis Group，“China's Growing Role in UN Peacekeeping”，Report No. 166，2009；Bates Gill and Huang Chin-Hao，“China's Expanding Role in Peacekeeping：Prospects and Policy Implications”，SIPRI Policy Paper 25，2009；He Yin，“China's Changing Policy on UN Peacekeeping Operations”，Stockholm：Institute for Security and Development Policy，2007. 其他文献中具有代表性的包括 2011 年《国际维和》（*International Peacekeeping*）推出中国维和专刊，参见 Taylor & Francis Group，*International Peacekeeping*，Vol. 18，No. 3，February 2011。

② International Crisis Group，“China's Growing Role in UN Peacekeeping”；Bates Gill and Huang Chin-Hao，“China's Expanding Role in Peacekeeping：Prospects and Policy Implications”.

他并没有深入讨论“中国和平”与“自由和平”的互动进程及其结果，也没有将相关讨论置于中国崛起背景下中西规范碰撞的理论框架之下。

经济发展和制度建设是国家发展的两大支柱。孰先孰后，是现代政治学的一个尚无定论的热点问题。中国崛起的根基和最大亮点是经济发展，崛起战略是以经济建设为中心。但是，以经济建设为中心的发展模式并非由中国所创。且不说西方资本主义国家在资本原始积累时期的做法，东亚发展型国家和地区，包括新加坡、中国台湾和韩国的成功，也都是得益于经济发展优先的战略。① 中国内地企业在非洲的一些发展中国家设立经济特区的行为，在一定程度上学习了中国香港在毛里求斯等地的做法。就连遭到西方保守媒体和智库热炒的“中国开发非洲自然资源”的经济活动，不过是沿用了当初日本在中国的做法，即以贷款和技术换取资源的互利双赢行为。② 所以，与其说是中国崛起为国际规范体系贡献了多少新规范，还不如说是由于中国崛起之力作用于国际权势格局，推动了边缘地带的实践经验上升为可以参与竞争和互动的国际规范，从而对国际规范体系产生影响。因此，使用“中国”一词来命名随着中国崛起而进入国际规范体系的规范是值得商榷。

笔者认为，可以用“发展和平”（developmental peace）来概括中国崛起所展示的关于国家和平重建与发展的规范。发展和平的内核是经济发展优先，附属要件包括国内政治和社会稳定，以及基于威斯特伐利亚规范的独立自主原则。对于刚刚经历冲突和暴乱、百废待兴的联合国维和行动任务区东道国来说，发展和平关注了一些被自由和平忽视的领域。③ 比如，

---

① “发展型国家”（developmental state）一词最早由美国学者 Chalmers Johnson 于 1982 年基于日本的经济崛起提出，之后被用于泛指在工业化方面起步较晚但是成绩斐然的东亚国家。参见 Chalmers Johnson, *MITI and the Japanese Miracle*: *The Growth of Industrial Policy*, 1925 – 1975, Stanford, CA: Stanford University Press, 1982; Meredith Woo-Cumings ed., *The Developmental State*, Ithaca, NY: Cornell University Press, 1999.

② Deborah Brautigam, *The Dragon's Gift*, *the Real Story of China in Africa*, New York: Oxford University Press, 2009.

③ Deborah Brautigam, *The Dragon's Gift*, *the Real Story of China in Africa*; Steven C. Y. Kuo, "China's Understanding of African Security: Context and Limitations"; Ian Taylor, *China's New Role in Africa*, Boulder: Lynne Rienner Publishers, 2009.

自20世纪80年代以来，西方国家对非洲的援助已经很少涉及农业和基础设施建设，对非的投资行为大抵按照资金换资源这样简单的商品交换模式进行。而中国对非洲的援助关注了公共基础设施、工业和农业建设，对非的投资和其他商业活动，主要按照进出口信贷支持的服务换资源的模式进行。以中国向安哥拉提供的巨额石油信贷为例，安哥拉政府为中国提供了大量石油，换回的主要是标有“中国制造”的商品以及中国建筑和工程公司提供的服务，而不是金钱。如前文所述，发展和平的很多要素都并非中国首创，但是唯有中国崛起带给国际秩序的冲击力，以及中国坚守的包括不干涉内政原则在内的国际政治观，才使得发展和平能够上升为国际规范。

尽管自由和平是主导联合国维和行动的国际规范，但是，发展和平在联合国维和行动任务区东道国传播，打破了自由和平的垄断地位。自由和平与发展和平之间最大的区别体现在两方面。其一是不同的和平观。自由和平认为制度建设是实现和平的前提条件，而发展和平认为经济持续发展是消除冲突和不稳定的最佳办法。其二，尽管都是走“自上而下”的建设和平之路，但是自由和平主张小政府、大社会，并为援助甚至是投资设置政治条件；发展和平强调国家的宏观主导作用以及独立自主原则，反对外来干预。

自由和平与发展和平两种规范的传播方式也存在很大差异。联合国和西方援助国在向维和任务区东道国传播自由和平规范时，有明确的传播议程，有很强的政治目的。而中国在传播发展和平规范时，没有明确的传播议程，也没有政治目的。如果说自由和平在利比里亚的传播主要依赖强制和报偿等基于后果性逻辑的激励机制，规范传播的行为特征是传播者居高临下地传授（teaching）或者说是强加（imposing），那么发展和平在利比里亚的传播则主要依赖的是学习和模仿这样基于适当性逻辑社会化机制，规范传播行为的特征是规范接受者以平等的身份主动地学习（learning）。①

---

① “对激励机制和社会化机制的综述”，参见林民旺、朱立群：《国际规范的国内化：国内结构的影响及传播机制》，《当代亚太》，2011年第1期，第136—160页。

自由和平与发展和平这两个在内涵和传播方式上存在重大差异的规范，在联合国维和任务区东道国的传播过程中存在怎样的关系？它们之间互动的结果是零和游戏，还是妥协或者补充？下面笔者将通过对利比里亚和海地这两个联合国维和任务区东道国的对比分析，尝试回答这些问题。

五、规范竞争与联合国维和行动

自冷战结束以来的20多年里，联合国在世界各地开展了几十项多维维和行动。这些维和行动耗费了大量人力、物力和财力，许多维和人员甚至为之付出了健康和生命。如前文所述，关于这些维和行动的实际效果，尽管国际社会众说纷纭，但是存在一个基本的共识：迄今为止，还没有一项联合国维和行动可以称得上完全成功。

事实上，联合国维和行动的过程和结果存在的缺点，可能同联合国自身的缺点一样多。如果按照某一套理想型的标准来衡量，的确可能难以找到成功的范例。然而。鉴于无论是从政治还是文化的角度看，我们都生活在一个多元和多维的世界，所以察看事物和分析问题的角度也存在多种。比如，尽管按照理想型标准，联合国在利比里亚和海地的维和努力都算不上成功，但是如果我们把这两个案例放大，就会发现两者之间存在明显的差别。就目前的情形看，无论是从政治进程，还是从经济和社会重建的角度分析，利比里亚的形势都好过海地。具体地讲：利比里亚政局相对稳定。2011年，在联合国利比里亚特派团（以下简称联利团）监督下举行的大选中，于2005年首度当选的女总统约翰逊·瑟利夫（Johnson Sirleaf）成功连任，利比里亚政府及其施政纲领能够在两个任期里保持相对延续；海地政局不稳。2001年，在联合国海地稳定特派团（以下简称联海团）监督下举行的大选中，毫无政治经验的流行歌星米歇尔·马尔泰利（Michel Martelly）当选总统，一切都需要白手起家，并且由于反对党在议会的抵制，在当选后的5个月里都迟迟不能任命总理组阁，而好不容易任命的总理在上任后不到5个月便辞职。在联合国的帮助下，利比里亚的建设和平进程进展顺利，国家经济发展和基础设施建设稳步进行。而在海地，政治上的无序导致国家经济建设进展缓慢。且不说开展正常的建设活动，即便是2010年首都太子港发生里氏7.0级地震之后，由于政府领导无方，大量的国际援助迟迟花不出去。一方面是大量劳动力处于失业状态，另一方面是太子港地震废墟的清理工作一度无法开展。[①] 加之震后防疫工作无力，霍乱爆发，天灾人祸让海地严峻的维和形势雪上加霜。在利比里亚，针对前战斗人员的解除武装、复员和重返社会的努力取得了实质性成效，社会已经出现了基本稳定的局面。[②] 在海地，民间非法枪支泛滥，从城市到乡村暴力犯罪猖獗。尽管联海团维和部队和维和警察协助海地安全力量，针对叛军和犯罪势力发起了一轮又一轮的攻势，但海地境内仍然没有基本安全可言。[③] 在利比里亚，随着政局、安全形势和基础设施条件发生改善，外国投资逐渐涌入，国家经济发展开始重新起步。而在海地，难以预测的安全形势、脆弱的政局以及落后的基础设施拒外国投资于千里之外，国家财政仍然主要依赖于飘忽不定的国际援助。[④]

表1　利比里亚和海地建设和平情况对比

	利比里亚	海地
地理位置	西非	加勒比地区
国土面积	111369平方公里	27750平方公里
人口	378万	970万
建国时间	1822年	1804年

① CARE and Save the World, "An Independent Joint Evaluation of the Haiti Earthquake Humanitarian Response", October 2010, <http://www.alnap.org/pool/files/1192.pdf>.

② United Nations Disarmament, Demobilization and Reintegration Resource Center, "Country Programme: Liberia", <http://www.unddr.org/countryprogrammes.php? c=52#challenges/>.

③ 《综述：海地总统马尔泰利执政之路依然艰难》，新华网，2012年5月15日，<http://news.xinhuanet.com/world/2012-05/>。另外，对部分曾参与海地维和行动的中国维和警察的采访也证实了这一点。

④ 美国中央情报局（Central Intelligence Agency），"The World Factbook: Haiti"，<http://www.cia.gov/library/publications/the-world-factbook/goes/ha.html>。

续表

	利比里亚	海地
殖民地背景	美国自由奴隶返回非洲殖民	法属殖民地
主要资源	钻石、铁矿等	农业
国家发展状况	最不发达国家之一	西半球唯一的最不发达国家
冲突开始时间	1989	1992
冲突性质	国家内部冲突	国家内部冲突
联合国维和时间	2003 年至今	1992 年至今
正在进行的联合国维和行动	联合国利比里亚特派团	联合国海地稳定特派团
联合国维和行动类型	多维维和行动	多维维和行动
联合国维和任务	维持和平与建设和平	维持和平与建设和平
目前维和行动编制	9182 名维和人员，1694 名文职人员和志愿者	10409 名维和人员，2143 名文职人员和志愿者
与中国的外交关系	建交	没有建交
中国维和人员类型	工程兵分队、运输分队、医疗分队、参谋人员，维和警察	维和警察
中国维和人员数量	583	16
中国官方援助	各种援助	3000 万元地震救灾物资和资金
中国投资规模	截至 2010 年 99 亿美元	只有象征性的投资

信息来源：新华网：<www. xinhuanet. com>；联合国网站：<www. un. org>；美国中央情报局网站<www. cia. gov>。有关维和行动的编制及中国维和人员数量信息的更新时间为 2012 年 5 月底。

是什么造成了联合国维和行动在利比里亚和海地出现不同的结果呢？从表 1 可以看出，无论从国家基础条件，还是从历史文化和冲突性质来看，利比里亚与海地都存在许多相似之处。引起这两个联合国维和任务区东道国国内冲突的原因都非常复杂，通往和平的道路都困难重重。它们都是小国，都有长达 200 年左右的建国史，都有可观的自然资源和条件，都在联合国公布的 48 个最不发达的国家之列，联合国在这两个国家都建立起了大型的多维维和行动，等等。但是两国的不同之处也有很多，其中引人注目的是，与利比里亚相比，海地还没有与作为世界上第二大经济体的中国建立起正常的政治和经济关系。中国向利比里亚派出了大批维和人员，却只是向海地象征性地派出了一支 16 人的维和警队。[①] 自 1977 年中利建交以来，中国给予利比里亚各种形式的援助，其中包括援建政府和公共设施、债务减免、优惠贷款、派出医疗队和青年自愿者、提供奖学金名额，以及给予现金和物资援助，等等。[②] 相反，除了 2010 年提供了价值 3000 万人民币用于地震救灾的物资和现金外，中国几乎没有其他的援助。中国对利比里亚进行了大量投资，截至 2010 年，总投资额高达 99 亿美元，其中包括中非发展基金和武汉钢铁公司联合投资 26 亿美元开发利比里亚的邦格铁矿。[③] 此外，中国公司，尤其是国有企业，还大量参与了利比里亚的基础设施建设。而在海地，中国的投资还几乎是一片空白。除了中兴和华为等少数私营公司和企业外，鲜有中国企业，特别是实力雄厚的中国国有企业涉足。

有很多原因导致了中国没有深入参与海地的建设和平行动。其中最为重要的是海地没有与中国建立外交关系，将自己孤立于崛起中的中国的政治和经济影响圈之外。2004 年中国在安理会投票赞成建立联海团，于 2005 年 6 月担任安理会轮值国主席时甚至积极推动延长联海团任务。[④] 但是，在台湾当局“金元外交”的鼓动下，海地为了一时的利益而忽视了中国崛起对世界政治经济秩序的影响，对中国的善意无动于衷。与海地形成对比的是，利比里亚于 2003 年抓住联合国利比里亚特派团建立的时机，恢复了与中国的外交关系，搭上了中国崛起的快车。利比里亚前财政部长安托伊尼特·萨义赫（Antoinette Sayeh）指出：“很明显，对于在非洲的我们来

---

① 中国从 2004 年 10 月开始向海地派出了一支 125 人的维和警察防暴队，截至 2010 年 5 月结束任务撤回时，总共派出了 8 支。

② Steven Kuo，“Beijing's Understanding of African Security：Context and Limitations”.

③ 中国对利比里亚的援助、投资及其他商业活动的情况，参见：Deborah Brautigam，*The Dragon's Gift*，*the Real Story of China in Africa*；Robert I. Rotberg，ed.，*China into Africa*：*Trade*，*Aid*，*and Influence*，Baltimore：Brookings Institute Press，2008.

④ Xinhua News Agency，“China Pushes for UN Peacekeeping Extension in Haiti：FM Spokesman”，June 1，2006.

说，有很多要向中国学习的东西……中国消除贫困的成就大多发生于过去的几十年里。那样的经验让我们很感兴趣。”①

至今海地仍然与台湾当局维持所谓的“外交关系”，中国也并没有为联合国在海地的维和行动设置障碍。但是在海地，由于中国崛起影响力缺位，直接导致发展和平的缺位。利比里亚在面对自由和平规范的同时，能够有另一种规范选择。而海地除了“自由和平”之外，再没有其他选择。具体地讲，利比里亚在有选择地接受来自西方的基于自由和平规范的援助和投资时，还可以接受中国基于发展和平规范的援助和投资，国家的自主性和主导性得到维护。而在海地，援助和投资主要来自于西方国家，海地政府的自主性和主导性容易遭到轻视。比如，2010 年大地震后成立的由美国前总统比尔·克林顿（Bill Clinton）领导的过渡时期海地恢复委员会不信任海地政府，将绝大多数到账的国际捐款发放给了私人承包商和海地的非政府组织，海地政府被架空。这样做的直接后果就是这个委员会得不到海地官方的支持。到 2011 年 10 月，该委员会 18 个月的授权任务期满时，海地议会拒绝为其延期。② 简单地说，在利比里亚存在自由和平与发展和平两个规范之间的竞争，而在海地，自由和平处于规范霸权的地位。这就是联合国维和行动在利比里亚和海地出现不同效果的重要原因。

六、结论

随着中国不断崛起，其对众多历经冲突后开展建设和平国家的援助和投资日益增多。中国崛起的榜样作用，连同这些援助和投资，给国际社会呈现了一个被称作“发展和平”的规范。通过研究利比里亚和海地

① 国际货币基金会非洲财长新闻发布会录音记录，华盛顿，2007 年 4 月 14 日，出自 http：//go. worldbank. org/QWSCW31S50。参见：Deborah Brautigam，*The Dragon's Gift*，*the Real Story of China in Africa*，pp. 28 – 29.

② Website of *The New York Times*, the Opinion page，Editorial，“Haiti's Slow Recovery”，January 8，2012. <http：//www. nytimes. com/2012/01/09/opinion/haitis-slow-recovery. htm>.

这两个联合国维和任务区东道国建设和平的案例表明，发展和平对当前主导联合国维和行动的自由和平规范的霸权地位形成冲击。两个规范之间，无论是内涵还是传播战略，都存在竞争关系。在自由和平与发展和平存在竞争的利比里亚，两个规范在各自的优势领域发挥作用，都得到了一定程度的接受，以建设和平为主要任务的维和行动的效果，也因此而好过自由和平处于绝对规范霸权地位、没有规范竞争的海地，这说明自由和平与发展和平之间的竞争有利于两个规范的传播。自由和平与发展和平之间的竞争并非相互排斥、你死我活的零和游戏，而是可以出现共存甚至是互补的结果。

与西方国家热衷于谈论自由和平的“普世价值”不同的是，中国官方和许多学者并不承认“中国模式”，认为中国发展道路不适合在其他发展中国家进行复制。尽管如此，中国对自身发展实践所蕴含的国际规范意义的保守态度并不能阻止国际上对中国崛起的规范意义的解读。中国崛起产生的规范外溢是具有内在性的客观社会事实。不论中国自己是否愿意，只要中国崛起的势头继续，只要中国参与广大历经冲突的发展中国家的建设和平的活动不停息，发展和平就会传播。

大国崛起的基本标志是在国际体系中的身份和地位发生改变。从发展和平对联合国维和行动的影响可以看出，随着中国崛起，其国际身份特征将不可避免发生演变，从国际规范的接受者，变为既是接受者，又是提供者。自由和平与发展和平之间既竞争又互补的关系说明，中国崛起并不会颠覆现有国际规范体系，而是将缓解全球治理需求加大与国际制度供应不足的矛盾，为国际规范体系的进步性演变做出贡献。中国作为规范提供者的崛起必然深层次改变世界权势秩序。

（原载《新战略研究》2013 年第 3 期）

/规范竞争：谁的规范重要？/

——一个被忽视的研究议程

规范是国际关系学领域的重要研究内容。迄今为止，国际关系理论的权力派、制度派和规范派这三大主流学派都没有很好地回答一个关涉规范身份的本体论问题：谁的规范重要？正是因为如此，规范之间的互动或者说是竞争没有得到足够的重视。本文将通过论述把规范竞争作为一个重要研究议程的意义，提请关注"谁的规范重要?"这一涉及规范身份的本体论问题。全文分为四个部分：第一部分介绍有关规范身份的观点，指出三大主流学派在有关规范身份的认识上存在重大的相同之处；第二部分分析规范竞争的两种形式，即体系内规范竞争和体系间规范竞争，指出体系间规范竞争才是涉及规范身份建构的规范竞争；第三部分梳理有关体系间规范竞争的文献，评述两个对立的观点：悲观派和乐观派——前者认为规范竞争必然导致零和结果，后者相信规范竞争可能出现双赢的结果。第四部分为结论。本文的结论内容将在文献研究的基础之上提出一个关于规范竞争的研究议程。

一、三大主流学派与规范"霸权供应论"

权力派、制度派和规范派在有关规范的国际政治意义的理解上存在分歧，①

① 虽然长期以来结构现实主义、新自由制度主义和温和建构主义形成的鼎足之势主导了西方国际关系理论论争的话语，但是这三大理论并非国际关系理论的全部，而仅仅分别是三个主要理论学派中具有代表性的理论分支。国际关系理论的三大主流学派可以分别以权力、制度和文化这三个影响国际政治行为选择的核心要素命名，即权力派、制度派和文化派。由于国际关系理论文化派的核心研究议程是规范，所以本文称之为规范派。秦亚青：《权力·制度·文化：国际关系理论与方法研究文集》，北京：北京大学出版社，2005 年版。

但是它们在涉及规范身份的认识上却存在着惊人的相同之处：都信奉“霸权供应论”，将规范的霸权身份预设为前提假定，认为只有由霸权供应的规范才是重要的，才能够在国际范围内传播。

（一）权力派的“霸权供应论”

权力派信奉世界秩序是以物质实力为本质特征的权力秩序，相信权力是国际政治关系的主导力量，而规范是权力的附属品，不会直接影响国际政治的结果。① 尽管如此，权力派并没有完全忽视规范的作用，而是相信在一个由主权国家构成的无政府国际体系中，要维护秩序，就需要建立并维护有效的国际机制，促进国际合作。② 权力派的重要学者斯蒂芬·克拉斯纳（Stephen Krasner）认为，国际机制包含“原则、规范、规则和决策程序”。③ 尽管权力派认可国际机制的作用，但是同时也认为霸权国是国际机制建立和存在的前提保证。权力派相信，没有霸权的维护，国际机制即便得以建立也会崩溃。按照权力派的逻辑，只有霸权供应的规范才能成为国际规范。

（二）制度派的“霸权供应论”

制度派认为国际规范是重要的国际政治因素，相信包括国际规范在内的国际机制是降低交易成本、减弱政治市场失灵的工具。④ 也就是说，和权力派认为国际规范依附于权力而存在不同的是，制度派赋予了国际规范

---

① Ann Florini, “The Evolution of International Norms”, *International Studies Quarterly*, Vol. 40, No. 3, *Special Issue*: *Evolutionary Paradigms in the Social Sciences*, September 1996, p. 365.

② 秦亚青：《关系与过程：中国国际关系理论的文化建构》，上海：上海人民出版社，2012年版，第127页。

③ Stephen. D. Krasner, *International Regimes*, Ithaca, NY: Cornell University Press, 1983, p. 1.

④ Robert O. Keohane, *After Hegemony*: *Cooperation and Discord in the World Economy*, Princeton, NJ: Princeton University Press, 1984.

独立地位。[①] 但是，和权力派一样，制度派认为规范是霸权主导建立的，反映的是霸权的意志和利益。约翰·伊肯伯里（John Ikenberry）和查尔斯·库普乾（Charles Kupchan）认为，霸权国的国内规范重要，因为霸权国能够凭借其实力优势，将其国内规范推广到全世界。[②]

制度派将对规范地位和作用的关注放在了“霸权之后”，认为国际机制一旦建立，便具有自在性和自主性，即便在霸权终结之后也能够继续存在。[③] 但是，制度派有关“霸权之后”的理论，实际上是建立在权力派所信奉的规范“霸权供应论”的基础之上的。“霸权之后”的理论逻辑并不能消除规范的霸权身份。所以，无论是“霸权之时”还是“霸权之后”，制度派所言的规范在本质上其实都是霸权供应的规范。

（三）规范派的“霸权供应论”

和制度派一样，规范派也认为规范重要。但是，与权力派和制度派从理性的角度出发、对规范的理解停留在工具主义层面不同的是，规范派信奉观念主义，认为国际规范的影响和作用是根本性的。迄今为止，在“规范重要”这一认识的基础之上，规范派已经对涉及规范的许多重要问题进行了较为系统和深入的研究，不但涉及规范生命周期的四个时段：生成、扩散、内化和退化，[④] 还涉及影响规范生成和内化的三大层次：系统层次、地区层次和单位层次。[⑤] 规范派看似完成了一个完整的研究议程。然而，规范派的研究实际上还存在一个重大的不足，即和权力派与制度派一样，

---

① 秦亚青：《关系与过程：中国国际关系理论的文化建构》，上海：上海人民出版社，2012年版，第129页。

② John Ikenberry and Charles A. Kupchan, “Socialization and Hegemonic Power”, *International Organization*, Vol. 44, No. 3, 1990, pp. 283 – 315.

③ 秦亚青：《权力·制度·文化：国际关系理论与方法研究文集》，第90页。Robert O. Keohane, *After Hegemony: Cooperation and Discord in the World Economy.*

④ Martha Fennimore, *National Interests in International Society*, New York: Cornell University Press, 1996.

⑤ 柳思思：《历史实践与规范生成——以“塔利班化”为个案》，外交学院2008级博士研究生学位论文，第23—30页。

规范派也预设了规范的身份，相信只有霸权供应的规范才是重要的，才能够在国际上传播。不仅如此，在有关规范身份的认定上，规范派较之于权力派和制度派更进一步，将规范的霸权身份具体为西方身份，并且出现了“好规范偏好”（nice norms bias）的价值倾向。[①]

规范派偏好“好规范”，是因为相信它们容易在国际上传播。容易传播的“好规范”就内容而言，是那些以普世主义、个人主义、自愿性权威、理性进化、世界公民等原则为基础的规范。[②] 玛格丽特·凯克（Margaret Keck）和凯瑟琳·辛金克（Kathryn Sikkink）将容易传播的规范分为两类：一类是涉及人身安全和禁止对弱势人群或“无辜”人群进行人身伤害的规范；另一类是在法律上规定机会平等的规范。[③]

劳拉·兰多尔特（Laura Landolt）指出，建构主义是理想主义、自由主义的主张，关注的主要是北方国家（西方国家）主导的规范，传播方向是朝向第三世界国家。[④] 可见，“好规范偏好”，也可以称为“西方规范偏好”（Western norms bias），表现为从西方中心主义的逻辑起点出发，从一开始就预设了规范的身份，将西方身份作为国际规范身份的前提假定，将研究的对象局限于反映西方价值和文化的自由主义进步规范。[⑤] 比如，二战之后所建立的“内嵌式自由主义”体系，就是美国国内规范国际化的例子。规范派的研究出现“好规范偏好”，或者说是“西方规范偏好”，主要原因在于西方在世界政治格局中的霸权，以及在西方哲学和政治理论占统治地位的线性进步理论（linear progressive theory）。[⑥]

---

① 柳思思：《历史实践与规范生成：以“塔利班化”为个案》，第24—25页。

② 林民旺、朱立群：《国际规范的国内化：国内结构的影响及传播机制》，载《当代亚太》，2011年第1期，第148页。

③ Margaret E. Keck and Kathryn Sikkink, *Activists beyond Borders*: *Advocacy Networks in International Politics*, Ithaca, New York: Cornell University Press, 1998, pp. 203 - 206。转引自［美］彼得·卡赞斯坦、罗伯特·基欧汉、斯蒂芬·克拉斯纳编，秦亚青等译：《世界政治理论的探索与争鸣》，上海：上海世纪出版集团，2006年版，第317页。

④ Laura K. Landolt, “(Mis) Constructing the Third World? Constructivist Analysis of Norm Diffusion”, *Third World Quarterly*, Vol. 25, No. 3, 2004, pp. 579 - 591.

⑤ Laura K. Landolt, “(Mis) Constructing the Third World? Constructivist Analysis of Norm Diffusion”.

⑥ Francis Fukuyama, *The Origins of Political Order*: *From Prehuman Times to the French Revolution*, New York: Farrar, Straus and Giroux, 2011.

玛莎·费丽莫（Martha Finnemore）在《国际社会中的国家利益》一书中通过研究联合国教科文组织促成国家建立科学机构、国际红十字委员会改变国家的战争行为以及世界银行改变国家的发展战略，说明国际组织是重要的国际规范传播者。[①] 费丽莫研究的案例所涉及的三个规范传播者中，联合国教科文组织和世界银行都属于西方主导的联合国—布雷顿森林体系的部分，而国际红十字委员会更是地道的西方非政府组织，所以不难看出，费丽莫所言国际社会，实际上是西方主导的国际社会；她所研究的国际规范，也就是西方主导的国际规范。

按照“好规范偏好”的逻辑，西方主导的规范就是“好的”和“进步的”，进而享有国际合法性和传播权；而非西方规范是“不好的”和“落后的”，不享有国际合法性和传播权。然而，在国际政治的现实中，“好规范偏好”的理论逻辑是站不住脚的。莱德·麦基翁（Ryder Mckeown）发现，像“反酷刑规范”这样一个人权领域的“好规范”，在强大的话语建构作用下会发生退化，而支持酷刑的规范重新粉墨登场。[②] 麦基翁的研究表明，“好规范偏好”是一个伪命题。

三大主流学派从霸权维持的需要出发，预设了规范的霸权身份。这种对规范身份进行预设，是将规范的身份作为静态社会事实看待。秦亚青教授提出的认识和理解国际社会的过程视角，[③] 能够为我们深入研究规范的身份问题提供启示。过程是一种动态的关系。一个规范的国际规范身份或者地位，是在与其他规范的互动中得以确立的。规范之间的互动实际上就是竞争。但是，并非任何形式的规范竞争都能建构规范的身份。下文将分析规范竞争的两种形式，并确认涉及规范身份建构的规范竞争形式。

---

① Martha Fennimore, *National Interests in International Society.*

② Ryder Mckeown, “Norm Regress: Revisionism and the Slow Death of the Torture Norm”, *International Relations*, Vol. 23, No. 1, 2009.

③ 秦亚青：《关系与过程：中国国际关系理论的文化建构》。

二、规范竞争的两种形式

安·弗罗瑞尼（Ann Florini）是少数尝试研究规范竞争问题的学者之一。她通过将规范与基因进行类比，分析了一个主张国家在安全事务上实现透明化的国际规范为何能够取代根深蒂固的相关主权规范的原因，提出了一个分析规范进化的理论模型，即一个规范要取代另一个规范，需要同时满足三个条件：其一，该规范是否重要得能够在规范体系中立足；其二，该规范是否能够与（同一规范体系中的）其他与之不存在竞争关系的规范进行良性互动；其三，规范体系面临的外部环境条件。[①] 弗罗瑞尼的研究尽管具有开创性，但是她所研究的规范竞争发生在西方主导的规范体系之内，也就是默认了处于竞争关系中的不同规范所共有的西方文化和价值属性。本文将这样的发生在某一个规范体系之内的规范竞争称作体系内规范竞争（如图1所示）。

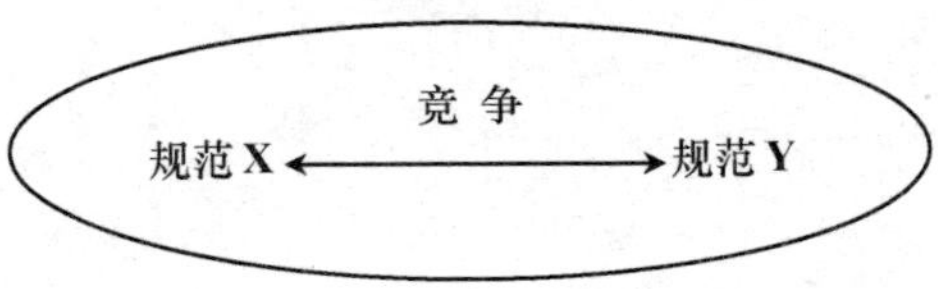

图1 体系内规范竞争

图1中的椭圆指的是一个国际规范体系，在规范派那里实际上就是西方规范体系。规范X和规范Y都是这个规范体系之内的规范，它们之间的竞争所反映的矛盾，是发生在同一规范体系之内的“同质”规范之间的“内部矛盾”，是能够受到所在规范体系之内的主导权力调和的矛盾，而不是体现权力冲突的结构性矛盾。所以不难发现，弗罗瑞尼所设定的一个规范取代另一个规范的三个条件，无不反映出结构性和谐。

---

① Ann Florini, “The Evolution of International Norms”, p. 374.

无政府世界是一个等级世界。在权力等因素的作用下，国际体系的特征表现为深刻的等级秩序。国际关系结构主义理论大多持这样的观点，而差别主要表现在对秩序实质的认定上。比如，权力派认为这种秩序是权力秩序；而以新马克思主义为基本理论框架的世界体系理论（world-system theory）则认为这样的秩序是整个国际资本主义世界的分工秩序。[①] 值得注意的是，权力派只重视国际格局中权力最大的少数国家，尤其是霸权国和挑战国，或者说只关注国际权力格局"金字塔"顶端的情况，而忽略了金字塔其他部分情况。世界体系理论将国际体系划分为"核心""半边缘"和"边缘"三个地区，[②] 勾勒出了一幅较之于权力派更为清晰的国际等级秩序图谱。本文借鉴世界体系理论的有关"体系"的概念，将世界规范体系划分为一个占据主导地位的中心规范体系，和一个居于次要地位的边缘规范体系。中心规范体系和边缘规范体系构成了世界规范体系的等级结构（如图2所示）。

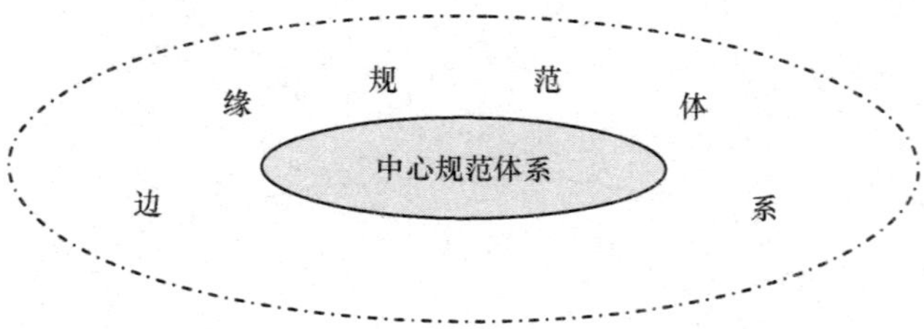

图2　世界规范体系的等级结构

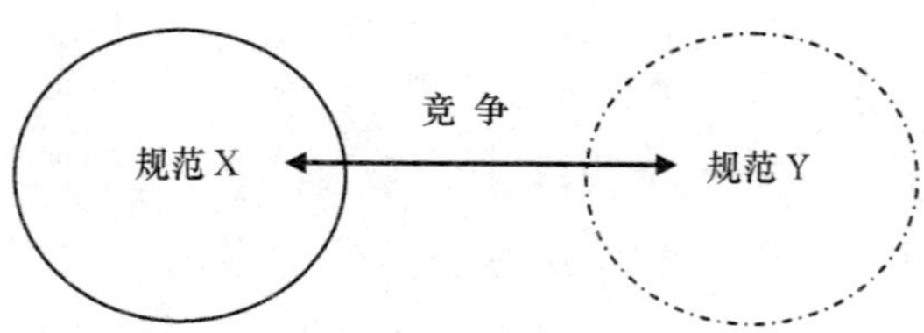

图3　体系间规范竞争

---

① Immanuel Wallerstein, *World-Systems Analysis: An Introduction*, 1st edition, Durham and London: Duke University Press, 2004.

② Immanuel Wallerstein, *World-Systems Analysis: An Introduction*.

在国际政治的现实中，西方和非西方是一组对立而又具有等级的关系。正如亨廷顿指出："在所有的文明之中，唯独西方文明对其他文明产生过重大的、有时是压倒一切的影响。因此，西方的力量和文化与所有其他文明的力量和文化之间的关系就成为文明世界最为普遍的特征。"① 在当前国际政治的现实中，图 2 所示的中心规范体系实际上就是长期以来在国际规范结构中起主导作用的西方规范体系，而边缘规范体系则指由各种非西方规范力量组成的一个松散的规范体系。这两个规范体系的规范之间的竞争表现为体系间规范竞争（如图 3 所示）。

图 3 中的实线圆圈代表处于主导地位的西方国际规范体系，虚线圆圈代表处于次要地位的边缘规范体系。规范 X 和规范 Y 之间的竞争，是争夺国际规范的合法身份的竞争，是真正意义上的规范竞争，也是本文重点讨论的规范竞争。

三大主流学派对规范身份的预设，表明了它们对体系间规范竞争结果的共同预设，即中心规范体系的规范必然在与边缘体系规范的竞争中胜出，后者不可能取得国际规范的身份。正是因为相信体系间规范竞争只会出现中心规范体系胜出的唯一结果，三大主流学派都没有将体系间规范竞争纳入研究议程。体系间规范竞争只会出现零和的结果吗？它真的没有研究意义吗？本文的第三部分将文献梳理的范围扩大，以学界围绕一个崛起的中国对国际规范秩序的影响的争论为例证，说明研究体系间规范竞争问题的重要意义。

三、体系间规范竞争研究

围绕中国崛起引起体系间规范竞争的研究观点大体上可以分为两派：一个是悲观派，另一个是乐观派。悲观派强调带有中国特征的规范与西方

① ［美］塞缪尔·亨廷顿著，周琪、刘绯等译：《文明的冲突与世界秩序的重建》（修订版），北京：新华出版社，2009 年版，第 43 页。

规范存在的结构性矛盾，认为二者之间的竞争是本质性的冲突，必然会出现不可调和的结果；乐观派则认为，带有中国特征的规范参与全球治理，可以弥补西方规范的不足，有利于国际规范秩序的进步性演变，所以这两种规范之间的竞争并非必然出现零和的结果。

（一）悲观派观点

悲观派具有代表性的研究有塞缪尔·亨廷顿（Samuel Huntington）的"文明冲突论"、弗朗西斯·福山（Francis Fukuyama）的"历史终结论"、围绕"北京共识"的争论、在西方学界和政界此起彼伏的"中国威胁论"以及巴里·布赞（Barry Buzan）的国际社会理论。

1. "历史终结论"

1989年，日裔美籍学者弗朗西斯·福山（Francis Fukuyama）在美国新保守主义刊物《国家利益》（*The National Interest*）杂志上发表《历史的终结?》一文，提出了"历史终结论"。① 1992年，福山在《历史的终结和最后的人》一书中，对"历史终结论"进行了系统阐述。福山认为，冷战结束标志着共产主义的终结和西方资本主义的全面胜利，表明历史只有一条道路，即市场经济和民主政治的自由民主制度。② 在福山看来，人类社会的发展史就是自由民主制度作为普世制度的传播史，是人类意识形态发展的终点和人类最后一种统治形式。③ 按照历史终结论的逻辑，西方规范面临来自非西方规范的竞争，规范竞争的结果必然是西方规范的胜利。

2. "文明冲突论"

1992年，哈佛大学教授塞缪尔·亨廷顿在美国企业基金会做的一次报告中提出了"文明冲突"（clash of civilization）的理论。作为对福山的《历

---

① Francis Fukuyama, "The End of History?" *The National Interest*, No. 16, Summer, 1989, pp. 3-18.

② ［美］弗朗西斯·福山著，黄胜强、许铭原译：《历史的终结和最后的人》，北京：中国社会科学出版社，2003年版。

③ ［法］雅克·德里达著，何一译：《马克思的幽灵》，北京：中国人民大学出版社，2008年版。

史的终结和最后的人》一书的回应，亨廷顿于1993年在《外交》季刊（*Foreign Affairs*）夏季号上发表了《文明的冲突?》一文，深入阐述文明冲突的问题。1996年，亨廷顿在《文明的冲突与世界秩序的重建》一书中，对他的“文明冲突论”进行了拓展。[①] 亨廷顿批评了福山的“历史的终结”的命题，指出这一论点的谬见在于它认为只存在唯一的制度选择。亨廷顿认为，在冷战后新的世界里，最普遍、重要和危险的冲突不是发生在按照阶级、财富或者其他以经济来划分的集团之间，而是属于不同文化实体的人民之间。[②] 当代世界主要存在八大文明：西方文明、伊斯兰文明、中华儒教文明、日本文明、东正教文明、印度文明、拉丁美洲文明及非洲文明。亨廷顿相信，随着冷战结束，文化和宗教上的差异而非意识形态的分歧将导致世界几大文明之间的竞争和冲突，西方文明将面对与包括中华儒教文明在内的异质文明的冲突。亨廷顿否认有普世文明的存在，不赞同文明趋同，认为八大文明之间的差异是引发世界冲突的根本原因，文明间的断层线将是国际冲突爆发的前线。[③] 按照“文明冲突论”的逻辑，源于西方世界之外实践场域中的价值和规范，与现有以西方文明为内核的国际规范体系之间存在着不可调和的结构性矛盾，规范竞争的过程是无休止的冲突，其结果应该是“文明的”西方规范取得胜利。

3. “北京共识”

2004年，美国《时代》周刊高级编辑、高盛公司资深顾问乔苏亚·雷默（Joshua Ramo）在英国外交政策中心发表《北京共识》一文，提出了“北京共识”（Beijing consensus）的概念。雷默总结了中国20多年的经济改革成就，指出中国探索出了一套属于自己但是同时也适合其他发展中国家的经济发展模式（economic development model）。[④] 这个模式就是“北京共识”。“北京共识”所涉及的根本问题是中国和西方在国家发展、特别是

① ［美］塞缪尔·亨廷顿著，周琪、刘绯等译：《文明的冲突与世界秩序重建》（修订版）。

② ［美］塞缪尔·亨廷顿著，周琪、刘绯等译：《文明的冲突与世界秩序重建》（修订版），第7页。

③ Samuel P. Huntington, “The Clash of Civilization?”, *Foreign Affairs*, Vol. 73, *Summer* 1993, pp. 22 – 49.

④ Joshua Ramo, “The Beijing Consensus”, London: Foreign Policy Center, 2004.

经济发展领域存在的竞争，它的提出一度在学界引起了围绕发展模式的争论。关于中西发展模式之争，以“北京共识”与“华盛顿共识”（Washington consensus）之争为例，目前存在两种观点。以雷默和斯蒂芬·哈佩尔（Stephan Halper）为代表的一方认为“北京共识”能够在竞争中胜出；[①] 而包括“华盛顿共识”的提出者约翰·威廉姆森（John Williamson）在内的另一方则从长远的角度更看好经过改良了的“华盛顿共识”。[②] 这两派观点尽管存在不同，但是也有相同之处，即都认为两种发展模式之争必然出现一方战胜另一方的零和结果。

4. “中国威胁论”

有关中西规范竞争的辩论，最直接、最能全面综合各种悲观观点的便是“中国威胁论”（China threat theory）的命题。该命题最初的理论背景是权力派的理论观点。[③] 权力派强调物质上的相对收益，认为崛起大国必然与现有大国发生物质利益上的根本冲突，对后者及其领导的国际秩序构成挑战和威胁。这样的理论观点经过政策和战略层面的发酵，往往能够很快引起舆论的关注，并最终影响到政策层面。1992 年 9 月 17 日，美国《政策研究》杂志刊登了费城对外政策研究所亚洲计划协调员罗斯·芒罗（Ross Munro）的《正在崛起的巨龙——亚洲真正的威胁来自中国》一文。该文认为：中国崛起将对美国的国家安全和经济利益造成前所未有的影响，进而对美国的经济和战略构成威胁。[④] 从此，“中国威胁论”正式进入国际政治话语系统。“中国威胁论”反映出面对一个快速崛起的中国，西方感到的不适应和焦虑。它已经成为西方特别是美国学界和政策界认识中国崛起的非常具有影响的命题之一。

---

① Stephan Halper, *The Beijing Consensus: How China's Authoritarian Model Will Dominate the Twenty-first Century*, New York: Basic Books, 2010.

② John Williamson, "Is the 'Beijing Consensus' Now Dominant?", *Asia Policy*, No. 13, January 2012, p. 16.

③ ［美］肯尼思·华尔兹著，信强译：《国际政治理论》，上海：上海人民出版社，2008 年版；［美］约翰·米尔斯海默著，王义桅等译：《大国政治的悲剧》，上海：上海人民出版社，2003 年版。

④ Ross H. Munro, "Awakening Dragon: The Real Danger in Asia Is from China", *Policy Review*, No. 62, 1992, pp. 10 – 16.

如果说早期的“中国威胁论”担忧的是崛起的中国在以经济和军事为标志的硬实力或者物质实力领域可能对美国乃至西方构成挑战和威胁，那么，随着中国崛起的前景日渐清晰，这个担忧的重心开始转向了以文化和制度为标志的软实力领域。伊肯伯里指出：美国和西方可以接受一个崛起的中国在物质实力上赶超美国，但是绝对不能容忍中国推翻现有由西方主导的国际秩序。① 这个秩序的重要内容，是美国在二战结束后建立并主导的具有多边主义性质、基于一系列代表西方民主和自由价值规则的国际规范体系。伊肯伯里还指出，在20世纪美国和西方一直致力于创建的国际体系就是这样的一个国际制度和规则体系。面对这样一个体系，中国只有全面接受而别无选择。② 可见，按照“中国威胁论”的逻辑，中国是一个体系外的国家，中西规范存在结构性矛盾和冲突，两者之间竞争的结果将是而且必须是西方规范的全面胜利。

5. 英国学派

英国学派的重要学者巴里·布赞（Barry Buzan）从国际社会理论的角度解读中国和平崛起。③ 布赞认为，经过改革开放30年的积累，今天的中国到了一个重要关头。从今往后，30年中国所面临的不确定性将甚于之前的30年。改革开放的前30年中国融入国际社会，主要是通过接受诸如主权、外交和均势这样的威斯特伐利亚制度，并且较为容易地接受了这些行为导向的制度。布赞指出，从今往后的30年，中国如果想要融入国际社会，将不得不接受“民主”和“人权”这样一些涉及价值导向的国际制度的挑战。但是，由于中国的身份决定了它很难接受涉及价值导向的国际制度，中国与国际社会的关系将面临困难，所以中国和平崛起“难以实现”。④

---

① G. John Ikenberry, “The Rise of China and the Future of the West: Can the Liberal System Survive”, *Foreign Affairs*, Vol. 87, January/February 2008, pp. 23 – 37.

② G. John Ikenberry, “The Rise of China and the Future of the West: Can the Liberal System Survive”, p. 37.

③ Barry Buzan, “China in International Society: Is ‘Peaceful Rise’ Possible?”, *The Chinese Journal of International Politics*, Vol. 3, No. 1, 2000, pp. 5 – 36.

④ Barry Buzan, “China in International Society: Is ‘Peaceful Rise’ Possible?”, pp. 17 – 18.

布赞还认为崛起的中国一直在尝试探索自己的国际社会观。就目前来看，中国强调和谐与和平的世界，宣扬共同发展，声称不威胁（他人），严格解读国家主权平等与不干涉原则，强调文化与文明、社会系统和发展途径方面的差异。布赞认为，这其实是一个结合了多元主义、古典主义和国家中心主义的国际社会观，也就是和谐世界。[①] 布赞认为，中国以和谐世界为内核的国际社会观，与西方以自由民主和平为内核的国际社会观之间存在冲突，两者之间矛盾不可调和。[②] 按照布赞的逻辑，当中国规范与西方规范发生竞争，结果将是西方规范胜出，中国规范失败。

综上所述，无论是福山的“历史终结论”、亨廷顿的“文明冲突论”、围绕“北京共识”的争论和“中国威胁论”，还是布赞的“国际社会理论”，在关于体系间规范竞争上都具有共同点：都能用来解读一个崛起的中国与西方在全球治理规范领域的竞争关系，并且都相信这样的规范竞争必然出现一方战胜另一方的零和结果。在认识西方规范与非西方规范的互动问题上，西方学术界之所以普遍存在悲观的情绪，有其深层次的原因。比如，秦亚青教授在评述布赞有关中国崛起的观点时指出：

> “布赞教授的观点代表了许多西方学者的观点，他们认为中国是难以实现和平融入国际，根本原因就是他们潜移默化地受到冲突辩证法的影响，将对立事物视为非此即彼的关系。无论是两种文化，还是两种规范，都是竞争的、斗争的，甚至是相互摧毁的。”[③]

彼得·卡赞斯坦（Peter Katzenstein）在他主编的《世界政治中的文明：多元多维的视角》一书中，深入论述了文明的多元性，指出我们所在

---

① Barry Buzan, “China in International Society: Is ‘Peaceful Rise’ Possible?”, pp. 30 – 32.

② Barry Buzan, “China in International Society: Is ‘Peaceful Rise’ Possible?”, pp. 29 – 33.

③ 秦亚青：《关系与过程：中国国际关系理论的文化建构》，第13—14页。

的全球性世界是一个多种文明共存的宏大文明系统。① 在一个全球化日益深入的世界，全球治理已经成为国际政治重要的内容。各国参与全球治理的过程，也是各种文明接触和交往的过程。文明之间的交往，除了冲突，还有别的表现形式吗？具体地讲，带有中国特征的规范与西方规范发生互动，难道只有零和这一种结果吗？在这个问题上，也有一些学者持相对乐观的态度。下文将梳理他们的观点。

（二）乐观派观点

与上文所述悲观派不同，对中西规范竞争持乐观态度的学者，一般并不否认中国和西方在国际规范领域存在竞争的事实。但是，与悲观派将冲突和竞争看作是体系间规范关系的唯一特征不同的是，乐观派同时还看到并且强调两种规范之间存在共存和互补的关系。乐观派相信，中国崛起引起的规范竞争的矛盾并非不可调和，零和并非规范竞争的唯一结果。

1. “龙的礼物”

随着中国“走出去”战略的深入实施，中国对非洲的援助和投资活动快速增长，国际上特别是西方国家对中国的指责不绝于耳。这些批评之声表现为两个层面：一个带有浓厚的权力派观点特色，认为中国在非洲的活动是一种“新殖民主义”，主要目的是“掠夺”非洲的石油和矿产等资源；另一个则主要从规范“霸权供应论”的认识出发，指责中国独立于国际援助机制之外的不附加政治条件的对非援助是“不负责任”的行为，认为它破坏了国际援助规则，影响了国际上对非援助的效果，给中国扣上一顶“流氓援助国”的帽子。这些观点不但引起来自中国和非洲的驳斥，一些西方学者也不敢苟同。②

---

① ［美］彼得·卡赞斯坦主编，秦亚青等译：《世界政治中的文明：多元多维的视角》，上海：上海人民出版社，2012 年版。

② Henning Melber, “Europe and China in Africa: Common Interests and/or Different Approaches?” Stockholm: Institute for Security and Development Policy, Asia Paper, January 2013, http://www.isdp.eu/images/stories/osdp-main-pdf/2013-melber-europe-and-china-in-africa.pdf, 2013-4-20.

美国约翰·霍普金斯大学教授黛博拉·布罗迪加姆（Deborah Brautigam）研究中国援助非洲问题近30年，在非洲进行了多次实地调研。她在《龙的礼物——中国在非洲的真实故事》一书中，利用大量资料分析和案例研究，尝试还原中国援助非洲的真相。[①] 布罗迪加姆批驳了流行于西方媒体和学界针对中国在非洲援助和投资行为的一系列指责，认为这些都是带有情绪色彩的、经不起推敲的世俗观点，有些甚至是荒唐的谣言。[②] 该书呈现给读者的是一个在非洲受到欢迎的中国。[③] 她指出，中国与发达国家在对非的援助方式上存在本质的不同。中国并不像西方那样为援助设置苛刻的政治条件，而西方国家为援助设置政治条件，更倾向于相信自己有责任去干涉别国事务。中国对非的投资和其他商业活动也都遵循了一套有别于西方的做法，即往往与非洲丰富但却似乎遭受“诅咒”的资源相结合，确保中国能够得到所需资源的同时，非洲国家也能够获得来自中国的廉价商品和主要用于改善基础设施的服务，结果是互利双赢，与西方国家忽视非洲的基础设施建设的做法形成鲜明的对比。[④] 布罗蒂加姆认为，在对非援助方式上，中国和西方国家应该互相学习。比如，西方可以学习中国方面对非洲本土在基础设施等方面的真实需要的关切，而中国可以学习西方国家在项目评估方面的做法和相关经验。[⑤] 布罗蒂加姆的研究虽然没有使用诸如规范或者模式这样的词汇，但是从字里行间可以看出，她实际上讨论的是中国提供的一种有别于西方的对非援助和经济活动模式，或者说是援助和投资规范。根据布罗蒂加姆在《龙的礼物》一书中的观点，在对非援助领域，中国规范和西方规范是可以做到互补和共存的。

---

① 叶一志：《中国与非洲：互利和援助并存》（《龙的礼物》作者黛博拉·布罗迪加姆接受本报专访），《环球时报》，第2821期第13版，2012年8月13日。

② 叶一志：《中国与非洲：互利和援助并存》。

③ Deborah Brautigam, *The Dragon's Gift: The Real Story of China in Africa*, New York: Oxford University Press, 2009.

④ Deborah Brautigam, *The Dragon's Gift: The Real Story of China in Africa*, pp. 307 - 312；叶一志：《中国与非洲：互利和援助并存》。

⑤ 叶一志：《中国与非洲：互利和援助并存》。

2. “中国和平”

南非华裔学者郭俊逸（Steven C. Y. Kuo）以利比里亚为案例，观察中国在非洲的援助、投资与维和等行为，从而研究中国在非洲安全方面不同于西方的理解。[①] 郭俊逸认为，源于同非洲精英打交道的经验、自身遭受的殖民经历以及混合了现实主义、马克思主义和后殖民分析，中国并不相信西方主导的“自由和平”（liberal peace）能够为非洲带去真正的和平。中国对非洲安全的理解是建立在对威斯特伐利亚规范的坚守，以及改革开放以来重视基础设施建设和国家发展经验的基础之上，郭俊逸称之为“中国和平”（Chinese peace）。[②] 他认为，“中国和平”与西方倡导的“自由和平”之间的关系可以既竞争，也补充。[③]

郭俊逸是第一位从规范传播的角度研究中国在非洲的政治和经济活动的学者。他极具创造性地使用“中国和平”的概念，概括中国在建设和平方面不同于西方的做法。但是，他的研究存在两个不足。其一，“中国和平”的提法及其内涵值得商榷；其二，他虽然指出了“中国和平”可以与“自由和平”开展竞争并对其进行补充。但是，他对这样的关系的论述只是一笔带过，并没有深入讨论“中国和平”与“自由和平”的互动进程及其结果，也没有将相关讨论置于中国崛起背景下中西规范碰撞和竞争的理论框架之下。

3. 中国学派视角下的规范竞争

一些中国学者也对中国与西方之间在国际规范领域的竞争持乐观态度。比如，时殷弘教授立足历史解读，认为大国权势转移的影响力必然传递到国际规范领域，因而，伴随中国的崛起，国际规范体系势将发生重大的进步性演变。[④] 但是在中国学界，秦亚青教授在这个问题上的研究最为深入。

---

① Steven C. Y. Kuo，“China's Understanding of African Security：Context and Limitations”，*African Security*，Vol. 5，No. 1，2012，pp. 24 - 43.

② Steven C. Y. Kuo，“China's Understanding of African Security：Context and Limitations”，p. 36.

③ Steven C. Y. Kuo，“China's Understanding of African Security：Context and Limitations”，p. 37.

④ 时殷弘：《美国权势、中国崛起与世界秩序》，载《国际问题研究》，2007 年第 3 期，第 28—32 页。

针对布赞认为中国和西方在国际社会观上存在不可调和的矛盾的观点，秦亚青教授指出，英国学派提出国际社会的概念固然值得肯定，但是它存在的不足是将国际社会等同于欧洲国际社会，将国际社会设定为一个固定的实体，将欧洲国际社会的特征看作国际社会的一般特征和属性。[①] 秦亚青教授立足中国人的思维方式和实践活动，提出了认识和理解国际社会的过程视角。[②] 秦亚青教授认为，国际社会的实体视角反映的是西方"分立归类法"的冲突辩证法，而国际社会的过程视角反映了中国的中庸辩证法。前者将冲突当作主导叙事，"坚持在一个不确定的多元世界中寻求一种自我预设的唯一性和确定性"；[③] 后者将和谐作为主导叙事，相信看似矛盾的两个事物之间互动的表现并非总是冲突，结果不一定总是零和，而是可能出现相互包容的新合体。[④] 主体方法认为当两个社会相遇时，一方会同化另一方，具体地讲是以欧洲为中心的国际社会将会同化包括中国在内的其他社会；而过程方法则认为，两种社会相遇和互动的结果将是共同改变和互为补充。换句话说，主体方法相信不同社会的身份和制度互动的结果是以一方改变另一方的趋同，而过程方法则相信这个结果将是双方的互补和存异。[⑤]

按照过程建构主义这个国际关系理论中国学派的理论逻辑，像中西规范竞争这样的体系间规范竞争的结果将可能出现共生和互补，并促成一个结合这两种规范的相对优势的新规范出现。比如，当前全球治理领域，西方主导的规则治理（rule-based governance）模式与反映中国哲学文化意义理念的关系治理模式发生互动，结果可能是出现一个结合了两者优势的综合治理模式。[⑥] 秦亚青教授还分析了后金融危机时代美国、欧盟和新兴大国三种力量形成三元结构的世界格局，指出由于世界政治存在全球治理需

① 秦亚青：《关系与过程：中国国际关系理论的文化建构》，第 85 页。

② 秦亚青：《关系与过程：中国国际关系理论的文化建构》。

③ 秦亚青：《关系与过程：中国国际关系理论的文化建构》，第 93 页。

④ 秦亚青：《关系与过程：中国国际关系理论的文化建构》，第 93—99 页。

⑤ Qin Yaqing, "International Society as a Process: Institutions, Identities, and China's Peaceful Rise", *The Chinese Journal of International Politics*, Vol. 3, No. 2, 2010, p. 146.

⑥ 秦亚青：《关系与过程：中国国际关系理论的文化建构》，第 159—160 页。

求加大与国际制度供应不足的矛盾，原有大国与新兴大国之间能否进行良性互动与合作，将决定未来的全球秩序。[①] 他认为，国际治理制度的改革、转型与创新是最具合作潜力的领域。[②] 在秦亚青教授的过程建构主义这一国际关系理论中国学派的视角下，大国崛起引起的体系间规范竞争可能在过程上表现为良性互动，在结果上表现为互融互补。

四、结论

本文通过文献研究发现，国际关系理论三大主流学派由于预设了规范的霸权身份，所以都没有将“谁的规范重要?”作为重要的研究问题，或者说都忽视了规范竞争的问题。即便看似已经完成了对规范的整个生命周期各个阶段研究的规范派，也因预设了规范的霸权身份而只是有限地关注了体系内规范竞争，忽视了体系间规范竞争。国际政治领域的规范竞争是体系间的规范竞争。国际关系理论三大主流学派之所以忽视了规范竞争的问题，一个根本的原因在于它们都信奉西方中心论，认为当西方规范与非西方规范发生竞争性互动时，只可能出现西方规范胜出这一唯一的结果。然而，通过梳理学界围绕中国崛起这一命题的争论表明，规范竞争也可能出现互融互补这样的双赢结果。

规范竞争让国际政治充满活力，在大国崛起、国际体系处于转型的时期尤其如此。本文旨在提请重视规范竞争这个国际政治的重要问题。然而，研究规范竞争，最重要的不是认可它是一个重要的研究问题，而是要去探讨它到底会出现什么样的结果：是如悲观派们所言，一定会出现你死我活的零和？还是如乐观派们所相信的，可能出现互融互补的双赢？现有的相关研究要么有理论论述而缺乏实证研究，要么有实践分析而缺乏理论

---

① 秦亚青：《世界格局、国际制度与全球秩序》，载《现代国际关系》（2010 年庆典特刊），第 10—17 页。

② 秦亚青：《世界格局、国际制度与全球秩序》，第 17 页。

框架。将理论论述与实证研究结合起来开展有关规范竞争的研究，将会是一个非常有意义的研究议程。

（原载秦亚青编：《世界政治与全球治理——国际关系研究文集》，北京：世界知识出版社，2014 年版）

/规范竞争与互补/

——以建设和平为例

目前，国际关系学界鲜有关于规范竞争问题的系统性、理论性研究。根据西方国际关系理论三大主流学派和英国学派的理论逻辑，规范竞争是一种二元对立的静态关系，必然出现一方胜出的零和结果。作者借鉴中国思维的过程视角，将规范竞争看作一个动态过程，并提出理论假设：规范竞争导致规范互补。笔者指出在建设和平的实践场景中，中国的对外援助和投资等国际行为传播的“发展和平”规范，该规范与“自由和平”规范之间存在竞争关系。在案例研究部分，作者提出在“自由和平”与“发展和平”竞争的利比里亚，建设和平的效果好于“自由和平”独霸的海地。这样的差异表明，两个和平规范竞争不但有助于改善建设和平的效果，还有利于它们共同传播。最近几年建设和平领域出现的一些新动向表明，“自由和平”与“发展和平”这两个和平规范，开始出现了相互学习和互为补充的趋势。

一、引言

随着“走出去”战略的深入实施，中国对许多发展中国家的援助日益增长。中国与传统西方援助国在援助行为上存在很大的不同：中国注重帮助受援国改善基础设施和发展经济，不为援助设置政治条件；传统西方援助国注重帮助受援国开展制度建设，常常为援助设置政治条件。[*] 有人认为，对于那些历经国内冲突正在开展建设和平（peacebuilding）的国家来说，中国的援助传播了一种和平规范，与传统西方援助国传播的“自由和平”（liberal peace）规范之间存在竞争关系。② 中国是一个正在崛起的大国，而西方长期以来占据国际格局中的霸权地位。两种具有不同权力背景的和平规范同时在建设和平场景中传播，意味着中国已经不再仅仅是一个国际规范接受者，而是开始成为国际规范的倡导者。一些人对此感到不安，认为中国会“破坏”由西方主导的国际秩序。一位从事外交政策研究的美国学者将中国说成是“无赖援助国”，认为新兴援助国提供的援助只会让世界变得更加腐败、混乱和专制。③ 哈佛大学教授约翰·伊肯伯里（John Ikenberry）指出，美国和西方可以接受一个崛起的中国在物质实力上超过美国，但是决不能容忍中国“推翻”现有由西方主导的国际制度体系。④ 这些观点反映了一种思路，即认为世界政治中任何竞争都必定是冲突的，结果必定是零和的。在世界政治的实践活动中，发生在不同规范之间的竞争会出现怎样的结果？这就是本文将要研究的问题。

本文的第二部分，将梳理国际关系理论西方学派有关规范竞争的观点，分析其中存在的不足，并在此基础之上指出有待研究解决的问题。第三部分提出与本文研究问题相关的理论假定，并据此推导出一个关于规范竞争的理论假设，即规范竞争导致规范互补。第四部分将提出并阐释“发

---

* 文中错漏由笔者负责。本文仅代表作者个人的学术观点，不代表任何部门和机构的立场。

① 庞珣：《新兴援助国的“兴”与“新”——垂直范式与水平范式的实证比较研究》，载《世界经济与政治》，2013年第5期，第31—54页；Deborah Brautigam, *The Dragon's Gift: The Real Story of China in Africa*, New York: Oxford University Press, 2009.

② Steven C. Y. Kuo, "China's Understanding of African Security: Context and Limitations," *African Security*, Vol. 5: Issue 2, 2012, pp. 24 – 43; Daniela Sicurelli, "Competing Model of Peacekeeping: The Role of the EU and China in Africa," paper prepared for the Fifth Pan-European Conference on EU Politics, Porto, Portugal, June 23 – 26, 2010.

③ Moisés Naím, "Help Not Wanted," *New York Times*, February 15, 2007; Moise Naim, "Rogue Aid," *Foreign Policy*, March 1, 2007, http://www.foreignpoliey.corn/articles/2007/02/14/rogue aid.

④ G. John Ikenberry, "The Rise of China and the Future of the West: Can the Liberal System Survive," *Foreign Affairs*, Vol. 87, January/February 2008, pp. 23 – 37.

展和平”的概念，并通过分析“自由和平”与“发展和平”这两个和平规范在建设和平实践场景中竞争的结果，证明第二部分提出的理论假设。最后一部分对全文进行总结。

二、文献梳理

目前，国际关系学界鲜有关于规范竞争问题的系统性、理论性研究。西方主流国际关系理论对规范的国际政治意义有着不同的理解，并且都没有把规范竞争当作一个理论问题进行研究，所以，只能从它们的理论逻辑推导出各自关于规范竞争的观点。本文将梳理权力派、制度派、规范派以及英国学派的观点。[①]

权力派认为世界秩序是以物质实力为本质特征的权力秩序，权力是国际政治关系的主导力量，而规范是权力的附属品，不会直接影响国际政治的结果。[②] 按照权力派的理论逻辑，尽管体系层面的竞争可能从权力延伸到规范领域，出现规范竞争，但是规范竞争的结果会受到权力竞争结果的左右。由于权力竞争的目的是追求相对收益，结果必然是零和。所以，在权力派看来，规范竞争的过程充满冲突，结果必定是权力大的一方的规范战胜权力小的一方的规范。

制度派认为国际制度是降低交易成本、减弱政治市场失灵的工具，是国际体系成员的普遍需要，即便霸权衰落之后，其所创建的国际制度也会继续存在。[③] 不难发现，“霸权之后”，霸权的本质并没有发生改变，改变的只是霸权的形式，从物质霸权变成了制度霸权。这实际上是为制度预设

① 西方国际关系理论的流派有很多，可以根据权力、制度和规范（文化）这三个影响国际政治行为选择的核心要素来梳理。秦亚青：《权力·制度·文化：国际关系理论与方法研究文集》。

② Ann Florini, “The Evolution of International Norms,” *International Studies Quarterly*, Vol. 40, No. 3, September 1996, p. 365.

③ Robert O. Keohane, *After Hegemony: Cooperation and Discord in the World Economy*, Princeton, NJ: Princeton University Press, 1984.

了永恒的“霸权”身份。伊肯伯里呼吁以美国为首的西方国家齐心协力，防止崛起的中国“破坏”现有的国际制度体系，就是为维护制度霸权的目的考虑。[①] 在制度派那里，规范是国际制度的重要组成部分。按照制度派的理论逻辑，规范一旦被霸权提供给国际社会，就可能成为霸权规范而永远存在，而不会被其他规范所取代。这样，即便发生规范竞争，也只可能而且应当是出现霸权规范胜出这一种结果。

规范派信奉观念主义，认为国际规范影响和作用是根本性的，将规范作为重点研究对象。并且和制度派一样，规范派也预设了规范的身份，相信只有霸权供应的规范才是重要的，才能够在国际上传播。但是与制度派将规范的身份笼统地概括为“霸权”不同的是，在规范派那里，“霸权”具体化为了“西方”，有关规范的研究出现了“西方规范偏见”（Western norms bias）。“西方规范偏见”就是从西方中心主义的逻辑起点出发，将西方身份作为国际规范身份的前提假定。

规范派的“西方规范偏见”同时也表现为“好规范偏见”（nice norms bias）。它的理论逻辑，是那些以普世主义、个人主义、自愿性权威、理性进化、世界公民等原则为基础的规范更容易传播。[②] 玛格丽特·凯克（Margaret Keck）和凯瑟琳·辛金克（Kathryn Sikkink）将容易传播的规范分为两类：一类是涉及人身安全和禁止对弱势人群或“无辜”人群进行人身伤害的规范，尤其是当存在短期因果效应的时候，这样的规范最容易传播；另一类是在法律上规定机会平等的规范。[③]“好规范”实际上是反映西方价值和文化的“自由民主”规范。按照“西方规范偏见”或者“好规范偏见”的逻辑，西方主导的规范就是“好的”和“进步的”，所以享有国际合法性和传播权；非西方规范是“不好的”和“落后的”，不享有国际合法性和传播权。所以西方规范与非西方规范之间的竞争，必然而且只

---

① G. John Ikenberry, “The Rise of China and the Future of the West: Can the Liberal System Survive.”

② 林民旺、朱立群：《国际规范的国内化：国内结构的影响及传播机制》，载《当代亚太》，2011 年第 1 期，第 148 页。

③ Margaret E. Keck and Kathryn Sikkink, *Activists beyond Borders: Advocacy Networks in International Politics*, Ithaca, New York: Cornell University Press, 1998, pp. 203 – 206.

应当出现西方规范胜出这一种结果。

英国学派提出国际社会这个重要的概念，将规范作为核心研究内容。不过与规范派从政治学和社会学的角度来定义规范含义不同的是，英国学派对规范涵义的理解偏重道德和法律的角度。[①] 尽管英国学派也没有研究规范竞争的问题，但是从巴里·布赞（Barry Buzan）有关中国崛起问题的研究，不难发现观点。布赞指出，中国强调和谐与和平的世界，宣扬共同发展，声称不威胁（他人），严格解读国家主权平等与不干涉原则，强调文化与文明、社会系统和发展途径方面的差异。他认为，这其实是一个结合了多元主义、古典主义和国家中心主义的国际社会观，也就是和谐世界观。[②] 这是因为中国以和谐世界为内核的国际社会观，与西方以“自由民主和平”为内核的国际社会观之间存在冲突，两者之间矛盾不可调和，所以中国和平崛起“不可能实现”。[③] 根据布赞的观点不难推断，非西方规范与西方规范发生竞争，过程必定是冲突的，结果必定西方规范胜出，非西方规范失败。

综上所述，以国际关系理论三大主流学派和英国学派为代表的西方学派，对规范的国际政治意义的理解各有不同，但是在有关规范竞争的认识上却有惊人的相似，即都将规范竞争看作一种二元对立的静态关系，并且都相信必然出现只有一方（通常是享有霸权地位的西方规范一方）胜出的零和结果。笔者不认同这种相信规范竞争必然会出现唯一性和确定性结果的观点，而是相信还有可能出现其他结果。秦亚青教授立足中国人的思维方式和实践活动，提出了认识和理解国际社会的过程视角。[④] 笔者借鉴这种过程视角，相信规范竞争的本质，并非如国际关系理论西方学派所言那样是一个静态的对立关系，而是一个互动的过程。在过程的视角下，规范

---

① 章前明：《英国学派和建构主义中的规范概念》，载《世界经济与政治论坛》，2009 年第 2 期，第 111—112 页。

② Barry Buzan, “China in International Society: Is ‘Peaceful Rise’ Possible?” *Chinese Journal of International Politics*, Vol. 3, No. 1, Spring 2010, pp. 30 - 32.

③ Barry Buzan, “China in International Society: Is ‘Peaceful Rise’ Possible?” pp. 29 - 33.

④ 秦亚青：《关系与过程：中国国际关系理论的文化建构》，上海：上海人民出版社 2012 年版，第 93 页。

竞争可能会出现互相学习的非冲突过程，以及互为补充的结果。在第二部分里，笔者将提出一个有关规范竞争的基本理论假设：规范竞争导致规范互补。

三、理论假设

本部分将首先提出与规范竞争问题相关的前提假定，然后在此基础之上推导出本文的基本理论假设。

（一）关于规范竞争的理论假定

本文提出三个前提假定。假定一：不同的实践场域产生不同的规范。规范产生于实践。规范属于人的思想和意识范畴，而实践是人的社会活动，两者之间关系密切。规范派认为，结构与施动者相互建构，而实践则是连接结构与施动者的中介，实践的力量在于它创造了连接结构和行为体的主体间意义。[①] 马克思历史唯物主义指出："社会生活在本质上是实践的"，主张从物质实践出发来解释观念的东西。[②] 总之，规范不会凭空出现，只会生成于人类实践场域。

假定二：国际体系是一个等级体系。无政府世界是一个等级世界，国际体系的特征表现为深刻的等级性。国际关系结构主义理论大多持这样的观点，而差别主要表现在对秩序实质的认定上。比如，权力派认为这种秩序是权力秩序；而以新马克思主义为基本理论框架的世界体系理论（world-system theory）则认为是整个国际资本主义世界的分工秩序。[③] 值得

---

① 焦兵：《现实建构主义：国际政治的权力建构》，载《世界经济与政治》，2008 年第 4 期，第 26 页。

② 《马克思恩格斯选集》（第 1 卷），北京：人民出版社，1995 年版，第 56 页。

③ Immanuel Wallerstein, *World-Systems Analysis: An Introduction*, Durham and London: Duke University Press, 2004.

注意的是，权力派只重视国际格局中权力最大的少数国家，尤其是霸权国和挑战国，或者说只关注国际权力格局“金字塔”顶端的情况，而忽略了金字塔其他部分的情况。世界体系理论将国际体系划分为“核心”“半边缘”和“边缘”三个地区，勾勒出了一幅较之于权力派更为完整的国际等级体系图谱。

假定三：世界政治是动态的过程。西方国际关系的三大主流学派都是体系理论。体系理论的基本理论预设，是相信存在一个已知的国际体系。这个国际体系在权力派那里是物质霸权体系，在制度派那里是制度霸权体系，在规范派那里是文化霸权体系。它们都是霸权维持理论，研究的是美国主导的国际霸权秩序下的国际活动。英国学派所言的“国际社会”的出发点是欧洲，延伸为包括美国在内的西方国际社会，实际上也是一个“霸权社会”。无论是三大主流理论学派所言的不同形态的霸权，还是英国学派的社会霸权，反映的都是一种静态的国际体系秩序。在这种静态的国际体系秩序下，各种国际互动和实践都按照某种因果关系开展，容易寻求静态中的必然因果关系。[①] 按照静态国际关系理论的因果链逻辑，国际互动只会出现一种确定性的结果。本文质疑这种基于静态因果关系的确定性逻辑，相信国际政治是会出现不确定结果的动态过程。

（二）关于规范竞争的理论假设

第一，基本假设的推导过程。从前提假定一可以推导出：整个人类世界存在不同的实践场域，每个实践场域都是一个自成一体的社会，即人类社会的子社会。每一个子社会都有一套独特的生成于实践的规范体系。不同的子社会之间发生互动，会表现为不同实践背景的规范之间为争夺传播权而出现的竞争。规范竞争的基本形态如图 1 所示，是产生于一个实践场域的规范（规范 X）与产生于另一个实践场域的规范（规范 Y）之间的

① 秦亚青：《关系与过程：中国国际关系理论的文化建构》，第 35 页。

竞争。

图 1　规范竞争的基本形态

从前提假定二“国际秩序等级论”可以推导出：由于国际体系具有等级属性，而规范体系是整个国际体系的一部分，所以国际规范体系也具有等级属性。在国际政治的现实中，国际秩序的等级性具体为西方和非西方之间的对立和主从关系。正如亨廷顿指出：“在所有的文明之中，唯独西方文明对其他文明产生过重大的、有时是压倒一切的影响。因此，西方的力量和文化与所有其他文明的力量和文化之间的关系就成为文明世界最为普遍的特征。”[①] 如图 2 所示，具有等级性的国际体系，实际上包含一个占中心地位的西方规范体系，以及一个居于边缘地位的松散的边缘规范体系。

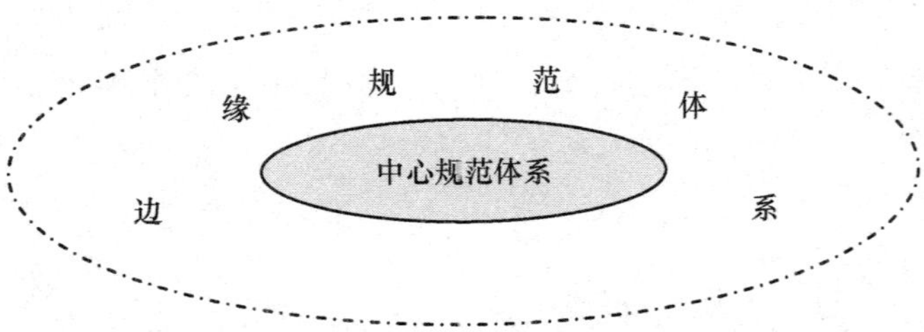

图 2　国际规范体系的等级结构

安・弗罗瑞尼（Ann Florini）是少数尝试研究规范竞争问题的学者之一。她通过将规范与基因进行类比，分析了一个主张国家在安全事务上实现透明化的国际规范取代根深蒂固的相关主权规范的原因，提出了一个分析规范进化的理论模型，即一个规范要取代另一个规范，需要同时满足三

① ［美］塞缪尔・亨廷顿著，周琪、刘绯等译：《文明的冲突与世界秩序的重建》（修订版），北京：新华出版社，2009 年版，第 43 页。

个条件：其一，该规范是否重要得能够在规范体系中立足；其二，该规范是否能够与（同一规范体系中的）其他与之不存在竞争关系的规范进行良性互动；其三，规范体系面临的外部环境条件。① 弗罗瑞尼的研究尽管具有开创性，但是她所研究的规范竞争发生在西方主导的规范体系之内。本文将这样的规范竞争称作体系内规范竞争（如图 3 所示）。

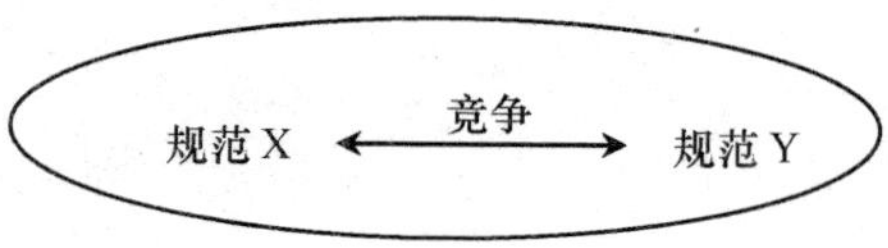

图 3 体系内规范竞争

图 3 中的椭圆指的是一个国际规范体系。规范 X 和规范 Y 都是这个规范体系之内的规范，它们之间的竞争所反映的矛盾，是发生在同一规范体系内的具有相同身份规范之间的“内部矛盾”，是能够受到所在规范体系内主导权力调和的矛盾，而不是体现体系层面权力冲突的结构性矛盾。所以不难发现，弗罗瑞尼所设定的一个规范取代另一个规范的三个条件，无不反映出结构性和谐。

本文认为，在国际政治的现实中，规范竞争的本质形态，既不是中心规范体系内的规范之间的竞争，也不是边缘规范体系内的规范之间的竞争，而是这两个规范体系的规范之间的竞争，即体系间规范竞争。如图 4 所示，实线椭圆代表中心规范体系，虚线椭圆代表边缘规范体系。中心规范体系内的规范 X 与边缘规范体系内的规范 Y 之间的竞争，就是体系间规范竞争，也是本文研究的规范竞争。

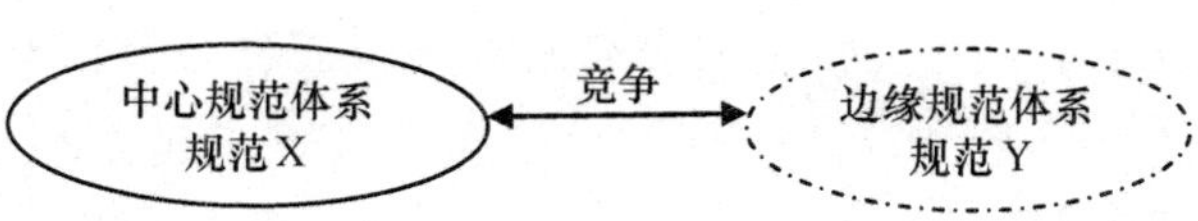

图 4 规范竞争的本质形态——体系间规范竞争

① Ann Florini，“The Evolution of International Norms”，p. 374.

从前提假定三可以推导出：如图 5 所示，规范竞争的过程并非一定是冲突的（conflictual），结果也并非一定是零和。还可能出现非冲突的（non-conflictual）过程，以及共赢的结果。需要强调的是，非冲突的规范竞争过程并不是指该过程不存在冲突，而是指该过程的主要特征并不是冲突的，而是非冲突的。

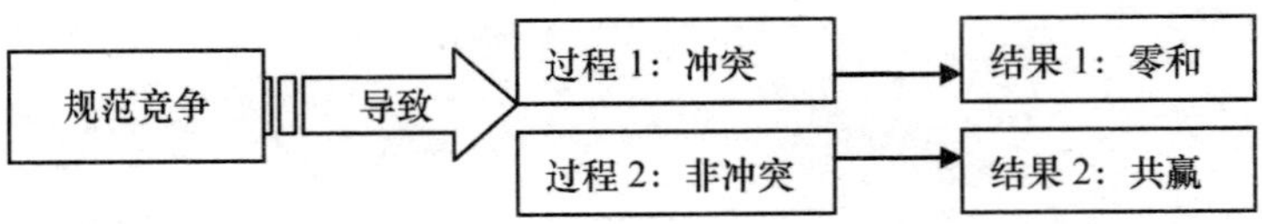

图 5　规范竞争的过程与结果

第二，有关规范竞争的基本理论假设。综合从三个基本假定推导出结果，可以得出一个初步的结论：发生在分别来自中心规范体系与边缘规范体系的两个规范之间的竞争，并不必然出现零和的结果，而是还可能出现共赢的结果。如图 7 所示，共赢有两层涵义。一层涵义是共存（co-existence），意味着这两个规范同时存在、各自传播。另一层涵义是互补（complementation），指两个存在竞争关系的规范在互动的过程中出现相互影响、互相学习和互为补充。

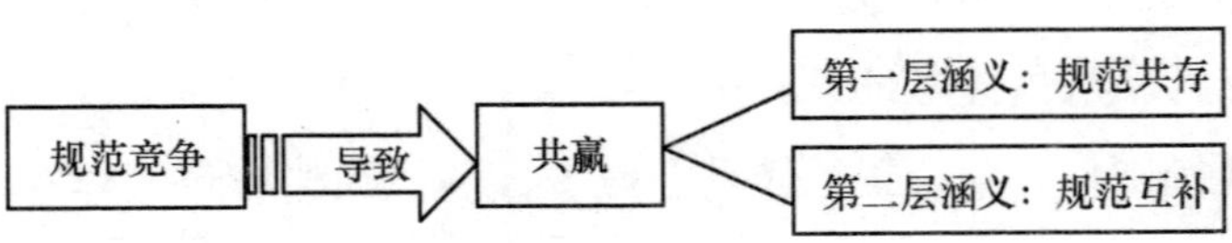

图 6　规范竞争共赢的两层涵义

在共赢的两层涵义中，规范共存是共赢结果的静态形式；规范互补是共赢结果动态形式。本文认为，这两层涵义中，规范互补才是核心涵义。据此可以推导出本文的基本理论假设：规范竞争导致规范互补（如图 7 所示）。

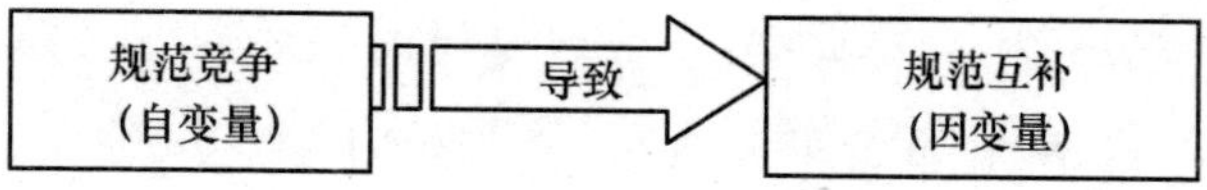

图7 规范竞争的基本理论假设

在这个基本理论假设中，规范竞争是自变量，规范互补是因变量，二者之间形成因果关系。规范竞争导致规范互补的结果，并不意味着两个规范之间的冲突完全消失，而是指两个在主张上存在差异的规范在竞争性互动过程中，互相学习，相互补充。本文的第三部分将以建设和平为例，通过分析两个和平规范之间的竞争对建设和平结果的影响，证明上述基本理论假设。

三、建设和平中的规范竞争

（一）建设和平与两个和平规范

“建设和平”一词最早是由挪威社会学家、现代和平研究的发起人之一约翰·加尔通（Johan Galtung）于1970年提出，指的是建立起建设和平的架构，通过关注引起暴力冲突的根源，提升当地开展和平管理和冲突解决的能力，推动建立持久和平。① 进入20世纪90年代之后，由于国内有关民族、宗教和种族等在冷战时期被压制的身份认同问题开始凸显，一些处于世界体系边缘区域的国家内部冲突频频爆发，严重威胁国际和平与安全。在联合国的主导下，建设和平开始从概念走向实践，成为国际冲突管理的重要工具之一。

---

① Johan Galtung, “Three Approaches to Peace: Peacekeeping, Peacemaking and Peacebuilding,” in Johan Galtung, ed., *Peace, War and Defense-Essays in peace research*, Vol. 2, 1976, Copenhagen: Christian Ejlers, pp. 282 – 304.

但是在冷战后时代，建设和平的理念进化与实践，都受到世界政治民主化和自由化浪潮的影响，结果表现为建设和平的方法偏向了建设一个拥有领土和主权的新自由主义国家。[①] 2004年，罗兰德·帕里斯（Roland Paris）发表《战争结束之后：内战后的建设和平》一书，指出冷战结束以来的建设和平实践，实际上是在传播一个称作“自由和平”的和平规范。帕里斯认为，“自由和平”实际上包含了这样一个假设：通过政治和市场的自由化可以实现自我维系的和平（self-sustaining peace）。具体实践方法是：在政治上倡导普选式民主，强调法制、人权和公民社会建设；在经济上推行市场经济模式。[②] 一些研究建设和平的学者对“自由和平”进行了批判，指出向原本存在上层建筑基础的国家强行移植西方标准的“自由和平”，结果只会制造出“虚幻的和平”（virtual peace）。[③]

有人在批判“自由和平”的同时，开始尝试寻找它的替代方法。比如，迈克尔·巴奈特（Michael Barnett）主张通过多种方法和形式实现代议制，提出了“共和和平”（republican peace）的建设和平模式。[④] 但是正如帕里斯指出，“共和和平”对政治参与和代表方式的改良，立足之本还是

---

① Oliver P. Richmond and Jason Franks, *Liberal Peace Transitions: Between Statebuilding and Peacebuilding*, p. 1; Thania Paffenholz, "Civil Society beyond Liberal Peace and Its Critique," in Susanna Campbell, *et al*, eds., *A Liberal Peace?: The Problems and Practices of Peacebuilding*, London and New York: Zed Books, 2011, p. 139; Benjemin Reilly, "Elections in Post-Conflict Society," in Edward Newman and Roland Rich, eds., *The UN Role in Promoting Democracy: Between Ideas and Reality*, Tokyo: United Nations Press, 2006, p. 113.

② Roland Paris, *At War's End: Building Peace after Civil Conflict*, Cambridge: Cambridge University Press, 2004.

③ 有关“自由和平”的批判及论述“虚幻的和平”的文献参见：M. A. Mohamed Salih, "A Critique of the Political Economy of the Liberal Peace: Elements of an African Experience," in Edward Newman *et al* eds., *Perspectives on Liberal Peacebuilding*, Edinburgh: Edinburgh University Press, 2009, pp. 133 - 158; Oliver Richmond and Jason Franks, *Liberal Peace Transitions: Between Statebuilding and Peacebuilding*, Edinburgh: Edinburgh University Press, 2009; Roger Mac Ginty and Oliver Richmond, *The Liberal Peace and Post-War Reconstruction: Myth or Reality?* London: Routledge, 2009.

④ Michael N. Barnett, "Building a Republican Peace: Stabilizing States after War," *International Security*, Vol. 30, No. 4, pp. 87 - 112.

个人自由和负责任政府这些被“自由和平”倡导的原则。[①] 换句话说，“共和和平”仅仅是另一个西方规范。

也有人开始把寻找替代和平模式的目光投向西方以外的实践场域。随着中国“走出去”战略的深入实施，中国对非洲的援助不断增加，一些人开始关注中国在非洲的政治和经济实践的国际规范意义。美国约翰·霍普金斯大学教授黛博拉·布罗蒂加姆（Deborah Brautigam）研究发现，中国不像西方那样为援助设置苛刻的政治条件；并且，中国在非洲的援助以及以进出口信贷为支撑的投资，很多都流向了非洲国家的资源开采和基础设施建设领域，有利于非洲国家的经济发展。[②] 清华大学两位学者从不同角度研究了中国的对外援助行为。庞珣认为中国和广大南方国家一样，对非援助实践的是一种基于平等互惠和不干涉内政的“水平模式”，与传统援助国实践的立足于“给与—接受”不平等关系和干涉原则的“垂直模式”形成鲜明对比。[③] 唐晓阳指出，近年来中国立足国内的发展经验改革对非援助方式，中国对非农业援助出现了将商业利益与无偿援助相结合的市场化趋势，在国际上开创了一种对外援助的新模式。[④]

还有学者从和平的角度研究中国对非援助及维和行为。丹妮拉·斯库瑞里（Daniela Sicurelli）对比了中国和欧洲在非洲的维和行为和相关原则，指出双方在非洲传播的是两种不同维和模式（peacekeeping model）或者说是规范。[⑤] 斯库瑞里认为，中、欧在非洲的维和模式的不同体现在主权原则和治理理念上：欧洲模式立足于倡导有限主权，将人权和善治设为和平

---

① Roland Paris, “Alternatives to Liberal Peace?”, in Susanna Campbell, David Chandler and Meera Sabaratnam eds., *A Liberal Peace? The Problems and Practices of Peacebuilding*, London and New York: Zed Books, 2011, pp. 160 – 161.

② 叶一志：《中国与非洲：互利和援助并存》（《龙的礼物》作者黛博拉·布罗迪加姆接受本报专访），《环球时报》，第2821期第13版，2012年8月13日。

③ 庞珣：《新兴援助国的“兴”与“新”——垂直范式与水平范式的实证比较研究》，第31—54页。

④ 唐晓阳：《中国对非洲农业援助形式的演变及其效果》，载《世界经济与政治》，2013年第5期，第55—69页。

⑤ Daniela Sicurelli, “Competing Model of Peacekeeping: The Role of the EU and China in Africa.”

的前提条件；中国立足于主权平等原则，将经济发展设为和平的前提条件。[①] 南非华裔学者郭俊逸（Steven C. Y. Kuo）研究中国对非洲安全的理解，认为中国立足自身的发展经验以及中非关系需要，主张帮助非洲发展经济，反对干涉内政。郭俊逸，中国实际上是倡导了一个称作“中国和平”（Chinese peace）的规范。[②]

笔者提出，中国的对外援助和投资等国际行为传播了“发展和平”（developmental peace）规范。这个规范包含两个支柱：一个是以经济建设为国家发展战略的中心，通过国家主导的投资（包括外来投资）拉动经济发展；另一个是坚守威斯特伐利亚规范，不为援助设置政治条件。需要强调的是，“发展和平”这个和平规范中的中国特征，并没有斯库瑞里所言的“中国维和模式”和郭俊逸所言的“中国和平”那么深刻。就第一个支柱而言，以经济建设为中心的发展模式并非由中国所创，因为东亚发展型国家（developmental state）和地区，包括新加坡、韩国和中国台湾的成功，也都是得益于经济发展优先的战略。[③] 中国内地企业在非洲一些发展中国家设立经济特区的行为，也在一定程度上学习了中国香港在毛里求斯等地的做法。中国在非洲投资和购买自然资源的经济活动，也不过是沿用了当初日本在中国的做法，即以贷款和技术换取资源，是一种互利双赢行为。[④] 就第二个支柱而言，不为援助设置政治条件也不是中国独有的做法。正如庞珣的研究表明，众多南方援助国也都不愿意为援助设置政治条件。[⑤] 所以，与其说是中国崛起为国际规范体系贡献了具有中国特色的规范，还

---

① Daniela Sicurelli, “Competing Model of Peacekeeping: The Role of the EU and China in Africa,” p. 1.

② Steven C. Y. Kuo, “China's Understanding of African Security: Context and Limitations.”

③ “发展型国家” （developmental state）一词最早由美国学者查默斯·约翰逊（Chalmers Johnson）于1982年在对日本崛起的认识之上提出，之后被用于泛指在工业化方面起步较晚但是成绩斐然的东亚国家。参见 Chalmers Johnson, *MITI and the Japanese Miracle: The Growth of Industrial Policy*, 1925 - 1975, Stanford, CA: Stanford University Press, 1982; Meredith Woo-Cumings, ed., *The Developmental State*, Ithaca, NY: Cornell University Press, 1999.

④ Deborah Brautigam, *The Dragon's Gift, the Real Story of China in Africa*, p. 47.

⑤ 庞珣：《新兴援助国的“兴”与“新”——垂直范式与水平范式的实证比较研究》，第42—43页。

不如说是由于中国崛起之力作用于国际权势格局，推动了边缘地带的实践经验上升为全球治理国际规范，从而对国际规范体系产生影响。

表 1　两个和平规范比较

	"自由和平"	"发展和平"
所属规范体系	中心规范体系	边缘规范体系
主要传播者	西方传统援助国	中国
建设和平的中心任务	制度建设	经济发展
条件设置	附带政治条件	不带政治条件
东道国地位	接受者	平等的伙伴

在建设和平的场景中，"自由和平"与"发展和平"是两个在内涵上存在差异的和平规范。如表 1 所示，"自由和平"来自中心规范体系，长期以来主导建设和平，而"发展和平"来自边缘规范体系，新近开始在建设和平中展现影响力；"自由和平"的主要传播者是西方传统援助国，而"发展和平"的主要传播者是中国；"自由和平"主导下的建设和平以制度建设为中心，"发展和平"影响建设和平时主张以经济发展为中心。此外，虽然两种和平规范的载体都是规范传播者提供的各种援助，但是不同的是，按照"自由和平"往往附带了政治条件，要求建设和平东道国进行政治和经济领域的制度改革，而"发展和平"则没有这样的政治条件。并且，在"自由和平"的规范框架下，受援国处于援助"接受者"的不平等地位，而在"发展和平"的规范框架下，受援国与援助国之间是平等的伙伴关系。

在建设和平的实践场景中，"自由和平"与"发展和平"之间发生竞争，结果将是怎样？必定会出现你死我活的零和吗？下文将通过对比利比里亚和海地两国建设和平的情况，回答这两个问题。

（二）海地和利比里亚的建设和平对比

在开展建设和平的众多国家中，海地和利比里亚值得关注。海地和利比里亚这两个建设和平东道国，在包括历史、自然条件和冲突性质在内的诸多方面都存在相同或相似之处。[①] 并且，自 20 世纪 90 年代以来，联合国和国际社会为这两个国家的建设和平都倾注了大量的资金和精力。尽管按照理想型标准，截至目前，海地和利比里亚和建设和平都还算不上成功，但是如果深入观察，就会发现两者之间存在明显的差别。就目前的情形看，从政治、经济、社会和安全重建等角度分析，利比里亚的形势都好过海地。

从政治进程看，利比里亚政局相对稳定，海地还处于政治混乱当中。在利比里亚，埃伦·约翰逊—瑟利夫（Ellen Johnson-Sirleaf）于 2005 年首度当选，并于 2010 年获得连任，政治上维持了稳定性和连续性。[②] 在海地，毫无政治经验的流行歌星米歇尔·马尔泰利（Michel Martelly）于 2011 年富有争议地当选总统，一切都需要白手起家。由于反对党在议会的抵制，新总统上任后的 5 个月里都迟迟不能任命总理组阁，而好不容易任命的总理在上任后不到 5 个月便辞职。海地的政治僵局甚至严重影响了大地震后的重建。[③]

从经济重建看，利比里亚的前景好过海地。国际社会的帮助下，利比里亚的国家经济发展和基础设施建设缓慢但是稳步进行。[④] 而在海地，国家经济建设进展缓慢。且不说开展正常的建设活动，即便是 2010 年首都太

---

① 何银：《中国崛起与国际规范体系——以联合国维和行动为例》，第 41—42 页。

② 出席“第六届中非合作论坛部长级会议与 2015 后发展议程”国际会议的一些非洲学者认为，利比里亚的约翰逊总统是当前非洲最受欢迎的总统。笔者对非洲学者的访谈。上海，2014 年 3 月 17 日。

③ CARE and Save the World, “An Independent Joint Evaluation of the Haiti Earthquake Humanitarian Response”, October 2010, http://www.alnap.org/pool/files/1192.pdf.

④ African Development Bank, “Liberia Economic Outlook,” http://www.afdb.org/en/countries/west-africa/liberia/liberia-economic-outlook/.

子港发生里氏 7.0 级地震之后，受各方面因素的制约，大量的国际援助也迟迟花不出去。人类学家蒂姆·斯瓦兹（Tim Schwartz）指出，清理堵塞于太子港各处的地震瓦砾，本来可以成为改变海地经济状况的良机。比如，如果国际援助机构出资让海地人自己来做，不但可以很快完成瓦砾清理工作，还能够让震后重建资金被海地老百姓挣到，从而刺激海地经济发展。然而，大部分海地人只能坐在一边，看着这些钱都进了使用大型机械设备的外国公司的腰包。①

从社会重建看，利比里亚已经走上了社会和解之路，但海地还深陷于社会分裂。在真相与和解委员会和联合国等多方的共同努力下，利比里亚的战后和解工作取得了进展。② 在海地，极度贫困和贫富不均割裂了社会的肌体，引发了严重的阶级对立。③ 国际社会主导的建设和平并没有能够缓解这样的阶级对立。在 2011 年举行的大选中，前总统阿里斯蒂德领导的代表底层民众诉求的拉瓦拉斯党被排除在了选举之外。④ 有人认为，在现有的建设和平模式下，海地的社会对立还在加剧。⑤

从安全形势看，利比里亚也要好于海地。在利比里亚，针对前战斗人员的解除武装、复员和重返社会的努力取得了实质性成效，社会已经出现了基本稳定的局面；⑥ 在海地，民间非法枪支泛滥，从城市到乡村暴力犯罪猖獗。尽管联合国海地稳定特派团的维和部队和维和警察协助海地安全力量，针对反政府武装和犯罪势力发起了一轮又一轮的攻势，但是海地国

---

① Justin Podur, *Haiti's New Dictatorship: The Coup, the Earthquake and the UN Occupation*, London: Pluto Press, 2012, pp. 144 – 145.

② United Nations Peacebuilding Commission, "Report of the Chair's Visit to Liberia 14 – 18 May 2012," http://www.un.org/en/peacebuilding/cscs/lib/pbc_visits/chairs_mission_report_5_2012.pdf.

③ Peter Hallward, *Damming the Flood: Haiti and the Politics of Containment*, London: Verso, 2010.

④ Peter Hallward, *Damming the Flood: Haiti and the Politics of Containment.*

⑤ Justin Podur, *Haiti's New Dictatorship: The Coup, the Earthquake and the UN Occupations.*

⑥ United Nations Disarmament, Demobilization and Reintegration Resource Center, "Country Programme: Liberia", http://www.unddr.org/countryprogrammes.php? c=52#challenges/.

内仍然无基本安全可言。[①]在利比里亚，随着政治局势、安全形势和基础设施条件发生改善，外国投资逐渐涌入，国家经济发展开始重新起步。而在海地，难以预测的安全形势、脆弱和政局以及落后的基础设施拒外国投资于千里之外，国家财政仍然主要依赖于飘忽不定的国际援助。[②] 当前，联合国已经在讨论结束利比里亚维和行动任务区的日程表，而联海团的结束之日还遥遥无期。[③]

是什么造成了建设和平在利比里亚和海地出现不同的结果呢？就建设和平的条件而言，两国的不同之处有很多，但是其中有一点最为引人注目：与利比里亚不同的是，海地还没有与中国建立起外交关系，造成海地孤立于中国的政治和经济影响圈之外。[④] 迄今为止，中海之间的经济往来仅限于普通贸易。2005 年 8 月，中兴通讯在海地获得了价值 3900 万美元的合同。[⑤] 2012 年，中海贸易额为 2. 94 亿美元，其中，中方出口 2. 84 亿美元，进口 997 万美元。[⑥] 但是，这些都是普通意义上的货物、服务和贸易。中国还没在“发展和平”框架下为海地提供援助并对这个国家进行大规模投资。

与海地形成对比的是，利比里亚于 2003 年抓住联合国利比里亚特派团建立的时机，恢复了与中国的外交关系，搭上了中国崛起的快车。自 1977 年中利初次建交以来，中国给予了利比里亚各种形式的援助，其中包括援建公共设施、减免债务、提供优惠贷款、派出医疗队和青年自愿者、提供奖学金名额，以及给予现金和物资援助。[⑦] 此外，还通过进出口信贷对利

---

① 《综述：海地总统马尔泰利执政之路依然艰难》，新华网，2012 年 5 月 15 日，http：//news. xinhuanet. com/world/2012 -05/。

② Central Intelligence Agency, “The World Factbook：Haiti,” http：//www. cia. gov/library/publications/the-world-factbook/goes/ha. html.

③ 笔者对联合国维和行动部官员的访谈，北京，2013 年 5 月 23 日。

④ 何银：《中国崛起与国际规范体系——以联合国维和行动为例》，第 41—42 页。

⑤ 鲁东海：《中兴通讯 CDMA 产品成功应用海地》，载《世界电信》，2006 年第 11 期，第 67 页。

⑥ 中华人民共和国外交部：《中国同海地的关系》，http：//www. fmprc. gov. cn/ldglb/sbjxdsj/t575757. html。

⑦ Steven Kuo, “Beijing’s Understanding of African Security：Context and Limitations”.

比里亚进行了大量投资，截至2010年，总投资额高达99亿美元，其中中非发展基金和武汉钢铁公司联合投资26亿美元开发利比里亚的邦格铁矿。[①] 包括隆平高科在内的一些中资公司参与了利比里亚的工农业发展。中国维和部队在利比里亚修路架桥，救死扶伤。

不可否认，其他一些国家在海地也有援助和投资活动。2011年，韩国一家服装制造商承诺投资7800万美元，参与位于海地北方的卡拉科尔工业园（Caracol Industrial Park）的建设，据称最终可以创造2万个工作机会。[②] 古巴政府向海地提供了医疗卫生援助。委内瑞拉在雨果·查韦斯执政期间，曾给予海地一些石油援助，等等。这些国家在海地的援助和投资活动的确都有助于海地的经济和社会发展。但是，没有中国这个世界第二大经济体的直接参与和推动，这些中小国家在海地的援助和经济活动，将只会仅仅停留在普通意义的层面，不能上升为一个国际规范而对海地建设和平的进程和结果产生本质的影响。也就是说，中海之间没有建交，影响中国官方援助和信贷资本进入海地，结果造成"发展和平"在海地建设和平中缺位。在利比里亚的建设和平中有"自由和平"与"发展和平"两个规范，它们之间存在竞争关系；而在海地，"自由和平"处于绝对规范霸权的地位。这就是建设和平在利比里亚和海地出现不同效果的主要原因。

应当指出的是，虽然中海之间没有建交，但是中国并没有对海地的困境袖手旁观。2004年中国担任安理会轮值主席国期间，力推建立联合国海地特派团，并向这项维和行动派出了中国的第一支维和警察防暴队。在2010年1月的海地大地震中，有4名中国维和警察牺牲。地震发生后，中方向海地派出了救援队和医疗队，并累计向海地提供了价值1.03亿元人民币的援助。

---

① 中国对利比里亚的援助、投资及其他商业活动的情况，参见：Deborah Brautigam，*The Dragon's Gift*，*the Real Story of China in Africa*；Robert I. Rotberg，ed.，*China into Africa*：*Trade*，*Aid*，*and Influence*，Baltimore：Brookings Institute Press，2008.

② U. S. Department of State，"Western Hemisphere Affairs Fact Sheets 2011：North Industrial Park in Haiti，" January 11，2011. http：//www. state. gov/p/wha/rls/fs/2011/154287. htm.

“发展和平”对建设和平的影响，并不完全等同于中国的援助和投资行为。更为重要的是，中国的援助和投资，让利比里亚在“自由和平”之外多了一种选择。正如利比里亚前财政部长安托伊尼特·萨义赫（Antoinette Sayeh）指出：“中国消除贫困的成就大多发生于过去的几十年里。那样的经验让我们很感兴趣。”① 利比里亚总统约翰逊认为，中国在利比里亚的援助和投资行为是立足于“南南合作”，利比里亚把中国当作朋友和战略伙伴，将继续通过有利于相互尊重和互利共赢的双边和多边项目加强两国之间的关系。② 而在海地，由于“发展和平”缺位，“自由和平”成为影响建设和平的唯一规范。在“自由和平”的框架下，海地政府的主权和自主性很容易遭到轻视。比如，2010 年大地震后，美国前总统比尔·克林顿（Bill Clinton）领导的过渡时期海地恢复委员会不信任海地政府，将绝大多数到账的国际捐款发放给了私人承包商和海地的非政府组织，海地政府被架空，不能在自己国家的震后重建中发挥主导作用。③

（三）两个和平规范的竞争与互补

本文通过案例研究发现：在“自由和平”与“发展和平”竞争的利比里亚，建设和平的效果要好于“自由和平”独霸的海地。这样的事实表明，“发展和平”打破“自由和平”的垄断并参与规范竞争，有助于改善建设和平的效果和推动建立持久和平。和平是无政府世界中全球治理的理想结果。可见，本文的案例研究证明，那些站在国际政治道德高地上认识

---

① 国际货币基金组织非洲财长新闻发布会录音记录，华盛顿，2007 年 4 月 14 日，出自 http：//go. worldbank. org/QWSCW31S50。转引自 Deborah Brautigam，*The Dragon's Gift：the Real Story of China in Africa*，pp. 28 – 29.

② Forum on China-Africa Cooperation，2009b，Remark by H. E. Hellen Johnson Sirleaf，at the 4th Ministerial Conference of the Forum on China-Africa Co-operation，8 – 9 November，Sharm El Sheik，Egypt，http：//www. focac. org/eng/dsjbzjhy/zyjh/t632439. htm.

③ Website of *The New York Times*，the Opinion page，Editorial，“Haiti's Slow Recovery”，January 8，2012，http：//www. nytimes. com/2012/01/09/opinion/haitis-slow-recovery. htm.

规范竞争、认为规范竞争的结果应当是体现自由主义价值理念的西方规范胜出的观点是站不住脚的。

案例研究还表明，利比里亚建设和平的效果好于海地，并非局限于某些特定的方面，而是体现在包括政治、经济、社会和安全等各个方面。如前文所述，“建设和平”有两大支柱任务：制度建设和经济发展。在利比里亚的建设和平中，“自由和平”与“发展和平”分别重点关注了这两大支柱的其中之一。可见，是“自由和平”与“发展和平”的共同努力，成就了利比里亚建设和平的效果好于海地。两个在内涵上存在重大差异甚至不乏矛盾冲突的和平规范共同为利比里亚的建设和平做出贡献，表明它们之间实际上存在以互补为基础的合作关系。

最近几年，国际建设和平领域出现的一些新动向表明，“自由和平”与“发展和平”这两个和平规范开始相互影响、相互学习。在设定援助目标时，尽管西方援助国仍然以制度建设为中心，但是也开始学习中国的做法，关注起受援国的工业、农业和基础设施建设。① 比如，2011 年美国出巨资帮助海地建设工业园，以期为这个饱受高失业率困扰的加勒比国家创造就业机会。② 而中国在专注于通过援助帮助受援国发展经济的同时，也为受援国的制度建设做出了贡献。比如，唐晓阳的研究表明，近些年中国在对非农业援助中加入了市场化的元素，有助于受援国接受市场经济制度。既便是在是否为援助设置政治条件这一问题上，“自由和平”与“发展和平”之间实际上也存在交流学习的空间。以南苏丹和达尔富尔等问题为例，当倡导“自由和平”的西方国家难以对巴希尔政府施加影响时，中国与联合国和西方国家合作，利用通过“发展和平”与巴希尔政府建立起的良好关系，说服苏丹同意接受国际干预，让联合国和非洲联盟在南苏丹和达尔富尔地区建立维和行动。③ 此外，中国援非的效果开始得到西方越

---

① Deborah Brautigam, *The Dragon's Gift*: The Real Story of China in Africa, p. 133.

② U. S. Department of State, "Western Hemisphere Affairs Fact Sheets 2011: North Industrial Park in Haiti," January 11, 2011, http://www.state.gov/p/wha/rls/fs/2011/154287.htm.

③ Shanghai Institute for International Studies, *China's Role in International Conflict Management: Sudan and South Sudan-Global Review* (Winter 2012), December 2012. Jonathan Holslag, "China's Diplomatic Maneuvering on the Question of Darfur," *Journal of Contemporary China* 17, No. 54, p. 71.

来越多的肯定，一些西方传统援助国开始在具体的援助项目上寻求与中国合作。[①] 美国也已经同中国进行了多轮对非合作的对话，并在利比里亚与中国分工合作，中美两国在为当地建设一座医院的事务中分工合作：中方负责基础设施，美方负责人员培训和提供设备。[②] 英国出1000万英镑与中国合作在非洲开展医疗援助。[③] 德国也在和中国讨论对非援助合作。而与此同时，中国也在逐步理解西方倡导的“自由和平”中的一些理念。比如，在非洲的一些中资企业学习西方企业的做法，开始采取积极措施融入当地社区。两个和平出现的这些互相学习和共同改变的发展势头，实际上是两个原本处于竞争关系的规范出现互相学习、互为补充的结果。这也证明了本文的基本理论假设：规范竞争导致规范互补。

四、结论

笔者研究了发生在不同国际体系之间的规范竞争问题，提出了一个关于规范竞争的理论假设，并通过案例研究证明这个假设。研究发现，根据一些西方国际关系学派的理论逻辑，规范竞争必然出现零和的结果，并且往往是西方规范胜出并获得排他性的传播权。本文质疑这样唯一性和确定性的观点。本文认为，在建设和平这个国际政治的实践场景中，中国的援助和投资等国际行为传播了一个称作“发展和平”的规范，与长期以来处于主导地位的“自由和平”发生竞争性互动。通过案例研究发现，在“自由和平”与“发展和平”竞争的利比里亚，建设和平各方面的效果都要好于“自由和平”独霸的海地。这样的差异表明，两个和平规范之间发生竞争，不但有助于改善建设和平的效果，还有利于它们共同传播。最近几年国际建设和平领域出现的一些新动向表明，“自由

① 笔者对一名中国非洲问题专家的访谈，北京，2013年6月14日。
② 笔者对曾经到利比里亚开展实地调研的美国学者的访谈，北京，2010年5月。
③ 笔者对一名中国非洲问题专家的访谈，北京，2013年6月14日。

和平”与“发展和平”这两个和平规范开始相互学习和互为补充。总之，规范竞争并不会必然出现你死我活的零和，而是可能是互为补充的共赢关系。

（原载《世界经济与政治》2014 年第 4 期）

/联合国建设和平与人的安全保护/

冷战后建设和平成为联合国和平行动中心任务的同时，“人的安全”话语开始兴起。需要把人的安全置于联合国建设和平这样的实践场景中来认识。建设和平的两大支柱——制度建设和经济发展，与人的安全的两大核心要素——政治安全和经济安全之间分别存在因果关系。长期以来，建设和平被建设国家的任务绑架，具体表现为“自由和平”主导了建设和平，结果是对制度建设关注有余，对经济发展照顾不足；重视了人的政治安全，却忽视了人的经济安全。这样，建设和平的结果是建设了“虚幻的和平”，人的安全表现为“虚幻的安全”。崛起的中国的对外援助和经济活动传播了“发展和平”的和平规范。“发展和平”关照了被“自由和平”轻视的经济发展这一支柱，有利于保护人的经济安全。21 世纪建设和平应当是“自由和平”与“发展和平”的结合，是制度建设与经济发展的结合，而人的安全保护则应当是政治安全与经济安全的结合。这可能才是建设持久和平之道。

人的安全（human security）是联合国提出的一个反映冷战后时代国际

* 2001 年 10 月至 2002 年 10 月期间，笔者曾在联合国东帝汶维和任务区执行维和警察任务。本文写作得到了美国公谊服务委员会（American Friends Service Committee）的资助。笔者感谢美国公谊会东亚地区代表张杰生博士（Jason Tower）对本文的建议和帮助。感谢《国际安全研究》杂志匿名审稿专家提出的富有洞见的评论和修改建议，当然，文中错漏由笔者负责。本文仅代表笔者个人的学术观点，不代表任何部门和机构的立场。

政治特征和发展趋势的安全概念。[①] 现有关于人的安全保护的文献存在两个明显的不足：一个是围绕概念及其内涵的无休止的争论影响了对人的安全本质的清楚认识；另一个是大多都宽泛地论述人的安全保护的方式、任务和意义，而从某一个具体的实践角度出发研究人的安全保护的文献还不多见。[②] 本文将把人的安全的概念置于联合国建设和平（以下简称“建设和平”）这个实践场景中来认识，探讨如何通过建设和平实现人的安全保护。全文分为六个部分：第一部分论述联合国维和行动视阈下的国际和平与安全，指出联合国维和行动从传统维和行动发展到多维维和行动，适应了国际和平与安全议程从国家的安全（state security）扩展到人的安全的发展需要。第二部分综述围绕人的安全的相关概念要素的争论，指出以简约的方式认识人的安全的重要意义。第三部分论述建设和平的概念，并通过区分其与维持和平（peacekeeping）和建设国家（statebuilding）这两个概念的不同，深入认识建设和平的内涵。第四部分将人的安全保护置于建设和平这个具体的实践场景中，论述建设和平与人的安全保护之间的关系，

---

① “Human Security” 既可以译为 “人类安全”，又可以译为 “人的安全”。目前国内学界的译法普遍择从前者。本文认为，“人类安全” 指的是从宏观的角度出发，不加区分地将全世界所有的人的安全作为一个统一的研究对象。由于本文研究的是联合国建设和平这样一个具体的实践场景中人的安全的问题，所指的 “人” 是联合国建设和平东道国的人，是整个人类社会的一个特殊的群体。所以，全文将使用 “人的安全” 这一概念。即便如此，也不排除在文章的一些地方使用 “人的安全” 泛指 “人类安全”。

② UNDP, *Human Development Report* 1994: *New Dimension of Human Security*, New York: UNDP, 1994; Nani G. Mahanta, *Human Security: Concepts and Definitions*, Tokyo: UN Centre for Regional Development, 2002; Richard Jolly and Deepayan B. Ray, *The Human Security Framework*, New York: UNDP, 2002. Sabina Alkire, *A Conceptual Framework for Human Security*, CRISE Working Paper 2, Queen Elizabeth House, University of Oxford, 2003; Gary King and Christopher Murray, “Rethinking Human Security,” *Political Science Quarterly*, Vol. 116, No. 4 (Winter 2001 - 2002), pp. 585 - 610; Edward Newman, “Human Security and Constructivism,” *International Studies Perspective*, Vol. 2, No. 3 (August 2001), pp. 239 - 251; Roland Paris, “Human Security: Paradigm Shift or Hot Air?” *International Security*, Vol. 26, No. 2 (Fall 2001), pp. 87 - 102；[加] 阿米塔夫·阿查亚：《人类安全：东方与西方》，李增田译，载《世界经济与政治》，2002 年第 5 期，第 57—62 页；关信平、郭瑜：《“人类安全”：概念分析、国际发展及其对我国的意义》，载《学习与实践》，2007 年第 5 期，第 98—106 页；封永平：《安全维度转向：人的安全》，载《现代国际关系》，2006 年第 6 期，第 56—61 页；刘志军、刘民权：《人类安全：概念与内涵》，载《国际观察》，2006 年第 1 期，第 38—46 页；张春：《人类安全观：内涵及国际政治意义》，载《现代国际关系》，2004 年第 4 期，第 12—16 页。

指出建设和平的两大支柱与建设和平场景中人的安全的大核心要素之间分别存在因果关系。该部分还指出，“自由和平”主导的建设和平侧重制度建设而轻视了经济发展，所以在造就“虚幻的和平”的同时，也在人的安全保护方面造就了“虚幻的安全”。第五部分将建设和平简约到和平规范层面，指出在建设和平的实践场景中存在与“自由和平”规范对应的“发展和平”规范，并从西方和中国不同的政治哲学对竞争的理解出发，论述这两个和平规范发生互动时可能出现的两种结果及其对人的安全保护的影响。最后一部分将在前文的基础上得出结论。

一、人的安全

自从1994年联合国开发计划署在《人类发展报告》中提出人的安全这一新的安全观[①]，学界就开始围绕人的安全概念及其内涵争论不休，很难达成共识。具体表现为对人的安全的要素的认识存在巨大分歧（参见表1）。根据联合国开发计划署的理解，人的安全包括七大要素，分别是经济安全、粮食安全、健康安全、环境安全、人身安全、共同体安全和政治安全。[②] 一些联合国会员国并不认同联合国开发计划署对人的安全的定义。比如，加拿大主张围绕人的安全设置的议程应当有利于消除暴力冲突和非暴力威胁引起的人类不安全，进而提出了九项议程：禁止地雷、设立国际刑事法庭、保障人权、维护国际人道主义法、保护武装冲突中的妇女和儿童、防止小型武器扩散、禁止童军、童工和开展北方合作。[③] 2000年，加拿大发布名为《免于恐怖的自由》的人的安全外交蓝皮书，提出了涉及人的安全保护的五大任务：儿童保护、和平支持行动、冲突预防、治理与责

① UNDP, *Human Development Report* 1994: *New Dimension of Human Security*.

② UNDP, *Human Development Report* 1994: *New Dimension of Human Security*.

③ "Canada, Norway Change Their Ways: New Approach Bases Foreign Policy on Human Issues," *Ottawa Citizen*, May 28, 1998, A18.

任和公共安全。[①] 日本认为加拿大等国对人的安全的认识过于狭隘，只关注了人类安全的两个方面之一——“免于恐惧的自由”，而忽视了另一个方面——“免于匮乏的自由”。在1999年发布的外交蓝皮书中，日本外交部认为，人的安全应当综合性地涵盖所有危及人的生存、日常生活和尊严的威胁，如环境退化、人权侵犯、跨国组织犯罪、违禁毒品、难民、贫困、杀伤性地雷和艾滋病等传染病。[②] 与加拿大等国对人的安全的认识最大的不同是，日本将贫困列入了对人的安全的威胁。换句话说，日本关于人的安全的主张较之于加拿大更为宽泛，既包括“免于恐惧的自由”，又包括“免于匮乏的自由”。

学界围绕人类安全这一概念的争论则更为多样化。具有代表性的有：巴特达勒·帕斯（Buttedahl Paz）提出人的安全应当包含五个要素，分别是个人和身体安全、经济安全、社会安全、政治安全以及民族和文化安全。[③] 乔治·纳夫（Jorge Nef）认为，人的安全包含五个方面：身体安全、经济安全、社会安全、政治安全和文化安全。[④] 卡罗琳·托马斯（Caroline Thomas）认为人的安全中最重要的有三方面：基本需要、尊严和民主。[⑤]

从表1不难看出，不同的倡导者有不同的文化和知识背景乃至不同的安全主张，所以对人的安全的理解存在分歧。如果将对人的安全的理解仅仅停留在概念层面，这样的争论将永无休止。一些人认为联合国开发计划署对人的安全的定义太过宽泛而显得毫不实用。人的安全委员会在一份介绍该组织的目标与活动的文件也坦率地表示，“人的安全”这一用语可以

---

① Canadian Department of Foreign Affairs and International Trade, *Freedom from Fear: Canada's Foreign Policy for Human Security*, 2000, http://www.hegoa.ehu.es/dossierra/seguridad/Freedom_from_fear_Canada_s_foreign_policy_for_human_security.pdf.

② Ministry of Foreign Affairs of Japan, *Diplomatic Bluebook* 1999: *Japan's Diplomacy with Leadership towards the New Century*, Tokyo: Urban Connections Inc.

③ Paz Buttedahl, "Viewpoint: True Measures of Human Security," *IRDC Reports*, International Development Research Centre, Canada. Vol. 22, No. 3 (October 1994), pp. 1 - 5, http://www.idrc.ca/books/reports/V223/view.html.

④ Jorge Nef, *Human Security and Mutual Vulnerability: The Global Political Economy of Development and Underdevelopment*, International Research Development Centre, Canada (2nd edition), 1999.

⑤ Caroline Thomas, *Global Governance, Development and Human Security: The Challenge of Poverty and Inequality*, London and Sterling, VA: Pluto Press, 2000.

表示“什么都是”和“什么也不是”（a term that can mean all and nothing）。

表1　人的安全的概念要素①

联合国开发计划署	加拿大	日本	帕斯	纳夫	托马斯
经济安全 粮食安全 健康安全 环境安全 人身安全 共同体安全 政治安全	儿童保护 和平支持行动 治理与责任 冲突预防 公共安全	免于恐怖的自由 免于匮乏的自由	个人和身体安全 社会安全 经济安全 政治安全 民族和文化安全	身体安全 经济安全 社会安全 政治安全 文化安全	基本需要 尊严 民主

人的安全作为一个安全范式，仅仅为我们提供了一个认识安全的分析框架。联合国难民事务高级专员绪方贞子（Sadako Ogata）指出，“人的安全”应是一种引导出实际行动的概念工具，我们不应只从理论及定义上探究人类安全，而应当检视有何实际步骤与措施来维护或重建人的安全。②

二、联合国建设和平

作为全球最大的政府间国际组织，联合国创建以来一直以维护国际和平与安全为己任。随着冷战结束，发生于国家内部的冲突（intra-state conflict）逐渐取代发生于国家间的冲突（inter-state conflict），成为影响国际和平与安全的主要冲突。在此背景之下，以建设和平为中心任务的多元维和

① Sabina Alkire, “A Conceptual Framework for Human Security,” p. 49.

② Sadako Ogata, “Enabling People to Live in Security,” Keynote Speech at the International Symposium on Human Security, Tokyo, July 28, 2000, http//www. unhcr. org/3ae68fcac. html.

行动（multi-dimensional peacekeeping operations），取代以维持和平为中心任务的传统维和行动（traditional peacekeeping operations），成为联合国最重要的冲突管理手段。

政策界和学术界围绕“建设和平”一词的概念及其内涵的争论，和围绕人的安全的争论一样激烈。“建设和平”一词最早是由挪威社会学家、现代和平研究的发起人之一约翰·加尔通（Johan Galtung）于1970年提出，指的是建立起建设和平的架构，通过关注引起暴力冲突的根源和提升当地开展和平管理和冲突解决的能力，推动建立持久和平。[①]但是，直到1992年，布特罗斯·布特罗斯—加利（Butros Butros-Ghali）推出了联合国秘书长报告《和平纲领》，建设和平这一概念才开始广为人知。根据《和平纲领》的定义，建设和平指的是旨在巩固和平和避免重陷冲突的行动。1995年，联合国秘书处推出《和平纲领补编》，强调了开展国家制度建设的必要性。[②] 但是，正如坦尼亚·帕芬赫尔兹（Thania Paffenholz）指出，加尔通和加利两人对建设和平的理解是不同的：加尔通所理解的建设和平，是通过建立起立足于公正、平等与合作的结构和制度，进而实现积极和平（positive peace）；而加利所言的建设和平是自由建设和平（liberal peacebuilding），主要专注于在冲突之后按照民主的标准开展国家重建。[③]帕芬赫尔兹认为，与加尔通相比，加利对建设和平的理解要狭窄得多。[④]

联合国维和行动的另一个具有里程碑式的文件，是联合国秘书处于2000年推出的《联合国和平行动问题小组报告》（又称《卜拉希米报告》），它将建设和平定义为“在远离冲突的方面，进行活动，重新建立和

---

① Johan Galtung, “Three Approaches to Peace: Peacekeeping, Peacemaking and Peacebuilding,” In Johan Galtung, ed. , *Peace*, *War and Defense-Essays in peace research*, Vol. 2, 1976, Copenhagen: Christian Ejlers, pp. 282 – 304.

② UN, *Supplement to an Agenda for Peace*: *Position Paper of Secretary-General on Occasion of the Fiftieth Anniversary of the United Nations*: *Report of the Secretary-General on the Work of the Organization*, General Assembly and Security Council document A/50/60 – S/1995/1, January 3, 1995.

③ Thania Paffenholz, “Civil Society beyond Liberal Peace and Its Critique,” in Susanna Campbell, *et al*, eds. , *A Liberal Peace*?: *The Problems and Practices of Peacebuilding*, London and New York: Zed Books, 2011, p. 139.

④ Thania Paffenholz. “Civil Society beyond Liberal Peace and Its Critique,” p. 139.

平的基础以及提供工具，让人们能在那些基础上建设起不止是无战争的环境。”① 该报告进一步明确了建设和平的具体措施：

“建设和平包括、但不局限于使前战斗人员重返民间经济，加强法治（例如通过当地警察的训练和改组以及司法和刑法改革）；通过检测、教育和调查过去和现在的侵犯人权状况加强对人权的尊重；提供促进民主发展的技术援助（包括选举援助和支持自由媒体），以促进解决冲突与和解的技巧。”②

目前，联合国采用的是2007年联合国秘书长政策委员会提出的有关建设和平的定义：

“建设和平包含一系列措施，旨在通过增强国家在各个层面的冲突管理的能力，减少陷入或者重新陷入冲突的风险，并且为持久和平和发展打下基础。建设和平的各种策略必须协调一致，并应根据相关国家的具体需要而专门打造，以国家归属感为基础，所开展的活动应当考虑轻重缓急、按序而行，因而应为达到上述目标而相对地限定活动的数量，避免太过宽泛。”③

通过将建设和平与其他冲突管理手段进行对比，可以更为深入和清楚地认识建设和平。首先，建设和平与维持和平不同。维持和平是指维护一个安全的环境、确保业已签订的和平协议的实施，为包括建设和平在内的其他冲突管理手段的使用创造条件。建设和平是指在维持和平的基础之上，采取包括人道主义救援、恢复公共服务、发展经济和促进民族和解等

---

① 联合国：《联合国和平行动问题小组的报告》，2000 年，第 2 页。A/55/305，S/2000/809。http//www.un.org/zh/documents/view_ doc.asp? symbol = A/55/305。

② 联合国：《联合国和平行动问题小组的报告》，第 2 页。

③ UN Peacebuilding Support Office, " Peacebuilding and the United Nations," http://www.un.org/en/peacebuilding/pbso/pbun.shtml.

措施,[①] 推动建立可持续和平。与维持和平只能保障临时和平不同的是,建设和平是通过关照引起冲突的根源,推动建立可持续和平。加尔通认为,和平有消极和平(negative peace)和积极和平(positive peace)之分。消极和平指的是“不存在暴力”,积极和平指的是“通过预防性措施建设一个统合社会的,促进人与人之间互利合作、和睦相处及社会和谐。”[②] 从维持和平到建设和平,是和平观的改变。前者维持消极的和平,而后者是为了建设积极的和平。

有人提出需要区分建设和平与建设国家这两个概念。奥利弗·里士满(Oliver Richmond)和贾森·弗兰克斯(Jason Franks)认为,建设国家关注的重点在于政治、经济和安全架构,最终的结果是建成一个拥有领土和主权的新自由主义国家;建设和平关注的是个人的需要和权利、可持续的社区以及一个能够自我维系并且具有合理代表性的政府。二者之间的妥协达成了自由主义建设和平这一议程。[③] 里士满和弗兰克斯还进一步指出,尽管在联合国系统和国际社会中的许多人原本是奔着建设和平而来,但是在实际操作过程中,自由主义建设和平的议程实际上是偏向了建设国家,建设和平仅仅是被当作一个框架利用,以便使得这样的偏离取得合法性。[④] 本杰明·赖利(Benjamin Reilly)指出:“大部分综合的(维和)特派团的重心已经从纯粹的建设和平转向了建设国家。”[⑤]

建设国家以建设和平的面貌出现并成为冷战后时代联合国多维维和行动的中心任务,导致一个最明显的结果就是,国家制度建设几乎绑架了整

---

① Rob Jenkins, *Peacebuilding: From Concept to Commission*, London and New York: Routledge, 2013, p. 21.

② Johan Galtung, “Twenty-Five Years of Peace Research: Ten Challenges and Some Responses,” *Journal of Peace Research*, Vol. 22, No. 2 (June 1985), p. 141.

③ Oliver P. Richmond and Jason Franks, *Liberal Peace Transitions: Between Statebuilding and Peacebuilding*, p. 182.

④ Oliver P. Richmond and Jason Franks, *Liberal Peace Transitions: Between Statebuilding and Peacebuilding*, p. 1.

⑤ Benjemin Reilly, “Elections in Post-Conflict Society,” in Edward Newman and Roland Rich, eds., *The UN Role in Promoting Democracy: Between Ideas and Reality*, Tokyo: United Nations Press, 2006, p. 113.

个建设和平甚至整个多维维和行动本身。换句话说，长期以来建设和平在本质上是建设西方标准的自由民主国家。建设和平偏离了加尔通式的和平轨道，直接后果就是不但违背了“消除冲突根源、建设持久和平”的初衷，制造了“虚幻的和平”，而且没能从实质上推动人的安全保护。

三、建设和平与人的安全保护

在多维维和行动场景中，尽管维持和平能够临时保护人的安全，但是人的安全保护从根本上还是要通过建设和平来实现。已有的经验表明，那些经历冲突的建设和平行动当事国往往表现为：国家制度和机构支离破碎或者根本就不存在、基础设施遭到严重破坏、民不聊生以及经济和社会发展陷入困境。在这样的情况下，冲突后重建是摆在当事国和国际社会面前的一项繁重的任务。建设和平的参与者众多，由于各方都有自己的议程、资源和方法，所以对建设和平任务的认识和优先考虑的事项都存在差异。汇聚各方的考虑，无论是从建设和平的角度出发，还是为了人的安全保护，都可能出现一个无所不包的清单。然而，在建设和平的实践场景中，受制于有限的资源和国际关注时限，建设和平的决策者和实践者们都不可能给予这个冗长的清单中的每一项任务以同等程度的关注，而是需要从建设可持续和平这一根本目的出发，确立能够影响建设和平整体大局的关键任务。本文认为，对于像建设和平东道国这样处于转型期的社会来说，建设和平应当包含制度建设和经济发展这两大支柱任务。只有同时开展制度建设和经济发展，才能够从根本上关照引起冲突的根源并建设持久和平。

在一个刚刚经历冲突、百废待兴的社会里，尽管人的安全保护涉及方方面面，但是从建设持久和平的大局出发，可以将建设和平场景中人的安全的诸多要素简化为两大核心要素：一个是政治安全，指的是通过建立起能够保护人的安全的国家和相应制度，保障人“免予恐惧的自由”；另一个是经济安全，指的是通过包括改善基础设施条件和创造就业机会在内的各种经济手段，推动经济发展，改善民生，保障人的“免于匮乏的自由”。

可见，建设和平的两大支柱与建设和平场景中人的安全的两个核心要素存在因果关系。制度建设保障人的政治安全，经济发展保障人的经济安全。然而，当前以“自由和平”为主导规范的建设和平把有限的精力和资源中的绝大部分都用到了制度建设上，而对经济发展的关注严重不足，结果是尽管许多建设和平东道国建立起了一套看似可以与西方国家媲美的政治和经济制度，但是由于制度建设缺乏经济与社会发展的支撑，并没有真正走上和平之路，而是仅仅拥有了“虚幻的和平”（virtual peace）。[①] 在“虚幻的和平”之下，人的政治安全得到了一些保护，并且在看似繁荣的“维和经济”（peacekeeping economy）的保护下，甚至一些人的经济安全似乎也有了暂时的保障。然而，这样情况下人所得到的安全是“虚幻的安全”（virtual security），是不能长久的。可见，要建立持久和平，还需给予建设和平的另一支柱——经济发展——以应有的重视。只有同时开展制度建设和发展经济，才能真正保护人的政治安全和经济安全。

随着“9·11”事件之后美国在伊拉克和阿富汗开展的干预后重建行动陷入困境，西方主流学界开始出现了围绕“自由和平”的建设和平模式的争论。苏珊娜·坎贝尔（Susanna Campbell）等人指出，这些争论常常被归为“批判声音”（critical voices）和“解决问题者”（problem solvers）两派：“批判声音”反对有关通过“自由和平”实现干预的假定，而“解决问题者”尽管承认当前建设和平与国家重建的努力存在过失，但并不质疑

---

① 有关“自由和平”的批判及论述“虚幻的和平”的文献。参见：Roland Paris, *At War's End*: *Building Peace after Civil Conflict*, Cambridge: Cambridge University Press, 2004; Ian Taylor, "What Fit for the Liberal Peace in Africa?" *Global Society*, Vol. 21, No. 4 (October 2007), pp. 553–566; M. A. Mohamed Salih, "A Critique of the Political Economy of the Liberal Peace: Elements of an African Experience," in Edward Newman *et al.* eds., *Perspectives on Liberal Peacebuilding*, Edinburgh: Edinburgh University Press, 2009, pp. 133–158; Oliver Richmond and Jason Franks, *Liberal Peace Transitions*: *Between Statebuilding and Peacebuilding*, Edinburgh: Edinburgh University Press, 2009; Roger Mac Ginty and Oliver Richmond, *The Liberal Peace and Post-War Reconstruction*: *Myth or Reality*? London: Routledge, 2009; Oliver. P. Richmond, *The Transformation of Peace*, Basingstoke: Palgrave MacMillan, 2006; Roger Mac Ginty, "Hybrid Peace: The Interaction between Top-down and Bottom-up Peace," *Security Dialogue*, Vol. 41, No. 4 (August 2010), pp. 391–412; Susanna Campbell, *et al.* eds., *A Liberal Peace*?: *The Problems and Practices of Peacebuilding*, 2011, London: Zed Books。

"自由和平"本身的内在价值。①前者的代表是里士满，后者的代表是罗兰·帕里斯（Roland Paris）。② 此外，与"批判声音"停留于纯粹的批判而没有提出解决问题的具体方法不同的是，"解决问题者"主张对"自由和平"的建设和平模式进行改良。比如，帕里斯主张先制度化后自由化（institutionalization before liberalization）。具体地讲，是指市场民主的根本目标不变，变的是技巧，在引入选举民主和市场调整政策之前，为建立起有效的政治和经济制度打下基础。③ 又比如，西德雷克·德·康宁（Cedric de Coning）博士提出将建设和平当作一个复杂的系统来认识，把复杂性（complexity）的理论应用到建和这个系统之中，从而改进当前的建设和平工作。④

上述围绕"自由和平"的争论固然推动了对"自由和平"的建设和平模式的反思，但是质疑派的研究因没有提出解决问题的方法而难免空洞，改良派则因没有跳出"自由和平"的框架而陷入技术改良主义的局限。两派都没有触及当前建设和平的根本问题所在：对经济发展的重视不够。要解决这个问题，当务之急是要打破"自由和平"在和平规范上对现有建设和平的垄断，将有利于促进经济发展的和平规范纳入建设和平的规范框架当中。换句话说，建设和平规范框架的理想模式应当是同时关照建设和平的两个支柱——制度建设和经济发展。也只有这样，才能关照到人的安全保护中的两个最重要的方面——政治安全和经济安全。

四、两个和平规范与人的安全保护

长期以来，"自由和平"主导了建设和平的话语和实践。然而，建

---

① Susanna Campbell, *et al.*, eds., *A Liberal Peace?: The Problems and Practices of Peacebuilding*, p. 1.

② Roland Paris, *At War's End: Building Peace after Civil Conflict.*

③ Roland Paris, *At War's End: Building Peace after Civil Conflict*, p. 179.

④ Cedric de Coning, "Complexity, Peacebuilding and Coherence: Implications of Complexity for the Peacebuilding Coherence Dilemma," PhD dissertation, Stellenbosch: University of Stellenbosch, 2012, http://scholar.sun.ac.za/bitstream/handle/10019.1/71891/deconing_complexity_2012.pdf?sequence=2.

设和平的效果并不理想，促使一些学者在反思“自由和平”的同时，将目光投向西方文明的实践场域之外，希望找到可供选择的另一种和平规范。比如，中国自实行改革开放政策以来在国家经济、政治和社会发展方面取得了瞩目的成就，引发了围绕“中国模式”的争论。有人开始认为，中国的国内发展经验以及国际援助行为，展示了一个有别于“自由和平”的和平规范。① 笔者认为，这实际上是一个可以称作“发展和平”的规范。本部分将论述建设和平的场景中“自由和平”与“发展和平”这两个和平规范的内涵，以及它们之间的互动对人的安全保护的影响。

（一）“自由和平”

“自由和平”在字面上包含两个概念要素：自由与和平。要认识这个产生于西方文明实践场域的和平规范，首先需要了解植根于西方文明的自由主义思想以及西方政治文化中的和平理念。自由主义在早期表现为文艺复兴时期人文主义反抗宗教压迫的运动。不过，直到启蒙时代，它才逐渐开始有了切实的主张并以一种意识形态的面貌出现。不同历史时期的自由主义有不同的内容。目前对自由主义的历史划分主要有两种：一种是分为传统自由主义和现代自由主义，另一种是分为古典自由主义和新自由主义。本文所论的“自由和平”是新自由主义的“自由和平”。

新自由主义首先是一种经济学理论或者思潮。它产生于20世纪二三十年代，到20世纪70年代开始成为主导全球化发展进程的政治经济学理论。中国社会科学院“新自由主义研究”课题组指出：“新自由主义的兴起反

---

① Steven C. Y. Kuo, “China's Understanding of African Security: Context and Limitations,” *African Security*, Vol. 5, No. 2, 2012, pp. 24 – 43; He Yin, “China-EU Cooperation on UN Peacekeeping: Opportunities and Challenges.” In *Europe and China in 21st Century Global Politics: Partnership, Competition, or Co-Evolution*? Frauke Austermann *et al* eds., London: Cambridge Scholars Publishing, 2013, pp. 43 – 61；何银：《中国崛起与国际规范体系：以联合国维和行动为例》，载中共中央党校国际战略研究所编：《新战略研究》，2013 年第3 期。

映了全球化时代资本主义由国家垄断向国际垄断发展的迫切需要。”① “新自由主义极力主张经济领域的‘自由化’、私有化和市场化，在政治上否定公有制和国家干预，并在战略和政策方面主张推行霸权国主导的全球化。“②有关民主和平论的争论最早可以追述到现代欧洲早期的一些政治哲学家，其中具有代表性的有伊曼纽尔·康德（Immanuel Kant）和亚当·斯密（Adam Smith）。1795年，康德发表了《论永久和平》一书，论述了民主与和平之间的关系。康德指出，与其他（非民主的）国家相比，民主国家的民主宪法确保这些国家会采取相对和平的行为。③ 对康德的这句“真言”的解读和求证，催生了“民主和平论”的命题。迈克尔·多伊尔（Michael Doyle）等人通过研究发现，民主国家之间不打仗，因为它们所共享的妥协与合作的规范能够阻止围绕某一个利益的冲突升级为暴力。④ 鲁道夫·拉梅尔（Rudolph Rummel）则进一步指出，实行民主制度的国家，发生国内冲突的水平也是最低的。⑤斯密较之于康德更进一步，在民主和平这一因果链上增加了经济自由化的变量，指出民主和经济自由化这两个因素与和平之间存在着相互依赖的关系。⑥

尽管“民主和平论”引起了很大的争议，⑦ 但是并没有影响这个理论

---

① 中国社会科学院“新自由主义研究”课题组：《新自由主义研究》，载《马克思主义研究》，2003年第6期，第20页。

② 中国社会科学院“新自由主义研究”课题组：《新自由主义研究》，载《马克思主义研究》，2003年第6期，第18—19页。

③ Thania Paffenholz, “Civil Society beyond Liberal Peace and Its Critique,” p. 139.

④ Michael Doyle, “Kant, Liberal Legacies, and Foreign Affairs,” *Philosophy and Public Affairs*, Vol. 12, No. 3 (Fall 1983), pp. 205 – 235; Mel Small and J. David Singer, “The War Proneness of Democratic Regimes, 1816 – 1965,” *Jerusalem Journal of International Relations I*, *Summer* 1976, pp. 50 – 65. 转引自 Thania Paffenholz. “Civil Society beyond Liberal Peace and Its Critique,” p. 139。

⑤ Rudolph Rummel, *Power Kills*: *Democracy as a Method of Nonviolence*, New Brunswick, NJ: Transaction Books, 1997.

⑥ Adam Smith, *An Inquiry into the Nature and Causes of the Wealth of Nations*: *A Selected Edition*, Edited by Kathryn Sutherland, London: Oxford University Press, 1998.

⑦ Margit Bussmann and Gerald Schneider, “When Globalization Discontent Turns Violent: Foreign Economic Liberalization and Internal War,” *International Studies Quarterly*, Vol. 51, No. 1 (March 2007), pp. 79 – 97. 转引自 Thania Paffenholz. “Civil Society beyond Liberal Peace and Its Critique,” p. 139. Amy Chua, *World on Fire*: *How Free Market Democracy Breeds Ethnic Hatred and Global Instability*, New York: Doubleday, 2003。

得到政策界的呼应。第一次世界大战后，有着理想主义情怀的美国第28任总统伍德罗·威尔逊（Woodrow Wilson）试图推动美国建立一种基于自由民主的国际和平秩序。威尔逊总统指出，自由主义是通往国际国内政治和平与安全的钥匙，民主能够让理智战胜冲动。他认为要在战后欧洲建立持久和平，唯一的出路是欧洲不同的民族国家都采用自由民主制度。①冷战时期，在超级大国对抗残酷的背景下，世界被划分为“自由世界”和“共产主义世界”两个阵营。在很长一段时间里，“民主和平论”淡出了国际政治政策层面的话语圈，以美国为首的西方国家并没有把输出“自由民主”的政治制度作为国家重要的对外政策。相反，许多实行非民主政制的国家反而得到了美国及其西方盟国的支持，保持了国内稳定。

随着冷战结束，“民主和平论”再次兴起。1989年，弗朗西斯·福山（Francis Fukuyama）提出的“历史终结论”的命题，将自由民主制度奉为人类意识形态发展的终点和人类最后一种统治形式。② 与“民主和平论”的命运一样，“历史终结论”尽管在学界引起了很大的争议，③ 但是却得到政策界的重视。1993年，民主党人比尔·克林顿（Bill Clinton）出任美国总统后，提出在全球范围内推行市场民主的“扩展与参与”战略，“民主和平”的理念正式开始成为以美国为首的西方进行国际干预的工具。④ 正如塞缪尔·亨廷顿（Samuel Huntington）所指出的：

“共产主义（在前苏联和东欧）的崩溃使西方人更加相信其自由

---

① Woodrow Wilson, “The Modern Democratic State,” in Arthur S. Link, ed., *The Papers of Woodrow Wilson*, Vol. 5. Princeton, N. J.: Princeton University Press, 1968. 转引自 Roland Paris, *At War's End: Building Peace After Civil Conflict*, p. 7。

② Francis Fukuyama, “The End of History?” *The National Interest*, No. 16, Summer 1989, pp. 3–18.

③ 针对福山的“历史终结论”这一命题最为深刻质疑是赛缪尔·亨廷顿的著作。参见：［美］塞缪尔·亨廷顿著，周琪、刘绯等译：《文明的冲突与世界秩序的重建》（修订版），北京：新华出版社，2009年版。

④ “Confronting the Challenges of a Broader World,” President Clinton Address to the United Nations General Assembly, New York City, September 27, 1993, from *Department of State Dispatch* 4, No. 39, September 27, 1993. 转引自［美］亨利·基辛格著，胡利平等译，《论中国》，北京：中信出版社，2013年版，第452页。

民主思想取得了全球性胜利，因而它是普遍适用的……西方，特别是一贯富有使命感的美国，认为非西方国家的人民应当认同西方的民主、自由市场、权力有限的政府、人权、个人主义和法制的价值观念，并将这些价值观念纳入他们的价值体制。”①

在冷战后时代西方霸权的国际权势背景下，自由主义的民主和平思想深刻地影响了国际政治实践。其中，在联合国和平行动领域，这样的影响具体表现为一个被称作“自由和平”的规范主导了建设和平的话语和实践。有关“自由和平”的定义有很多。比如，奥利弗·里士满指出，“自由和平”是指良政、民主选举、人权、法制和市场关系诸多要素构成的一个规范性框架。② 但是，更多人接受了罗兰·帕里斯的简约定义，即民主和平包含了这样一个假设：通过政治和市场的自由化可以实现自我维系的和平（self-sustaining peace）。具体实践方法是：在政治上倡导普选式民主，强调法制、人权和市民社会建设；在经济上推行市场经济模式。③ 正如罗杰·迈克·金迪（Roger Mac Ginty）指出的，由于得到居于主导地位的国家、国际组织和国际金融组织的青睐，“自由和平”成为开展国际和平干预（international peace intervention）的首选手段。在联合国和平行动领域，“自由和平”的规范主导了建设和平的话语和实践，从柬埔寨到东帝汶，从利比里亚到海地，一旦联合国维和行动特派团建立之后，按照西方自由民主开展政治和经济领域的国家制度建设，就成为建设和平的核心任务。

联合国主导的建设和平是狭义的建设和平，仅仅是广义的建设和平——联合国际建设和平框架的组成部分。尽管在以联合国建设和平为代表的由西方主导的建设和平框架中，“自由和平”几乎就是和平规范的代名词，甚至在广义的建设和平框架中，它也因西方在国际权势格局中的霸权而占据了规范霸权的地位，但是在广义的建设和平框架中，“自由和平”绝非唯一的和平规范，即，在广义的建设和平框架中还存在着非西方建设

① ［美］塞缪尔·亨廷顿：《文明的冲突与世界秩序的重建》（修订版），第161页。

② Oliver P. Richmond, *Peace in International Relations*, London: Routledge, 2008。

③ Roland Paris, *At War's End: Building Peace after Civil Conflict*。

和平行动者以及由他们传播的和平规范。

（二）“发展和平”

中国快速崛起催生了一个重要的政治经济学问题：中国为什么能够成功？对这个问题具有代表性的回答是围绕“中国模式”这一命题的辩论。[①]国内外学界就是否存在中国模式，有“肯定派”和“否定派”两种截然不同的观点。肯定派认为“中国模式”正在[②]或者已经生成[③]；否定派虽然并不否定中国取得的成就，但是不赞同将中国取得的成就上升到“模式”的提法，而是认为使用诸如“特色”[④]或者“道路”[⑤]这样的词汇更为合适。从字面含义看，模式强调的是普适性，具有规范层面的意义；“特色”和“道路”强调的是特殊性，具有经验层面的意义。可见，围绕“中国模式”学理辩论的实质，其实是在中国崛起的大背景下探讨中国在全球治理中的地位，即中国是否能够成为全球治理模式或者规范的提供者。本文并不赞同“中国模式”的提法，但是同样也不赞同完全忽视中国崛起对全球治理规范领域的影响。实际上，近些年来已经有人开始关注这样的影响。

---

① 有关争论“中国模式”的文献。参见胡健：《争论中的中国模式：内涵、特点和意义》，载《社会科学》，2010 年第 6 期，第 3—11 页；贾海涛：《中国模式：在现实与想象之间》，载《南京理工大学学报》（社会科学版），2010 年第 6 期，第 1—18 页；郑永年：《中国模式——经验与困局》，杭州：浙江人民出版社，2010 年版；郑永年：《为什么要提“中国模式”》，《联合早报》，2010 年 5 月 4 日；李君如：《慎提“中国模式”》，载《学习时报》，2009 年 12 月 7 日；秦晖：《有没有“中国模式”》，载《南方都市报》，2010 年 4 月 6 日；俞可平：《“中国模式”并没有完全定型》，载《社会观察》，2010 第 12 期，第 94—95 页；俞可平：《关于“中国模式”的思考》，载《红旗文稿》，2005 年第 19 期，第 13—15 页。

② 俞可平：《“中国模式”并没有完全定型》，载《教书育人》，2009 年第 14 期。

③ 潘维：《当代中华体制——中国模式的经济、政治、社会解析》，载潘维主编：《中国模式：解读人民共和国的 60 年》，北京：中央编译出版社，2009 年版，第 5—6 页；徐贵相：《中国发展模式研究》，北京：人民出版社，2008 年版；韩保江：《中国奇迹与中国发展模式》，成都：四川人民出版社，2008 年版；李君如：《慎提“中国模式”》，载《学习时报》，2009 年 12 月 7 日。

④ 李君如：《慎提“中国模式”》，载《学习时报》，2009 年 12 月 7 日。

⑤ 章兴宣：《“中国模式”与中国和平发展道路》，载中共中央党校国际战略研究所编：《新战略研究》，2013 年第 3 期，第 57—72 页。

美国约翰·霍普金斯大学教授德博拉·布罗迪加姆（Deborah Brautigam）在2009年出版的《龙的礼物——中国在非洲的真实故事》一书中，通过资料分析和案例研究，尝试还原中国援助非洲的真相。[①] 布罗迪加姆指出，中国与西方传统援助国在对非援助方式上存在本质上的不同：中国在非洲的援助活动较之于西方国家更加关注基础设施建设；中国并不像西方那样为援助设置苛刻的政治条件，[②] 布罗蒂加姆的研究虽然没有使用诸如规范或者模式这样的词汇，但是从字里行间可以看出，她实际上讨论的是中国提供的一种有别于西方的对非援助和经济活动方式。

南非华裔学者郭俊逸（Steven C. Y. Kuo）以利比里亚为例，观察中国在非洲的援助、投资与维和行为，进而研究中国在非洲安全上不同于西方的理解。[③] 郭俊逸认为中国对非洲安全的理解是建立在对威斯特伐利亚规范的坚守，以及改革开放以来重视基础设施建设和国家发展经验的基础之上，实际上是传播了一个可以称作“中国和平”（Chinese peace）的规范。[④]

尽管郭俊逸大胆而又富有创造性地在“自由和平”框架之外提出了“中国和平”的概念，对研究中国崛起的国际规范意义极具启示意义，但是，“中国和平”的提法及其内涵阐释都值得商榷。[⑤] 笔者认为，中国的国内发展成就以及国际援助行为，的确向以非洲为代表的发展中世界展示了一个不同于“自由和平”的和平规范。但是，如果深入分析这个和平规范的内涵，会发现中国的烙印并没有郭俊逸所言的那么深刻。这个规范包含两个支柱：一个支柱是以经济建设为国家发展战略的中心，通过国家主导的投资（包括在基础设施领域的投资）拉动经济发展；另

---

① 叶一志：《中国与非洲：互利和援助并存》（《龙的礼物》作者德博拉·布罗迪加姆接受本报专访），《环球时报》，第2821期第13版，2012年8月13日。

② Deborah Brautigam, *The Dragon's Gift*: *The Real Story of China in Africa*, pp. 307 –312；叶一志：《中国与非洲：互利和援助并存》。

③ Steven C. Y. Kuo, “China's Understanding of African Security: Context and Limitations.”

④ Steven C. Y. Kuo, “China's Understanding of African Security: Context and Limitations,” p. 36.

⑤ 何银：《中国崛起与国际规范体系：以联合国维和行动为例》，载中共中央党校国际战略研究所编：《新战略研究》，2013年第3期，第37—38页。

一个是坚守威斯特伐利亚规范，反对为援助行为设置政治条件。就第一个支柱而言，以经济建设为中心的发展模式并非由中国所创，因为东亚发展型国家（developmental state）和地区，包括新加坡、韩国和中国台湾的成功，也都是得益于经济发展优先的战略。① 中国内地企业在非洲一些发展中国家设立经济特区的行为，也在一定程度上学习了中国香港在毛里求斯等地的做法。就连遭到西方保守媒体和智库热炒的"中国在非洲投资和购买自然资源"的经济活动，不过是沿用了当初日本在中国的做法，即以贷款和技术换取资源的互利双赢行为。② 就第二个支柱而言，不为援助设置政治条件也不是中国独有的做法。包括巴西、印度、俄罗斯和南非在内的新兴国家和中国在威斯特伐利亚规范上持有许多共同立场，也都不愿意为援助设置政治条件。此外，中国在包括非洲国家在内的广大发展中国家的援助行为表现出对基础设施建设和民生问题的关注，实际上是国内所实行的以经济建设为中心的国家发展战略在国际上的外溢表现。所以，与其说是中国崛起为国际规范体系贡献了具有中国特色的规范，还不如说是由于中国崛起之力作用于国际权势格局，推动了边缘地带的实践上升为可以参与全球治理国际规范，从而对国际规范体系产生影响。③

笔者认为，可以用"发展和平"来概括中国的国内发展成就和国际援助行为所展示的和平规范。④ 如果说"自由和平"的核心是制度建设，那么"发展和平"的核心就是经济发展。对于刚刚经历冲突和暴乱、百废待兴的建设和平东道国来说，"发展和平"关注了一些被"自由和平"忽视

---

① "发展型国家"（developmental state）一词最早由美国学者查默斯·约翰逊（Chalmers Johnson）于1982年在对日本崛起的认识之上提出，之后被用于泛指在工业化方面起步较晚但是成绩斐然的东亚国家。参见 Chalmers Johnson，*MITI and the Japanese Miracle*：*The Growth of Industrial Policy*，1925－1975，Stanford，CA：Stanford University Press，1982；Meredith Woo-Cumings，ed.，*The Developmental State*，Ithaca，NY：Cornell University Press，1999。

② Deborah Brautigam，*The Dragon's Gift*，*the Real Story of China in Africa*.

③ 何银：《中国崛起与国际规范体系——以联合国维和行动为例》，载中共中央党校国际战略研究所编：《新战略研究》，2013年第3期，第38页。

④ 何银：《中国崛起与国际规范体系——以联合国维和行动为例》，第38—39页。

的建设和平领域。[①]比如，自20世纪80年代以来，西方国家对非洲的援助已经很少关注农业和基础设施建设，对非的投资行为大抵按照资金换资源这样简单的商品交换模式进行。中国对非洲的援助主要关注的是公共基础设施、工业和农业建设，对非的投资和其他商业活动则大部分是在进出口信贷框架下开展的以服务换资源的模式。以中国向安哥拉提供的巨额石油信贷为例，安哥拉政府为中国提供了大量石油，换回的主要是标有“中国制造”的商品以及中国建筑和工程公司提供的服务，而不是金钱。

（三）两个和平规范与人的安全保护

在建设和平的场景中，“自由和平”与“发展和平”是两个在内涵上根本对立的和平规范。如表2所示，这两个和平规范在国际规范体系中所处的地位、对建设和平中心任务的设置以及对人的安全保护的考虑方面，都存在明显的差异。“自由和平”长期以来主导建设和平，而“发展和平”是新近在建设和平中展现影响力的规范。“自由和平”主导下的建设和平以制度建设为中心，“发展和平”影响建设和平时主张以经济发展为中心。当落足到人的安全保护这一任务时，“自由和平”重点关照人的政治安全，“发展和平”重点关注的是人的经济安全。

表2　两个和平规范与人的安全保护

	“自由和平”	“发展和平”
在国际规范体系中的地位	主导规范	新兴规范
建设和平的中心任务	制度建设	经济发展
人的安全保护的重点	政治安全	经济安全

如前文所述，制度建设和经济发展是建设和平的两大支柱，而政治安

① Deborah Brautigam, *The Dragon's Gift, the Real Story of China in Africa*; Steven C. Y. Kuo, “China's Understanding of African Security: Context and Limitations”; Ian Taylor, *China's New Role in Africa*, Boulder: Lynne Rienner Publishers, 2009.

全和经济安全则是人的安全的两个核心要素。“自由和平”主导下的建设和平以制度建设为中心，以人的政治安全为保护重点，对建设和平中的经济建设和人的经济安全的关照存在严重不足。“发展和平”对建设和平中经济建设和人的经济安全的重视，正好弥补了“自由和平”的不足。可见，两个和平规范是否能够发生良性互动，不但关系到建设和平的成效，还能影响到建设和平场景中人的安全保护工作。在建设和平的场景中，这两个和平规范会发生怎样的互动呢？

就现有关于建设和平的文献来看，很少有人承认在“自由和平”框架之外还可能存在其他可供选择的和平规范。比如帕里斯就坚称，任何非民主的、非自由的建设和平规范都是不可以接受的，民主和自由是实现开展建设和平唯一的选择。[①] 帕里斯的观点在某种意义上是福山“历史终结论”的翻版，是一种带有价值或者说意识形态观的理想主义愿望。然而，仅仅从民主和自由的角度思考建设和平，必然忽视发生在建设和平场景中真实的实践。布罗迪加姆、郭俊逸和笔者的研究表明，在非洲一些国家建设和平的实践中，“自由和平”并非是影响建设和平的进程和结果的唯一国际规范。[②]

在一个具有等级特征的世界规范体系内，存在着一个由西方主导的中心规范体系，以及由非西方规范构成边缘规范体系。[③]“自由和平”处于中心规范体系，“发展和平”来自边缘规范体系。这两个和平规范之间的互动，实际上关涉一个长期以来被国际关系理论界忽视的研究议程：（体系

① Roland Paris, “Alternatives to Liberal Peace?” in Susanna Campbell, *et al*, eds., *A Liberal Peace?: The Problems and Practices of Peacebuilding*, London and New York: Zed Books, 2011, pp. 159 - 173.

② Deborah Brautigam, *The Dragon's Gift: The Real Story of China in Africa*; Steven C. Y. Kuo, “China's Understanding of African Security: Context and Limitations”; 何银：《中国崛起与国际规范体系——以联合国维和行动为例》，载中共中央党校国际战略研究所编：《新战略研究》，2013 年第 3 期。

③ 何银：《规范竞争：谁的规范重要？——一个被忽视的研究议程》，载秦亚青编：《国际政治与全球治理》，北京：世界知识出版社，2013 年版，第 230—240 页。

间）规范竞争。[①] 正如秦亚青教授指出，有关冲突和竞争存在两种认识方法：一种是立足西方“分立归类法”的冲突辩证法，另一种是立足关系与过程的“中庸辩证法”。[②] 前者将冲突当作主导叙事，“坚持在一个不确定的多元世界中寻求一种自我预设的唯一性和确定性”[③]，认为冲突的结果必然是你死我活的零和；后者将和谐作为主导叙事，相信看似矛盾的两个事物之间互动并非总是冲突，结果不一定总是零和，而是可能出现相互包容的新合体。[④] 这两种认识方法孰是孰非，还有待进一步论证。尽管如此，笔者在《中国崛起与国际规范体系——以联合国维和行动为例》一文中，通过对比利比里亚与海地的维和行动情况发现，就维和行动的效果而言，“自由和平”与“发展和平”竞争、共存的利比里亚要比“自由和平”独大、“发展和平”缺位的海地要好得多。[⑤]

五、结论

冷战后，伴随建设和平成为联合国和平行动中心任务的是“人的安全”话语的兴起。无论是对于理论家和实践者来说，建设和平和人的安全保护都有一时难以罗列清楚的任务清单。当我们把建设和平简化为制度建设和经济发展这两大支柱、将人的安全简化为政治安全和经济安全这两大要素时，就更容易理解建设和平与人的安全保护的密切关系。

长期以来受“自由和平”主导的建设和平以制度建设为中心，对经济发展关照不够，结果是重视了人的政治安全，但忽视了人的经济安全。这样，“自由和平”主导下的建设和平表现为“虚幻的和平”，人的安全也因

---

① 何银：《规范竞争：谁的规范重要？——一个被忽视的研究议程》，载秦亚青编：《国际政治与全球治理》。

② 秦亚青：《关系与过程：中国国际关系理论的文化建构》，上海：上海人民出版社，2012年版，第84—99页。

③ 秦亚青：《关系与过程：中国国际关系理论的文化建构》，第93页。

④ 秦亚青：《关系与过程：中国国际关系理论的文化建构》，第93—99页。

⑤ 何银：《中国崛起与国际规范体系——以联合国维和行动为例》。

经济安全遭到忽视而表现为“虚幻的安全”。要保护人的经济安全，就需要关照建设和平中的经济发展。中国在众多建设和平东道国的援助和经济活动，传播了一个可以称作“发展和平”的和平规范。“发展和平”关照了被“自由和平”轻视的经济发展这一支柱，有利于保护人的经济安全。

尽管“自由和平”与“发展和平”存在互补的关系。但是受制于中西两种不同的辩证法，这两个和平规范的互动无论在话语上还是具体的实践中，都将变得复杂甚至不乏困难。然而，正如爱德华·卡尔（Edward Carr）所指出的，国际政治既不是纯粹的乌托邦主义/理想主义，也不是纯粹的现实主义，而是两者的结合。① 无论是“自由和平”还是“建设和平”的倡导者，如果纯粹从自身的价值判断出发，不顾及国际权势格局变化的现实和建设和平实践场景中的实际情况，而是一味地无视产生于人类文明其他实践场域的经验和规范，将既不能帮助建立持久和平，也无助于人的安全保护。无论是从理想还是现实的角度出发，21 世纪建设和平都应当是“自由和平”与“发展和平”的结合，制度建设与经济发展的结合，并最终表现为人的政治安全与经济安全的结合。这可能才是建设持久和平之道。

（原载《国际安全研究》2014 年第 3 期）

① ［英］爱德华·卡尔著，秦亚青译：《二十年危机（1919—1939）：国际关系研究导论》，北京：世界知识出版社，2005 年版，第 213 页。

/发展和平：联合国维和建和中的中国方案/

长期以来，主导联合国维和建和的是生成于西方文明实践经验的自由和平规范。自由和平注重制度建设而对经济和社会发展关照不足，让维和建和陷入了维持和建设虚幻和平的困境。中国和平崛起的实践经验蕴含了一个称作发展和平的规范。发展和平通过中国的对外援助和经济活动在国际上传播，并对维和建和规范体系产生影响。发展和平主张在政治和社会稳定的前提下，以经济建设为中心搞发展，通过经济发展带动国家的全面发展，进而消除维和建和东道国国内冲突的根源。发展和平弥补了自由和平的不足，两个和平规范相遇时可能出现互补性共生。崛起的中国不仅仅是维和建和规范的学习者和接受者，还是供应者和传播者，发展和平是联合国维和建和中的中国方案。

进入21世纪以来，随着国家实力进一步增强，以及国际体系和国际格局发生转型变化，中国开始成为全球治理的引领者。在此情势下，为全球治理贡献中国方案的话语开始兴起。然而，现有研究还主要停留在对中国方案可能性和必要性的论述，关于中国能够为全球治理提供什么样方案的具体研究还不多见。联合国维护国际和平与安全是全球治理的重要事务，近些年来得到中国越来越积极的支持。中国不但在安理会等各种联合国机构中履行义务，从政治上支持联合国，而且还积极地给予人力、物力和财

---

* 本文是国家社科基金重大项目“中国参与联合国维和行动战略选择研究”（项目编号：16ZDA094）的阶段性成果。

力支持。作为全球治理的重要行动者，中国从政治和物质上大力支持维和建和的同时，还能够在规范上有所贡献吗？或者说，在维和建和事务上，中国除做规范的学习者和接受者，是否能够成为供应者和传播者？此外，如果中国能够为维和建和贡献中国方案，那么，中国方案是什么？将与联合国现有的维和建和方案发生怎样的互动？为此，本文将利用文献资料以及笔者在访谈中获取的信息，通过研究联合国维和建和的内涵、中国参与联合国维护国际和平与安全事务的情况、研究现状、维和建和现有主导方案及其缺陷、中国特色的维和建和方案，以及中外关于维和建和的方案的比较和互动等议题，尝试回答上述问题。

一、中国在联合国维和建和中的作用

联合国是全球最具有普遍性和权威性的政府间国际组织，是全球治理的重要行动者和平台。根据《联合国宪章》的精神，联合国最重要的使命是维护国际和平与安全。联合国成立70多年来的实践表明，维护国际和平与安全是联合国工作中最繁重的部分和最大的亮点。作为安理会常任理事国，崛起的中国在联合国维护国际和平与安全事务中的作用备受关注。

（一）联合国维和建和

过去几十年来，在国际政治格局不断变迁和全球治理任务日益繁重的背景下，联合国在履行维护国际和平与安全的使命中摸索出一套自成体系的实践。尽管国际公认的第一次联合国维和行动是1948年第一次中东战争后建立的联合国停战监督组织，但“维持和平”（peacekeeping）这一概念被正式提出并付诸实践是在1956年，当时联合国为参与解决苏伊士运河危机而建立了第一支联合国维和部队——联合国紧急部队。在冷战时代，联合国维和行动应对的往往是国家间冲突，通过在冲突双方之间部署军事观察员和/或维和部队，监督停火协议的实施，为冲突的政治解决争取时间。

随着冷战结束，影响国际和平与安全冲突的主要特征从国家间冲突，转变为由民族、种族和宗教等身份认同问题引发的国内冲突；加之国际局势趋于缓和，大国之间更容易在安理会等联合国的高级政治层面达成一致，联合国发现在维护国际和平与安全事务上可以有更多作为。1992 年 7 月，联合国秘书长布特罗斯·布特罗斯·加利在《和平纲领》（*An Agenda for Peace*）中阐述预防性外交（preventive diplomacy）、建立和平（peacemaking）、维持和平三个概念的同时，在联合国维护国际和平与安全的语境中提出建设和平（peacebuilding）的概念。[①] 在《和平纲领》中，建设和平是冲突爆发后建立和平与维持和平行动的逻辑性后续手段，其主要目标是防止重新陷入冲突。[②]

2000 年发布的《联合国和平行动问题小组报告》［又称《卜拉希米报告》（*Brahimi Report*）］提出了和平行动（peace operation）的概念，指出联合国和平行动包含冲突预防（conflict prevention）、建立和平、维持和平与建设和平四大要素，以及维和行动与特别政治特派团等形式。[③] 2015 年 6 月发布的《联合国和平行动问题高级别独立小组报告》（简称《和平行动问题小组报告》）进一步确认了和平行动的概念，提出并诠释了保持和平（sustaining peace）的理念，主张给予和平行动东道国以持续的、富有前瞻性的关注和支持，以便建立可持续和平。[④]

不难发现，联合国维持和平与安全事务涉及的概念繁多，含义交错，很容易让人陷入术语困境。本文用“联合国维和建和”（简称维和建和）指代联合国为履行维护国际和平与安全而从事的一切工作。这不但是为研

① United Nations, “An Agenda for Peace,” http: //www. un-documents. net/a47 - 277. htm, 2017 - 06 - 12.

② United Nations, “The Challenge of Sustaining Peace: Report of the Advisory Group of Experts for the 2015 Review of the United Nations Peacebuilding Architecture,” http: //www. un. org/ga/search/view_ doc. asp? symbol = A/69/968, p. 16, 2017 - 06 - 12.

③ United Nations, “Report of the Panel on United Nations Peace Operations,” http: //www. un. org/en/ga/search/view-doc. asp? symbol = A/55/305, 2017 - 06 - 12.

④ United Nations, “Report of High-Level Independent Panel on Peace Operations on Uniting Our Strength for Peace: Politics, Partnership and People,” http: //www. un. org/en/ga/search/view-doc. asp? symbol = S/2015/446, 2017 - 06 - 12.

究所涉及术语的简便，更是因为维持与建设和平实际上也的确是联合国维护国际和平与安全事务的主要部分。后冷战时代联合国致力于采取积极措施，消除冲突的根源以建立可持续和平。在此背景下，维持和平与建设和平的手段越来越多样化，相关制度建设也不断深入。在维持和平方面，通过建立过渡政权、稳定特派团和支助特派团等手段，循序渐进地帮助东道国实现和平；在建设和平方面，通过特别政治特派团、国家工作队（United Nations Country Team）和联合国开发计划署等专门机构主导的机制，帮助东道国建立可持续和平。此外，后冷战时代的维和行动大多是多维维和行动（multi-dimensional peacekeeping operations）。这些维和行动名义上是维持和平，但通常在很大程度上包含了建设和平的任务。[①] 也就是说，维持和平与建设和平是两个在字面上存在重大区别，但在实践中却难以分割的概念。所以，本文将在维和建和的语境中研究涉及联合国维护国际和平安全的规范问题。

（二）中国是支持联合国维和建和的中坚力量

自 1971 年重返联合国以来，中国的维和建和政策经历了三个阶段：从 20 世纪 70 年代反对，到八九十年代有限地参与，再到进入 21 世纪后日益积极参与并成为支持维和建和的中坚力量。[②]

中国于 1990 年首次派人参加联合国维和行动，迄今已经派出逾 3.3 万人次。根据联合国维和行动部与外勤支助部于 2017 年 6 月底提供的数据，中国有 2515 名维和人员在九项联合国维和行动任务区和一项政治特派团中执行任务，在 127 个出兵国中排名第 12 位。[③] 中国是安理会五个常任理事国中派出联合国维和人员最多的国家，派出维和人员数量超过其他四个常

---

① United Nations, "The Challenge of Sustaining Peace: Report of the Advisory Group of Experts for the 2015 Review of the United Nations Peacebuilding Architecture."

② He Yin, "China's Doctrine on UN Peacekeeping," in Cedric de Coning, *et al.*, eds., *UN Peacekeeping Doctrine in a New Era*, London: Routledge, 2017, pp. 109 - 131.

③ United Nations, "Ranking of Military and Police Contributions to UN Operations," April 30, 2017, http://www.un.org/en/peacekeeping/contributors/2017/apr17_2.pdf, 2017 - 06 - 12.

任理事国所派人员之和。此外，中国还是少数几个派出维和人员种类非常齐全的国家之一：既有安全部队和各种保障部队，也有包括单警和防暴队在内的维和警察。

2015 年 12 月 23 日，联合国大会通过了各会员国 2016—2018 年维和摊款比额，中国承担 10.2855% 的维和摊款，在 193 个会员国中排名第二位，是承担维和经费摊款最多的发展中国家。2015 年 9 月，国家主席习近平在参加联合国峰会期间，就中国支持联合国维和行动宣布了六项重大举措。[①]在全球安全治理正经历转型、维和建和工作面临重大挑战而急需支持的时刻，中国发挥了一个核心会员国应有的引领作用。

进入 21 世纪以来，中国以更加积极的姿态参与安理会事务，支持建立新的维和行动或者延长正在进行的维和行动。2004 年，中国积极参与在尚未建立外交关系的海地的维和行动，并向联合国海地稳定特派团（联海团）派出一支维和警察防暴队。十多年来，尽管海地一直与台湾地区保持所谓“外交关系”，但中国从海地和平进程的实际需要及国际和平与安全的大局考虑，大力支持联合国在海地的维和建和工作。

中国非常重视培训维和人员的工作。先后花费巨资于 2000 年和 2009 年建立了中国维和警察培训中心和国防部维和中心，用于培训维和警察和维和军人。这两个维和培训中心都有功能齐全的培训设施和专业的施训团队，既可以满足培训中国维和人员的需要，也可以培训外国维和人员。比如，这两个维和培训中心经常与联合国相关部门合作，主办各种培训和学术交流活动。

2007 年，联合国和国际社会希望在苏丹达尔富尔建立维和行动，但遭到苏丹政府的抵制。西方大国由于制裁苏丹而没有有效的渠道对该国政府施加影响。当时，中国是唯一与苏丹政府保持有效联系的大国。中国利用

---

① 习近平：《携手构建合作共赢新伙伴 同心打造人类命运共同体：在第七十届联合国大会一般性辩论时的讲话》，http：//www.gmw.cn/sixing/2015 - 09/content_ 17208042.htm，2016 - 10 - 09；Xi Jinping，“China Is Here for Peace，” http：//www.fmprc.gov.cn/mfa_ eng/topics_ 665678/xjpdmgjxgsfwbcxlhgcl70znxlfh/t1302562.shtml，2017 - 06 - 12。

这层关系与苏丹政府进行沟通，分析利弊，最终说服了苏丹政府同意建立非盟—联合国达尔富尔混合行动。① 此外，中国还大力支持刚果（金）、阿富汗、南苏丹和叙利亚等国的和平进程，向这些国家或所在地区派出特使，积极参与斡旋和调解等促和工作，甚至与相关国家的反对派和反政府武装进行建设性地接触和沟通，邀请他们派出代表到北京参与和平对话活动。②

中国支持旨在团结各国力量打击亚丁湾海盗活动的安理会第1816号决议，从2008年以来派出中国人民解放军海军舰队参与护航行动。2014年，应联合国安理会和禁止化学武器组织的请求，派出在亚丁湾执行护航任务的“盐城舰”参与叙利亚化学武器海运护航国际行动，为缓解围绕叙利亚化学武器问题的国际危机做出了贡献。③

（三）关于中国维和建和的研究及存在的不足

过去30多年来，中国积极参与维和建和事务引起国内外关注。④现有

---

① 2015年3月，笔者在北京对外交部官员的访谈。

② 相关官方报道参见：Xinhua，“China Ready to Receive Libya Opposition NTC Envoys：Diplomat，” June 9，2011，http：//news. xinhuanet. com/english2010/china/2011 -06/09/c_ 13919420. htm，2017 -06 -12；Xinhua，“Chinese Ambassador Meets Syrian Opposition Leader in Cairo，” February 6，2013，http：//news. xinhuanet. com/english/china/2013 -02/06/c_ 132153328. htm，2017 -06 -12；Xinhua，“China Backs UN Syria Mediation，” June 23，2014，http：//news. xinhuanet. com/english/china/2014 -06/23/c_ 133431146. htm，2017 -06 -12；Chinese Ministry of Foreign Affairs，“Position Paper of the People's Republic of China on the United Nations Reform，” June 7，2005，http：//www. china-un. org/eng/xw/t199101. htm，2017 -06 -12.

③ Xinhua，“Chinese Frigate Starts Escort Mission for Chemical Weapons：FM，” January 8，2014，http：//news. xinhuanet. com/english/china/2014 -01/08/c_ 133026228. htm，2017 -06 -12.

④ Courtney J. Fung，“What Explains China's Deployment to UN Peacekeeping Operations，” *International Relations of the Asia-Pacific*，Vol. 16，2016，pp. 409 -441；International Crisis Group，“China's Growing Role in UN Peacekeeping，” Report No. 166，2009；Bates Gill and Huang Chin-Hao，“China's Expanding Role in Peacekeeping：Prospects and Policy Implications，” SIPRI Policy Paper 25，2009；He Yin，“China's Changing Policy on UN Peacekeeping Operations，” Stockholm：Institute for Security and Development Policy，2007；Taylor Fravel，“China's Attitude toward UN Peacekeeping Operations since 1989，” *Asian Survey*，Vol. 36，No. 11，1996；其他具有代表性的研究如2011年国际维和的权威刊物《国际维和》杂志推出的中国维和专刊，参见 Taylor & Francis Group，*International Peacekeeping*，Vol. 18，No. 3，February 2011。

国内外相关文献的绝大部分研究都是中国参与维和建和的动机和相关政策，涉及的主要议题包括中国为什么参与维和建和行动，为什么逐步接受了与维和建和相关的规范，等等。从总体上讲，这类研究的出发点仍然停留于中国在国际社会中的社会化进程，① 关注的核心问题是中国为何及如何从一个体系外的国家，逐步演变成为维和建和规范接受者。② 也就是说，在国际制度体系的层面，中国在很大程度上被纯粹地看作一个规范的学习者和接受者。

随着中国崛起进程不断深入和国际格局发生转型，中国在全球治理体系中的地位不断提高，中国在国家发展和国际行为方面呈现出一套与许多其他国家特别是西方国家不同的实践和理念。有学者注意到具有中国特色的实践和理念对维和建和产生的影响。加拿大多伦多大学学者丹妮拉·斯库瑞里（Daniela Sicurelli）对比了中国和欧洲在非洲的维和行为和相关原则，指出双方在非洲传播的是两种不同维和模式或者说是规范。③ 斯库瑞里认为，中、欧在非洲的维和模式的不同体现在主权原则和治理理念上：欧洲模式立足于倡导有限主权，将人权和善治设为和平的前提条件；中国立足于主权平等原则，将经济发展设为和平的前提条件。④ 南非华裔学者郭俊逸（Steven C. Y. Kuo）的研究认为，中国立足自身的发展经验及中非关系需要，主张帮助非洲发展经济，反对干涉内政。郭俊逸认为，中国倡导了一个称作“中国和平”的规范。⑤ 此外，还有一些学者也探讨了中国维和建

① Alastair Iain Johnston, *Social State*: *China in International Institutions*, 1980 - 2000, Princeton: Princeton University Press, 2008.

② 何银：《中国崛起与国际规范体系：以联合国维和行动为例》，载中共中央党校国际战略研究所编：《新战略研究》，2013 年第 3 期，第 37 页。

③ Daniela Sicurelli, "Competing Model of Peacekeeping: The Role of the EU and China in Africa," paper prepared for the Fifth Pan-European Conference on EU Politics, Porto, June 23 - 26, 2010.

④ Daniela Sicurelli, "Competing Model of Peacekeeping: The Role of the EU and China in Africa," p. 1.

⑤ Steven C. Y. Kuo, "China's Understanding of African Security: Context and Limitations," *African Security*, Vol. 5, Issue 2, 2012, pp. 24 - 43.

和行为的特点，指出中国的维和建和模式给予了发展问题以更多关照。[①]

研究中国对维和建和规范体系的贡献，是中国维和建和研究的一个新方向和重要增长点。然而，现有的相关研究尚处于起步阶段，在基本概念、核心问题和研究路径等方面还存在模糊不清甚至矛盾之处。

近几年来，中国在全球治理体制中发挥作用的态度发生转变。自改革开放以来，中国遵循邓小平提出的韬光养晦战略，在对参与国际制度规则制定事务的表态上通常比较低调，避免给人以过分自信的感觉。然而，随着以习近平为核心的中国新一代领导集体上台，中国对自身的国家实力和国家身份等问题的认知发生巨大改变，提出要有自信，要积极参与国际制度体系的变革，提升在国际秩序和国际体系长远制度性安排中的地位和作用。[②] 2014 年 3 月，习近平在德国柏林发表演讲时，提出并阐释了“中国方案”的理念。习近平表示，中国将从世界和平与发展的大义出发，贡献处理当代国际关系的中国智慧，贡献完善全球治理的中国方案，为人类社会应对 21 世纪的各种挑战做出自己的贡献。[③] 在研究联合国维和建和的中国方案之前，首先对现在占据主导地位的联合国维和建和中的西方方案进行分析。

二、自由和平：联合国维和建和中的西方方案

在后冷战时代，维和建和体现了以欧美为主体的西方世界宣扬的“自

① ［南非］克瑞斯·艾登、［英］丹·拉吉：《中国对非洲和平与安全政策的演进：一种建设和平的新范式?》，《非洲研究》，2013 年第 1 期，第 31—40 页；何银：《中国崛起与国际规范体系：以联合国维和行动为例》。Shogo Suzuki，“Why Does China Participate in Intrusive Peacekeeping? Understanding Paternalistic Chinese Discourses on Development and Intervention，” *International Peacekeeping*，Vol. 18，No. 3，June 2011，pp. 271 – 285；Lei Xue，“China's Development-Oriented Peacekeeping Strategy in Africa，” in Chris Alden，*et al.*，*China and Africa*：*Building Peace and Security Cooperation on the Continent*，London：Palgrave Macmillan，2017，pp. 119 – 121.

② 新华网：《习近平：推动全球治理体制更加公正更加合理》，2015 年 10 月 13 日，http：//news. xinhuanet. com/politics/2015 – 10/13/c_ 1116812159. htm，2017 – 06 – 12。

③ 习近平：《历史是最好老师，给每一个国家未来的发展提供启示》，在德国科尔伯基金会的演讲，2014 年 3 月 29 日，http：//news. xinhuanet. com/world/2014 – 03/29/c_ 1110007614. htm，2017 – 06 – 12。

由理想主义”的价值理念，传播的是“自由和平”的规范。自由和平是维和建和中的西方方案。自由和平的基础是西方文明实践及自近代以来西方在国际政治中的制度霸权。

（一）西方文明与新自由主义

自十五六世纪以来，先是以西欧为中心、后来逐步扩展到北美等地的西方文明在政治、经济和话语等方面取得了相对于其他文明的优势。这种优势在普世主义等扩张性战略文化的引导下演变为在全球政治中的霸权。在国际制度领域，霸权表现为原本属于西欧和北美的一种地区文明实践，逐步上升为国际规范或者说是主导规范。

现代西方文明的内核是自由主义。不同的历史时期自由主义有不同的内容，现代意义的自由主义是新自由主义，它首先是一种经济学理论或者思潮，产生于20世纪二三十年代，到70年代发展成为主导全球化发展进程的政治经济学理论。

在西方占有绝对优势的国际政治中，新自由主义表现为一个称作“民主和平论”的命题。有关“民主和平论”的争论最早可以追溯至现代欧洲早期的一些政治哲学家。1795年，伊曼纽尔·康德发表《论永久和平》一书，论述了民主与和平之间的关系。康德指出，与其他（非民主的）国家相比，民主国家的民主宪法能够确保这些国家会采取相对和平的行为。[①] 亚当·斯密较康德更进一步，在民主和平这一因果链上增加了经济自由化的变量，指出民主和经济自由化这两个因素与和平之间存在着相互依赖的关系。[②] 美国哥伦比亚大学教授迈克尔·多伊尔（Michael Doyle）等人通过研究发现，民主国家之间不打仗，因为它们所共享的妥协与合作的规范

---

① Thania Paffenholz, "Civil Society beyond Liberal Peace and Its Critique," In Susanna Campbell, *et al.*, eds., *A Liberal Peace? The Problems and Practices of Peacebuilding*, London and New York: Zed Books, 2011, p. 139.

② Adam Smith, *An Inquiry into the Nature and Causes of the Wealth of Nations: A Selected Edition*, edited by Kathryn Sutherland, London: Oxford University Press, 1998.

能够阻止围绕某一个利益的冲突升级为暴力。① 美国夏威夷大学教授鲁道夫·拉梅尔（Rudolph Rummel）进一步指出，实行民主制度的国家发生国内冲突的水平也是最低的。②

尽管“民主和平论”引起很大争议，但并没有影响这个理论得到政策界的呼应。第一次世界大战后，有着理想主义情怀的美国总统伍德罗·威尔逊试图推动建立一种基于自由民主的国际和平秩序。威尔逊指出，民主能够让理智战胜冲动，自由主义是通往国际国内政治和平与安全的钥匙。他认为要在战后欧洲建立持久和平，唯一的出路是欧洲的不同民族国家都采用自由民主制度。③ 在超级大国对抗的冷战时期，世界被划分为“自由世界”与“共产主义世界”两大阵营。由于以美国为首的西方国家出于冷战的需要，并没有把输出自由民主作为重要的对外政策，所以，“民主和平论”淡出了国际政治政策层面的话语圈。相反，一些实行非民主政治制度的国家反而得到美国及其西方盟国的支持。随着冷战结束，“民主和平论”再次兴起。弗朗西斯·福山提出“历史终结论”的命题，将自由民主制度奉为人类政治意识形态发展的终点和人类最后一种统治形式。④ 1993年，民主党人比尔·克林顿就任美国总统后，提出在全球范围内推行市场民主的“扩展与参与”战略，“民主和平”的理念开始成为以美国为首的西方进行国际干预的工具。⑤

---

① Michael Doyle, “Kant, Liberal Legacies, and Foreign Affairs,” *Philosophy and Public Affairs*, Vol. 12, No. 3, Autumn 1983, pp. 205 – 235; Mel Small and J. David Singer, “The War Proneness of Democratic Regimes, 1816 – 1965,” *Jerusalem Journal of International Relations I*, Summer 1976, pp. 50 – 65.

② Rudolph Rummel, *Power Kills: Democracy as a Method of Nonviolence*, New Brunswick: Transaction Books, 1997.

③ Woodrow Wilson, “The Modern Democratic State,” in Arthur S. Link, ed., *The Papers of Woodrow Wilson*, Vol. 5, Princeton: Princeton University Press, 1968.

④ Francis Fukuyama, “The End of History?” *The National Interest*, No. 16, Summer, 1989, pp. 3 – 18.

⑤ Bill Clinton, “Confronting the Challenges of a Broader World,” from *U. S. Department of State Dispatch*, Vol. 4, No. 39, September 27, 1993, p. 649, 转引自［美］亨利·基辛格著，胡利平等译：《论中国》，北京：中信出版社，2013年版，第452页。

（二）自由和平：联合国维和建和中的西方方案及批判

正如亨利·基辛格指出，近代国际体制是以英美制度为基础的。[①] 自近代以来，以欧洲—北美为中心的西方凭借在经济、科技和军事等物质领域的优势及扩张性的对外战略，推动了地区文明实践的经验上升为国际规范。在此背景下，联合国自成立之初在制度规则和组织文化等方面就深深地打上西方文明的烙印。在后冷战时代西方制度霸权的国际权势背景下，新自由主义民主和平思想深刻地影响了世界政治。在国际和平与安全治理领域，这种影响具体表现为“自由和平”规范成为维和建和中的主导规范。

加拿大渥太华大学教授罗兰德·帕里斯（Roland Paris）是第一位研究维和建和中的自由和平的学者。在2004年出版的《战争结束之后：国内冲突后的建设和平》一书中，他指出，尽管从1989—1999年间开展的14项建设和平行动在许多方面存在区别，但它们却有一个惊人的相似之处，即都通过“自由和平”寻求尽快将遭受战火摧毁的国家转变成为“自由市场民主”国家。[②] 帕里斯认为，自由和平包含了一个假设：通过政治和市场的自由化就可以实现自我维系的和平（self-sustaining peace），自由和平的具体实践方法是：在政治上倡导普选式民主，强调法治、人权和公民社会建设；在经济上推行市场经济模式。[③]

尽管维和建和的根本目标应当是通过积极干预措施，全面消除政治、经济和社会等方面可能引起冲突的根源，但在实践层面却偏离了应有的任务轨道。1995年，联合国秘书长加利在《和平纲领补编》中强调开展国家制度建设的必要性。[④] 加利所言的建设和平是自由式建设和平（liberal pea-

---

① ［美］亨利·基辛格：《论中国》，第39页。

② Roland Paris, *At War's End: Building Peace after Civil Conflict*, Cambridge: Cambridge University Press, 2004, p. 5.

③ Roland Paris, *At War's End: Building Peace after Civil Conflict.*

④ United Nations, *Supplement to an Agenda for Peace: Position Paper of Secretary-General on Occasion of the Fiftieth Anniversary of the United Nations: Report of the Secretary-General on the Work of the Organization*, General Assembly and Security Council document A/50/60 – S/1995/1, January 3, 1995.

cebuilding)，主要专注于在冲突之后按照自由民主的标准开展国家重建，实际上是将建设和平局限于建设国家这样非常狭窄的任务。[1] 英国曼彻斯特大学两位教授奥利弗·里士满（Oliver Richmond）和贾森·弗兰克斯（Jason Franks）认为，建设国家关注的重点在于政治、经济和安全架构，最终结果是建成一个拥有领土和主权的新自由主义国家。[2] 尽管联合国系统和国际社会中的许多人原本是奔着建设和平而来，但在实际操作过程中，自由主义建设和平的议程实际上是偏向建设国家，建设和平仅仅是被当作一个框架利用，以便使这样的偏离取得合法性。[3] 这种维和建和模式导致大部分综合的（维和）特派团的重心从纯粹的建设和平转向建设国家。[4]

建设国家以建设和平的面貌出现并成为后冷战时代维和建和的中心任务，导致的最明显结果就是，国家制度建设的任务几乎绑架了整个维和建和的进程。《和平行动问题小组报告》也认识到这一点，指出现有的维和建和采用的是一种模式化的方法，具体做法是国际行动者常常提供援助去"增强"维和建和行动东道国的制度机构。[5] 正如英国圣安德鲁斯大学学者罗杰·迈克·金迪（Roger Mac Ginty）指出的，由于得到居于主导地位的国家、国际组织和国际金融组织的青睐，自由和平成为开展国际和平干预的首选手段。[6]

自由和平式的维和建和模式遭到批判。1994 年发生在卢旺达的种族屠杀，以及 1998 年发生在印尼针对华人的暴行，促使一些人思考民主与市场

---

① Thania Paffenholz, "Civil Society beyond Liberal Peace and Its Critique," p. 139.

② Oliver P. Richmond and Jason Franks, *Liberal Peace Transitions: Between Statebuilding and Peacebuilding*, Edinburgh: Edinburgh University Press, 2009, p. 182.

③ Oliver P. Richmond and Jason Franks, *Liberal Peace Transitions: Between Statebuilding and Peacebuilding*, p. 1.

④ Benjamin Reilly, "Elections in Post-Conflict Society," in Edward Newman and Roland Rich, eds., *The UN Role in Promoting Democracy: Between Ideas and Reality*, Tokyo: United Nations Press, 2006, p. 113.

⑤ United Nations, "Report of High-Level Independent Panel on Peace Operations on Uniting Our Strength for Peace: Politics, Partnership and People," p. 49.

⑥ Roger Mac Ginty, *International Peacebuilding and Local Resistance: Hybrid Form of Peace*, New York: Palgrave Macmillan, 2011, p. 11.

的结合对转型国家的影响。2003 年，美国耶鲁大学华裔法学教授蔡美儿（Amy Chua）在《燃烧的世界：自由市场民主的输出滋养了种族仇视和全球动荡》一书中指出，在许多发展中国家发生的种族间暴力冲突，是美国推行民主政治制度和市场经济制度造成的后果。① 帕里斯指出，市场民主并非医治国内冲突的灵丹妙药，相反，政治和经济自由化进程具有内在的无序性：它会加剧社会紧张，并破坏在刚刚经历内战国家的脆弱条件下建立稳定和平的前景。② 有学者认为，自由和平造就的是“虚幻的和平”（virtual peace）。③

英国威斯敏斯特大学教授大卫·钱德拉（David Chandler）将 20 世纪 90 年代后期以来针对自由和平的批判分为两类：一类是激进的、基于权力的批判；另一类是以政策为中心的基于理念的批判。前一种方法将自由和平的话语看作工具性质的，认为有关自由、市场和民主的言辞掩盖的是西方的私利，因为西方其实根本就不在乎别的社会安全和自由。而后一种方法并不否定自由和平本身，而是直接批判有关自由主义政策的普适性假设，质疑西方干涉主义理念或者价值，认为通过自由主义的政策对一些冲突后国家和社会进行干预的做法是行不通的。④ 还有人指出，自由和平盛

---

① Amy Chua, *World on Fire: How Free Market Democracy Breeds Ethnic Hatred and Global Instability*, New York: Doubleday, 2003.

② Roland Paris, *At War's End: Building Peace after Civil Conflict*, p. ix.

③ 有关“自由和平”批判的文献参见：Mohamed Salih, “A Critique of the Political Economy of the Liberal Peace: Elements of an African Experience,” in Edward Newman, *et al.*, eds., *Perspectives on Liberal Peacebuilding*, Edinburgh: Edinburgh University Press, 2009, pp. 133 – 158; Oliver P. Richmond and Jason Franks, *Liberal Peace Transitions: Between Statebuilding and Peacebuilding*; Roger Mac Ginty and Oliver Richmond, *The Liberal Peace and Post-War Reconstruction: Myth or Reality?* London: Routledge, 2009; Oliver. P. Richmond, *The Transformation of Peace*, Basingstoke: Palgrave MacMillan, 2006; Susanna Campbell, *et al.*, eds., *A Liberal Peace? The Problems and Practices of Peacebuilding*, 2011, London: Zed Books; Tobias Denskus, “Peacebuilding Does Not Build Peace,” *Development in Practive*, Vol. 17, No. 4/5, Aug. 2007, pp. 656 – 662。

④ David Chandler, “The Uncritical Critique of ‘Liberal Peace’,” in Susanna Campbell, *et al.*, eds., *A Liberal Peace? The Problems and Practices of Peacebuilding*, London and New York: Zed Books, 2011, pp. 174 – 190.

行的重要原因之一是线性进步理论。① 自由和平是一个西方的线性概念，它依赖于行为者沿着一个套路或者说预先确定的路径，并最终达到得以解放的“自由和平”这个终极目标。②

一些人在批判自由和平的同时尝试寻找其他替代方法。③ 美国乔治·华盛顿大学教授迈克尔·巴尼特（Michael Barnett）提出“共和和平”（republican peace）的方案，主张改变单一的投票选举方式，通过多种方法和形式实现代议制。巴尼特认为，这样做既能建立起具有合法性的国家，又能够最大限度地减少各派之间的冲突。④ 帕里斯提出先制度化后自由化的方案，也就是保持市场民主的根本目标不变，变的是手段，即在引入选举民主和市场调整政策前，首先建立起有效的政治和经济制度基础。⑤ 不难发现，就其本质而言，这些方案都还没有跳出自由和平的框架，充其量是自由和平的改良版，而很难称得上是区别于自由和平的另一种方案。

如上所述，自由和平是生成于西方文明实践经验的一种地区规范，在西方主导的国际制度体系中上升为国际规范。所以，若要寻找自由和平之外的和平方案，就需要关注人类文明的其他实践场域。中国崛起是21世纪全球政治中最重要的现象之一，⑥ 而在中国文明实践中所生成的和平规范无疑将对联合国的维和建和产生重要影响。

---

① Francis Fukuyama, *The Origins of Political Order: From Prehuman Times to the French Revolution*, New York: Farrar, Straus and Giroux, 2011.

② Olive P. Richmond and Jason Franks, “Liberal Peace Transitions: Between Statebuilding and Peacebuilding,” p. 32; Francis Fukuyama, *Statebuilding: Governance and World Order in the 21st Century*, London: Profile Books, 2005, p. 56.

③ Michael Barnett, “Building a Republican Peace: Stabilizing States after War,” *International Security*, Vol. 30, No. 4, pp. 87 – 112; 关于“自由和平”替代方法研究的述评，参见 Roland Paris, “Alternatives to Liberal Peace?” in Susanna Campbell, *et al.*, eds., *A Liberal Peace? The Problems and Practices of Peacebuilding*, London and New York: Zed Books, 2011, pp. 159 – 173。

④ Michael Barnett, “Building a Republican Peace: Stabilizing States after War,” p. 96; Roland Paris, “Alternatives to Liberal Peace?” p. 160.

⑤ Roland Paris, “Alternatives to Liberal Peace?” pp. 163 – 164.

⑥ 李彤、彭博：《中国崛起与全球安全治理转型》，《国际安全研究》，2016 年第 3 期，第 52 页。

三、发展和平：联合国维和建和中的中国方案

人类社会是由若干实践场域组成，这些不同实践场域以地域、国家、地区或者文明为界区别开来，让人类文明具有多元性。不同实践产生不同的经验、价值、规范或者话语，反映不同地域社会的发展和变迁。尽管西方建立规范霸权，但从实践角度看，西方提供的规范反映的只是人类社会某一个实践场域的经验，是一种具有地方特征或者个体文明特征的经验。随着国际政治格局发生变化，生成于其他文明实践场域的经验也可能上升为国际规范而在国际上传播。自改革开放以来，中国快速崛起，积累了具有所在实践场域特色的经验，而这些经验又在中国不断增强的国力和国际活动能力的推动下，上升为国际规范并在国际上传播。

（一）中国崛起与和平发展

中国崛起催生了一个重要的政治经济学问题：中国为什么能够成功？在认识中国崛起的原因时，不同人有不同观点。有学者从政治制度角度分析，将中国的成功归因于“威权主义政府”和“举国体制”等因素。[①] 这样的认识容易让人误解，认为要做到中国式的成功，“威权主义政府”或者“举国体制”是必要条件，进而忽视中国改革开放将近40年来一再强调国情的做法及其意义。而且这样的认识还容易让一些人产生错觉，错误地认为中国是“反民主、反自由”的。比如，英国学者威廉·卡拉汉（William Callahan）在评论赵汀阳的“天下体系”哲学构想时，就认为它是“非民主”的，因为它“赞同以精英为主导的、和谐的政治秩序而不是

① Harold Myerson, “A Flawed American Political Models Aids China,” *Washington Post*, March 31, 2010.

喧嚣的大众政治”。①

也有学者从经济制度角度分析，指出中国之所以成功，主要是因为一方面通过投资，特别是通过基础设施建设拉动经济高速增长；另一方面发挥政府有形之手的干预作用，做强做大国有企业，以加强对经济系统的控制。② 来自业界的声音支持了这种观点。在2013年博鳌亚洲论坛上，国际上的一些企业家和投资人指出，中国的国有企业在中国的经济成功中发挥了重要作用。③ 中国香港前财政司司长梁锦松认为，不应把国有企业和私营部门对立起来讨论。香港有世界上最自由的市场，但由于没有强大的本地银行，政府在需要进行干预的关键时刻就感到困难重重。在1997年亚洲金融危机中，面对国际金融大鳄的攻击，还是得益于中央政府的救助才使得香港免遭劫难。④ 即便索罗斯自己也承认，1997年自己之所以在东亚和东南亚的金融危机中得手，主要是因为这些国家和经济体的经济制度太过自由（而出现制度漏洞），从而给他以可乘之机。⑤

还有研究者认为，中国之所以成功，政治体制改革的贡献不可忽视。春秋研究院研究员李世默指出，许多人在谈论中国的发展成就时，都将成功归因于经济改革，而忽视中国在政治体制改革方面取得的成就。在谈论中国模式、道路或者经验时，重经济而轻视政治，甚至认为中国模式是一种纯粹的经济发展模式，实际上，中国进行了根本性政治改革。忽视中国在政治改革方面取得的成就，“隐藏着政治偏见的话语陷阱，这个话语陷阱预设了哪些变革才是所谓的政治改革”。⑥

---

① William A. Callahan, “Tianxia, Empire, and the World: Soft Power and China's Foreign Policy Discourse in the 21st Century,” British Inter-University China Center Working Paper Series, No. 1, May 2007, p. 2，转引自［美］彼得·卡赞斯坦著，吉宓译：《美国帝权下的中国崛起：美国化与中国化》，载《世界经济与政治》2009年第5期，第79页。

② 封禹丁：《博鳌论战：激辩“中国模式”》，《南方周末》，2013年4月11日，第21版。

③ 同上。

④ 同上。

⑤ 刘薇等：《索罗斯出没中国》，《南方周末》，2013年4月11日，第18版。索罗斯被认为是利用市场原教旨主义创造的机会或者说是经济泡沫赚钱。即便如此，索罗斯本人一直在反对“华盛顿共识”，认为应当对西方经济学的基本理念加以改造。

⑥ 李世默：《中国崛起与“元叙事”的终结》，《南华早报》，2013年7月3日。

上述不同观点都仅从某一特定角度观察了中国崛起。笔者认为，中国之所以能够快速崛起，主要是因为中国在历史节点正确地把握住和平与发展这个时代主题。正如郑永年教授指出，大国崛起往往都倡导了一种时代精神。大英帝国倡导的是自由贸易，美国倡导的是自由和民主，[①] 而正在崛起的中国倡导的是和平与发展。在 1982 年召开的党的十二大上，和平与发展被确立为时代的两大主题，从制度上保证了改革开放将围绕这个主题推进。过去几十年中国的成功证明了这个论断的正确性。

和平发展包含两个核心概念，一个是和平，另一个是发展，二者互为条件和目的。和平促进发展，发展反过来又促进和平，形成良性互动。此外，在中国崛起的进程中，和平包含两方面内容：一个是国内和平，另一个是国际和平。国内和平也可以称作国内稳定。在整个 20 世纪 80 年代，邓小平在各种场合强调维护稳定的重要性，提出了“稳定压倒一切”。[②] 维护稳定，就需要防止激进的变革，确保国家发展有一个和平的内部环境。国内和平重要，国际和平也重要。一些人在研究中国崛起的原因时，往往只关注中国维护国内稳定，而忽视中国为营造和利用国际和平环境所做的努力。诸如“战略机遇期”及“和谐世界”等政治话语，无不体现了中国对和平的国际环境的重视。

在和平发展的战略设计中，发展主要是指经济发展。1978 年，召开的党的十一届三中全会提出了“以经济建设为中心”，为之后中国的国家发展道路确立了主题。将经济发展置于中心地位，体现了以实事求是的态度认识改革开放伊始中国的现状，立足马克思唯物主义观理解国家发展的过程，选择了一条符合国情的现代化道路。和平发展的战略实施后，在中国社会释放出巨大的发展动力，中国由此走上了一条和平崛起之路。

---

① 郑永年：《“丝绸之路”与中国的时代精神》，《联合早报》，2014 年 6 月 10 日。

② 邓小平：《邓小平文选》（第三卷），北京：人民出版社，1993 年版。

（二）联合国维和建和中的中国方案：发展和平

中国和平崛起的实践反映了中国的和平观——经济发展是和平的前提条件。这个和平观通过中国日益增长的对外援助和其他国际政治经济活动走出国门，在国际上尤其是那些历经冲突尚在探索和平之路的国家传播了一个称作发展和平的规范。[①] 与自由和平以制度建设为优先不同的是，发展和平以经济发展为优先。从中国国内实践经验来看，发展和平还有一个前提假定，即首先要确保国内政治和社会稳定，要有一个基本的和平局面。发展和平包含一个开放式假设：在保持国内政治和社会稳定的前提下，不论实行什么样的政治制度，只要能够以经济建设为中心谋求发展，都可以实现和平。

发展和平首先是通过中国的对外援助在国际上传播了发展和平。中国的外交遵循和平共处五项原则，反对“政权更替”“人道主义干涉”等国际干涉主义理念和行为。在开展对外援助时，中国并不像西方国家那样为援助设置苛刻的政治条件。[②] 上海国际问题研究院研究员张海冰认为，中国对非洲的援助结合中国对发展问题的认识和经验总结，将中国发展经验与非洲实践相结合，是“发展引导型”援助。[③] 清华大学教授庞珣认为，中国和广大南方国家一样，对非援助实践的是一种基于平等互惠和不干涉内政的“水平模式”，与传统援助国实践的立足于“给予—接受”的不平

---

① 何银：《中国崛起与国际规范体系：以联合国维和行动为例》；何银：《联合国建设和平与人的安全保护》，《国际安全研究》，2014 年第 3 期，第 75—91 页；何银：《规范竞争与互补：以建设和平为例》，《世界经济与政治》，2014 年第 3 期，第 105—121 页；He Yin，“China-EU Cooperation on UN Peacekeeping：Opportunities and Challenges，” in Frauke Austermann，*et al.*，eds.，*Europe and China in 21st Century Global Politics*：*Partnership*，*Competition*，*or Co-Evolution*? London：Cambridge Scholars Publishing，2014，pp. 43 – 61；He Yin，“China's Doctrine on UN Peacekeeping”.

② Deborah Brautigam，*The Dragon's Gift*：*The Real Story of China in Africa*，New York：Oxford University Press，2009.

③ 张海冰：《发展引导型援助》，上海：上海人民出版社，2013 年版。

等关系和干涉原则的“垂直模式”形成鲜明对比。[①] 清华大学副教授唐晓阳研究发现，中国对非援助出现将商业利益与无偿援助相结合的趋势，在国际上开创了一种新的对外援助模式。[②] 发展和平框架中的援助有助于推动长期以来受到自由和平主导的国际援助机制的变革。一名非洲裔联合国官员指出，现在的非洲需要的不是更多援助，而是另一种援助模式，一种有助于非洲经济和社会发展的援助模式。[③]

中国对外投资等经济活动也充分运用了国内的经验，传播了发展和平规范。比如，中国利用在国内搞经济开发区的经验，在肯尼亚和埃塞俄比亚等非洲国家搞工业园区；在进出口银行等国家金融机构的信贷资金和政策的支持下，通过以服务换资源等方式，帮助安哥拉和东帝汶等国改善基础设施，帮助这些国家走上和平之路。

维和建和行动东道国往往历经多年的国内冲突和战乱，急需在外部力量的帮助下恢复并建设持久的和平。如前所述，长期以来自由和平主导的维和建和行动并没有帮助这些国家建立起持久的和平。因中国崛起而在国际上传播的发展和平为变革现有的维和建和机制带来机遇。发展和平有两大支柱：一个是坚守威斯特伐利亚规范，不干涉主权国家的内政；另一个是以经济建设为国家发展战略的中心，通过国家主导的投资（包括外来投资）拉动经济发展。在维和建和行动东道国传播时，发展和平包含的不干涉理念为东道国在政治、经济和社会领域的本土规范留下了生存空间，能够在一定程度上减缓因自由和平提倡激进的制度变革而带来的冲击。另外，发展和平对经济和社会发展的重视，能够有效地弥补自由和平对这方面问题关注的不足。

当前，包括维和建和行动在内的全球治理体系正经历重大转型，这样的局面有利于发展和平在维和建和中发挥作用。2015 年，联合国推出关于

---

① 庞珣：《新兴援助国的“兴”与“新”：垂直范式与水平范式的实证比较研究》，《世界经济与政治》，2013 年第 5 期，第 31—54 页。

② 唐晓阳：《中国对非洲农业援助形式的演变及其效果》，《世界经济与政治》，2013 年第 5 期，第 55—69 页。

③ 2014 年 3 月 17—18 日，笔者在上海参加“中非合作论坛第六次部长级会议及联合国 2015 后发展纲要”国际学术研讨会期间，对一些来自非洲的学者和官员进行访谈。

和平行动和建设和平架构的两份专家小组报告，以及《2030年可持续发展议程》，都强调经济和社会发展的重要性。当前，刚上任不久的联合国秘书长安东尼奥·古特雷斯（Antonio Guterres）正在领导对整个维和建和架构进行改革。尽管联合国面对的是一个很长的任务清单，但其成立70多年来的实践表明，维护和平与促进发展才是联合国的核心事务。《和平行动独立小组报告》提出了保持和平的理念，打破了长期联合国和平行动遵循的从冲突预防到建立和平、维持和平和建设和平的线性逻辑，将建设和平提前到冲突预防阶段并贯穿冲突管理的全过程。要做到这一点，就需要改进现有的维和建和工作，改变长期以来维和建和被制度建设绑架的状况，从局限于国家建设的狭义维和建和，回到有利于政治、经济和社会全面发展的广义维和建和轨道上来。

四、联合国维和建和中的两种方案比较

发展和平可以对维和建和产生影响，表明中国崛起将推动全球治理体制发生变革。一些人对此感到不安，认为中国会“破坏”西方主导的国际秩序。有人将中国说成是“无赖援助国”，认为来自中国这样的新兴国家援助只会让世界会变得更加腐败、混乱和专制。① 哈佛大学教授约翰·伊肯伯里（John Ikenberry）指出，美国和西方可以接受一个崛起的中国在物质实力上超过美国，但决不能容忍中国“推翻”现有由西方主导的国际制度体系。② 西方学界之所以会有这样的观点，是因为一些人立足“西方中心主义”的世界观，将源于西方文明实践和反映西方价值文化的规范当作国际规范的唯一合法来源。这就造成一种国际政治话语的认知倾向：像中

① Moisés Naím, “Help Not Wanted,” *New York Times*, February 15, 2007; Moise Naim, “Rogue Aid,” *Foreign Policy*, March 1, 2007, http://www.foreignpolicy.com/articles/2007/02/14/rogue aid.

② G. John Ikenberry, “The Rise of China and the Future of the West: Can the Liberal System Survive,” *Foreign Affairs*, Vol. 87, January/February 2008, pp. 23 – 37.

国这样曾长期被排除在西方主导的国际社会之外的国家，回归并融入国际社会的过程就是接受西方主导的国际规范的过程。根据这样的认知逻辑，在维和建和领域，不论中国在政治和物质等方面做出多大贡献，都只能扮演规范接受者的角色。这种观点还反映了一种的思路，即认为当西方规范与非西方方案相遇，互动过程都必定是冲突的，结果必定是零和的。按照这一逻辑，自由和平与发展和平将难以在维和建和中和平相处，那么，在维和建和的实践中，情况果真是这样的吗？

如下表所示，自由和平与发展和平的确是两个存在重大差异的和平规范。自由和平生成于西方文明实践场域，发展和平生成于中华文明的实践场域。就维和的核心任务而言，自由和平重视制度建设，发展和平重视经济发展。在价值观上，自由和平信奉一元主义价值观，倡导自由主义标准的善治，只认同自由主义的政治和经济制度；发展和平信奉多元主义价值观，倡导有效治理，相信每个国家都可以根据自身国情选择政治和经济制度。自由和平的主要传播者是美国和西欧，发展和平的主要传播者是中国。在对外援助上，自由和平往往为援助设置苛刻的政治条件，要求受援国按照自由民主的标准改革政治和经济制度，受援国处于低人一等的地位；发展和平不为援助设置这样的条件，受援国和援助国是平等的伙伴关系。自由和平提倡发挥公民社会特别是非政府组织的作用，因而国家政府的地位受到影响，往往难以在经济和社会发展中发挥主导作用；发展和平提倡强势国家政府，主张国家政府在包括宏观经济政策、国家基础设施建设和稳定就业等方面中发挥积极作用。自由和平提倡激进式变革，要求受援国对政治和经济制度进行彻底改造；发展和平反对激进式变革，反对外来干涉，主张各国根据自身国情决定国家社会转型的步调。就规范传播策略而言，自由和平有明确的传播议程，有很强的政治目的，规范传播主要依赖强制和报偿等基于后果性逻辑的激励机制，行为特征是传播者居高临下地传授或者说是强加；发展和平则没有明确的传播议程，也没有政治目的，规范传播主要依赖学习和模仿这样基于适当性逻辑的社会化机制，行为的特征是规范接受者以平等的身份主动学习。

表1 自由和平与发展和平比较

	自由和平	发展和平
文明	西方文明	中华文明
维和建和的核心任务	制度建设	经济发展
价值观	一元主义	多元主义
治理模式	善治	有效治理
规范的主要传播者	美国和西欧	中国
援助的政治条件	有	没有
东道国地位	不平等的接受者	平等的伙伴
政府类型	弱势政府	强势政府
国家社会转型方式	激进式	渐进式
规范传播策略	传授与强加	学习与模仿

笔者自制。

尽管自由和平与发展和平在规范内涵上存在巨大差异，但实践表明维和建和具有能够容纳两个和平规范的空间。维和建和行动东道国往往经历过冲突或战乱，国家制度缺失或者不完善，经济和社会发展落后，亟须国际社会帮助带来改变。如前文所述，以制度建设为核心任务的自由和平没能关照到东道国的经济和社会发展，发展和平可以弥补自由和平的不足。通过对比利比里亚和海地的案例研究发现，就维和建和效果而言，自由和平与发展和平共存的利比里亚要比自由和平独大、发展和平在很大程度上缺失的海地好得多。①

联合国在东帝汶维和建和的成功也表明自由和平与发展和平可以建立起共生关系。1999—2012 年间，联合国开始在东帝汶开展维和建和行动。在此期间及之后几年，东帝汶在政治、经济和社会等方面的发展总体平稳，走上可持续和平的道路。东帝汶之所以能够成为联合国将近 70 年的维和建和史上少有的成功案例，最主要的原因之一是自由和平与发展和平的

① 何银：《规范竞争与互补：以建设和平为例》，第 116—120 页。

互补性共生，在制度建设与经济和社会发展上找到了平衡。

在制度建设上，东帝汶尽管在很大程度上接受了自由和平，但并没有采用自由和平倡导的激进的“对抗型民主”（confrontation democracy），而是根据自身的国情，采用“共识型民主”（consensus democracy）。也就是说，选举固然重要，但选后的权力分配并非是赢者通吃，而是根据政治力量对比的实际情况组成联合执政政府。① 共识型民主有利于避免在一个百废待兴的新生国家出现难以承受的内耗，确保可以将有限资源用于建设持久和平。东帝汶长期反抗殖民和印度尼西亚（印尼）占领的运动孕育了一批精英，共识型民主尽管与自由和平所倡导的对抗型民主的精神格格不入，但有利于团结这些能够以国家民族利益为重的精英，让他们利用本土的传统和文化凝聚民心和治国理政。② 本土精英的团结还确保能够建立起强势的中央政府，进而能够从现实需要出发主导自己国家的和平进程。比如，东帝汶建国后，国际上一直要求按照民主与人权的精神通过国际刑事法庭，清算1999年印尼支持的力量针对东帝汶人民的暴行。但东帝汶与印尼一起建立“真相与友谊委员会”，很快解决了这个横亘在两国之间的难题。尽管东帝汶政府过分宽容的行为被国际上一些人认为是不符合国际规范的精神，但这个方法对建立最初的和平起到巨大作用。③

在经济和社会发展上，东帝汶的实践体现了发展和平的精神。共识型民主奠定了国内政治和社会稳定的基础，而与印尼的和解又确保了稳定的外部环境。稳定的国内外环境能够促进经济发展，增强投资回报的确定性，所以，可以看到国际投资源源不断流入东帝汶。④ 东帝汶在强势国家政府领导下，制定出经济和社会发展的长远规划，切实落实以经济建设为中心搞发展的政策。比如，东帝汶政府制定的2009—2013五年发展计划强

---

① 2015年7月20日，笔者在北京对东帝汶驻华大使馆官员的访谈。

② United Nations, “The Challenge of Sustaining Peace: Report of the Advisory Group of Experts for the 2015 Review of the United Nations Peacebuilding Architecture”, p. 35.

③ United Nations, “The Challenge of Sustaining Peace: Report of the Advisory Group of Experts for the 2015 Review of the United Nations Peacebuilding Architecture”, p. 20.

④ 2015年7月20日，笔者在北京对东帝汶驻华大使馆官员的访谈。

调四项优先事项：基础设施、生产相关领域、社会服务和国家治理，[①] 充分体现了重视发展问题的决心和能力。在强势国家政府的主导下，东帝汶有效地开发了帝汶海沟的油气资源，并将获得资金又用于国家发展。比如，学习挪威的经验，依赖油气资源成立的国家“主权财富基金”，从一定程度上保证了国家财政自主。有了可以独立支配的资金，东帝汶政府较好地解决涉及前武装人员的解除武装、复原和重返社会的问题，促进了社会稳定。不难发现，东帝汶的和平是制度建设与经济和社会发展齐头并进的结果，体现了在建设可持续和平这项紧迫任务面前，自由和平与发展和平是可以做到互补性共生的。

五、结论

大国崛起绝不仅仅是物质实力上的崛起，而且还是在文化和制度上的崛起。作为联合国的核心会员国和支持维和建和的中坚力量，中国对维和建和的贡献绝不可能局限于政治和物质层面，还必然包括提供具有中国特色的维和建和方案。生成于中国崛起成功实践经验的发展和平就是维和建和中的中国方案，崛起的中国不再仅仅是国际规范的学习者和接受者，还已经成长为创造者和贡献者。

王逸舟教授指出，后冷战时代西方霸权的实质是制度霸权，是一种以制度规范和国际规则为约束建立起来的、在内部存在明显等级和层次的西方霸权。[②] 在一个具有等级特征的国际制度体系内，存在着一个由西方主导的中心规范体系，以及由非西方规范构成边缘规范体系。自由和平处于

① United Nations Development Programme, “UNDP Country Programme for Timor-Leste (2009 - 2013),” 2008, p. 5, http://www.tl.undp.org/content/dam/timorleste/docs/reports/TL_UNDPCountry_Programme_2009-2013.pdf.

② 王逸舟：《西方国际政治学：历史与理论》，北京：中国社会科学出版社，2007 年版，第 348 页。

中心规范体系，是主导规范；发展和平处于边缘规范体系，是新兴规范。[①]中国崛起必将推动边缘地带的实践经验上升为全球治理国际规范，从而对国际制度体系产生影响。当自由和平与发展和平在维和建和的实践场景中相遇时，可以做到互补性共生，共同为建设持久和平做出贡献。这也说明，中国崛起有助于推动长期以来受到西方文明实践经验主导的国际制度体系的变革。

发展和平并不是替代自由和平的和平方案，而仅仅是为陷入困境的联合国维和建和提供一种参考方案。中国的和平崛起发生在现有的国际制度秩序之中。发展和平并不反对自由和平所承载的自由与民主精神，反对的仅仅是那种从“西方中心主义”出发的“终结论”式的排他性制度霸权。从发展和平角度看，政治和经济制度建设固然重要，但任何一个国家都有根据国情选择制度的权利。西方在国际体系中的制度霸权并不会很快消失。在此情势下，自由和平将继续在维和建和中起到主导规范的作用，而发展和平只能起到补充和辅助作用。在中国崛起和全球安全治理发生转型的背景下，如何推动发展和平在维和建和中发挥更大的作用，是相关实践者和研究者都应当思考的问题。《2015 年建设和平架构问题专家顾问小组报告》及《2030 可持续发展议程》都强调经济和社会发展与和平之间的重要关系，[②] 为推动维和建和更加重视发展问题带来契机。2015 年，中国承诺设立为期 10 年、总额 10 亿美元的中国—联合国和平与发展基金，如何利用这个基金作为平台促进在维和建和中给予发展问题切实的关注，是一个值得研究的问题。

自由和平与发展和平在维和建和场景中相遇，还涉及一个长期以来被国际关系理论界忽视的研究议程：规范竞争。[③] 正如秦亚青教授指出，有关冲突和竞争存在两种认识方法：一种是立足西方分立归类法的冲突辩证

① 何银：《规范竞争：谁的规范重要?：一个被忽视的研究议程》，载秦亚青编：《国际政治与全球治理》，北京：世界知识出版社，2013 年版，第 230—240 页。

② United Nations, “The Challenge of Sustaining Peace: Report of the Advisory Group of Experts for the 2015 Review of the United Nations Peacebuilding Architecture”, pp. 19 – 20.

③ 何银：《规范竞争：谁的规范重要？一个被忽视的研究议程》。

法，另一种是立足关系与过程的中庸辩证法。[①] 前者将冲突当作主导叙事，"坚持在一个不确定的多元世界中寻求一种自我预设的唯一性和确定性，"[②] 认为冲突的结果必然是你死我活的零和；后者将和谐作为主导叙事，相信看似矛盾的两个事物之间互动的过程并非总是冲突，结果不一定总是零和，而是可能出现一个相互包容的新合体。[③] 中庸辩证法启发了一个问题：当自由和平与发展和平在维和建和场景中相遇，在具有互补特性的互动中是否可以生成一个全新的和平规范？这也是一个在理论和实践上都有意义的研究问题。

（原载《国际政治研究》2017 年第 4 期）

① 秦亚青：《关系与过程：中国国际关系理论的文化建构》，上海：上海人民出版社，2012 年版，第 84—99 页。

② 同上书，第 93 页。

③ 同上书，第 93—99 页。

时　评

/用发展和平讲“一带一路”的故事/

在国际政治互动中，我们要敢于发出自己的声音，要善于讲好中国的故事。“发展和平”就是关于中国和平的故事，是我们对世界和平贡献的“中国方案”，是中国国际行为合法性的源泉。

习近平总书记提出“一带一路”国际合作倡议，是深化以“走出去”为主旋律的第二次改革开放，是实现“中国梦”的重要保证。然而，至今我们在谈论“一带一路”时，关注的主要是这个倡议对于中国的战略意义以及我们应该如何去实施这个倡议，而对这个倡议的实施能给伙伴国乃至整个世界带来的好处则还没有讲清楚。虽然我们强调“一带一路”的出发点是合作共赢和建设命运共同体，能够帮助伙伴国改善基础设施、发展经济和消除贫困，但是，这些大而化之的表述并不能有效地消除来自国际上的猜疑甚至抵制。需要立足中国和平崛起的背景，从世界政治的层面构建话语，讲好“一带一路”的故事。

正如郑永年教授所指出的，大国崛起往往都倡导了一种时代精神。大英帝国倡导的是自由贸易，美国倡导的是自由和民主。正在崛起的中国倡导的是和平与发展。在1982年召开的中国共产党的十二大上，和平与发展被论断为时代的两大主题，从制度上保证了改革开放将围绕这个主题推进。过去几十年中国的成功证明了这个论断的正确性。可见，和平与发展才是中国和平崛起的根本。我们在讲述当今中国的故事时，和平与发展应该是主题。

中华民族是一个爱好和平的民族。然而在国际话语互动中，我们并不擅长讲述关于和平的故事。我们习惯于引经据典，用感性叙事告诉别人我们多么爱好和平。进入21世纪，随着国家实力不断增强，我们自信地提出了“和平崛起”“和平发展”以及“和谐世界”等理念，表达我们的和平意愿。但现在看来这些努力的收效还不太大，没有营造好有利于我们的国际语境，没有有效帮助国际社会了解中国的和平善意。也就是说，尽管中国和平崛起已经在改变世界，但是我们却还没有讲好这个伟大的故事。在国际交往中，我们还不善于表述自己，还存在明显的话语迟钝和赤字。习近平总书记要求在外宣工作中讲中国的故事，提出了外交理论需要创新的要求。所以急需创新理论和概念，甚至需要学习西方的叙事方式，用国际化的语言讲述具有中国特色的实践，讲好中国的故事，帮助国际社会认识中国崛起的和平本质。

和平是人类最朴素的追求。在世界政治的实践中，关于和平的故事往往决定话语权的归属。长期以来，西方讲述的是一个称作“自由和平”的故事。“自由和平”生成于西方文明的实践，是西方新自由主义经济学理论与“民主和平论”政治学理论的结合。“自由和平”主张在经济上搞自由市场经济，在政治上搞竞争型民主，其理论内核是一个关于和平的终结论式的假设，即只有建立起自由主义标准的政治和经济制度才能实现和平。自冷战结束以来，以美国为首的西方国家加紧了在全球范围内推行“自由和平”的步伐。特别是那些历经战乱后开始重建的国家，更是成为了“自由和平”的实验场。

中国和平崛起终结了“自由和平”的元叙事，表明实现和平还可以有其他路径。中国的成功源于将和平与发展这两个理念相结合，实际上讲述了一个全新的和平故事——“发展和平”。“发展和平”生成于两个层面的实践：在中国国内，走的是以稳定为前提和经济建设为中心的中国道路，在一个十三亿人的大国大面积地消除了贫困，改善了民生，人民过上了和平、康宁的生活；在国际上，向广大发展中国家提供不附加政治条件的援助，以及通过具有中国特色的投资等经济活动，帮助它们改善基础设施和发展经济，支持它们走上和平之路。“发展和平”否定了“自由和平”基于政治正确的话语霸权，相信各国在根据自身实际情况选择政治和经济制度的同时，只要能够以发展经济和改善民生为国家发展战略的第一要务，照样能够得到和平。

“自由和平”与“发展和平”是两个存在重大差异的和平规范。在政治制度方面，“自由和平”提倡激进式变革，认为只有西方标准的自由民主制度才够确保经济有效发展；“发展和平”相信稳定是发展经济的前提，提倡渐进式制度变革，相信各国有必要根据自身的历史和现实条件选择适合自己的政治制度。在经济制度方面，“自由和平”推行带有原教旨主义色彩的新自由主义市场经济制度，主张实行彻底的私有化，反对政府干预经济活动；“发展和平”虽然也接受市场经济制度，但是反对激进的私有化，主张国家政府在包括宏观经济政策、国家基础设施建设和稳定就业等方面中发挥积极作用。在规范传播策略方面，“自由和平”有明确的传播议程，有很强的政治目的，规范传播主要依赖强制和报偿等基于后果性逻辑的激励机制，行为特征是传播者居高临下地传授或者说是强加；“发展和平”则没有明确的传播议程，也没有政治目的，规范传播主要依赖学习和模仿这样基于适当性逻辑的社会化机制，行为的特征是规范接受者以平等的身份主动地学习。

尽管“一带一路”沿途绝大多数国家已经在不同程度上接受了“自由和平”，有些在政治和经济上的自由化程度甚至还要高于西方民主国家，但是，“自由和平”并没有给这些国家带去和平。许多国家经济和社会发展落后，国内冲突频发，是和平的洼地。随着“一带一路”国际合作倡议开始实施，走出去的既有中国的资金、技术和装备，更有中国在和平崛起过程中积累的关于现代化的实践经验——“发展和平”。换言之，“一带一路”将不仅改变伙伴国的物质面貌，更会对它们的国家发展观念产生影响。

当“发展和平”与“自由和平”在“一带一路”相遇，将会出现怎样的结果？按照西方“分立归类法”的冲突辩证法的逻辑，这两个和平规范之间必然发生你死我活的竞争并出现零和的结果。比如，“一带一路”倡议提出之后，西方一些保守派政客和媒体担心它会冲击西方主导的以“自由和平”为基础的全球治理秩序，纷纷拿“民主”和“自由”等价值观说事，贬低“一带一路”的国际合法性。中国在参与实施“一带一路”倡议时，愿意与任何国家合作，并不会干预伙伴国的主权事务，而是将尊重它们的政治和经济制度选择。这表明与“自由和平”的排他性特征不同，“发展和平”是一个包容性很强的和平规范。换句话说，“发展和平”体现了中国的中庸辩证法逻辑，将和谐作为主导叙事，相信看似矛盾的两个事物之间互动的表现并非总是冲突，结果不一定总是零和，而是可能出现相互学习的过程和共存共赢的结果。东帝汶、安哥拉和利比里亚等国的和平之路表明，“自由和平”与“发展和平”是可以实现和平共处和合作共赢的。

与西方热衷于谈论西方经验和观念的“普世价值”不同的是，中国官方和大部分学者并不承认“中国模式”，认为中国发展经验不适合被复制。尽管如此，中国和平崛起是人类文明的伟大实践，其中生成的经验既属于中国自己，也属于全世界。中国对自身实践所蕴含的国际规范意义的保守态度并不能阻止他人的主动学习行为。不论中国是否愿意，中国崛起产生的规范外溢已经是客观社会事实。

在国际话语互动中，我们要敢于发出自己的声音，要善于讲好中国的故事。“发展和平”就是有关中国和平崛的故事，是我们对世界和平贡献的“中国方案”，是中国国际行为合法性的源泉。“一带一路”是具有中国特色的国际合作倡议，它的根本理念是“发展和平”，它的实施将为世界学习中国提供契机。所以，我们要用“发展和平”去讲“一带一路”的故事，建构能够真实体现这个国际合作倡议和平本质的国际话语。正如约瑟夫·奈在《权力的未来》一书中指出，在当今的21世纪，会讲故事才会赢。

（原载中国网2015年9月15日）

/中国是支持联合国维和行动的中坚力量/

当前大多数联合国维和行动任务区都在非洲，西方国家尤其不愿意派人参加非洲的维和行动，与中国绝大多数维和人员都部署在非洲形成鲜明对比。

国家主席习近平9月28日在联大一般性辩论中围绕和平与发展这一重大课题发表演讲，阐述了中方的相关理解和倡议，并宣布了一系列支持联合国改进和加强维和行动的措施，其中包括：设立为期10年、总额10亿美元的中国—联合国和平与发展基金；加入新的联合国维和能力待命机制，决定为此率先组建常备成建制维和警队，并建设8000人规模的维和待命部队；在未来5年内，向非盟提供总额为1亿美元的无偿军事援助，以支持非洲常备军和危机应对快速反应部队建设。结合当前联合国维和行动面临的机遇与挑战，以及近些年来中国对联合国维和行动愈发积极的支持，不难发现中国的这些新措施反映了一个重大的世界政治事实：中国已经成为支持联合国维和行动的中坚力量。

自1990年4月中国首次向联合国维和行动派出五名军事观察员以来，中国参加联合国维和行动的热情一直成递增趋势。根据联合国维和行动部最新发布的数据，目前中国有3079名军人和警察在10项由联合国主导的维和行动中执行维和任务，在124个联合国维和部队和警察派遣国中排名第9位。中国是安理会五个常任理事国中派出联合国维和人员最多的国家，所派维和人员数量是其他四个常任理事国所派人员总数的两倍多。而且，中国还是联合国维和行动的第六大出资国，承担了6.638%的联合国维和行动经费摊款，是在这方面出资最多的发展中国家。此外，中国还是少数几个派出维和人员种类齐全的国家之一：既有包括安全部队和支持部队在内的维和部队，也有包括单警和防暴队在内的维和警察。

过去二十多年来，中国维和人员向联合国和国际社会证明自己是优质的维和资源。首先是训练有素。这主要得益于中国政府非常重视维和培训，花巨资分别在河北廊坊和北京怀柔修建了警方和军方的维和培训中心。两个维和培训中心现代化的培训设施和专业的施训团队往往让前来参访的联合国官员和国际客人赞不绝口。其次是纪律严明。长期以来，联合国维和行动一直饱受性丑闻等负面事件所困扰，联合国蓝盔的形象也因此受损。然而，中国给联合国和国际社会呈现的是一支纪律严明的维和队伍。再者是使命感强。从刚果（金）的热带丛林到黎巴嫩的战后废墟，从海地到利比里亚，从南苏丹到马里，等等，中国维和人员在工作中表现出的吃苦精神和“中国速度”，感动了联合国和国际社会。最后是装备精良。这得益于中国政府对维和人员装备水平的重视。事实上，当联合国维和任务区其他国家的维和人员都在大量使用“中国制造”时，中国维和人员的装备怎么可能不好呢？

1993 年索马里“黑鹰坠落”事件之后，以美国为首的西方发达国家直接派人参加联合国维和行动的热情消退。在过去二十多年里，联合国维和行动逐渐出现了一种明显的分工趋势，即发达国家出钱，发展中国家出人。目前，在 124 个联合国维和部队和警察派遣国中，排在前 25 名的没有一个来自 24 个传统的西方工业发达国家。大量来自发展中国家、特别是经济欠发达国家的维和人员充斥维和行动任务区，许多人缺乏培训，装备落后，严重影响了维和行动的效率。尽管当前大多数联合国维和行动任务区都在非洲，但是西方国家尤其不愿意派人参加非洲的维和行动，与中国绝大多数维和人员都部署在非洲形成鲜明对比。可以预见，在今后一个相当长的时期内，西方国家对直接派人参加联合国维和行动的态度将难有实质性改变。在此情势下，作为安理会五大常任理事国之一和世界第二大经济体，中国既大量出资、又大规模派人支持联合国维和行动的姿态，特别受到联合国的欢迎。不难理解联合国前主管维和事务的副秘书长格诺 2008 年参访中国维和警察培训中心时喊出“中国万岁！联合国万岁！中国维和警察防暴队万岁！”

目前，联合国维和行动正进入新一轮的革新时期，习近平主席宣布的支持联合国维和工作的措施对于联合国来说极其重要。2014 年 9 月，潘基文秘书长任命了一个高级别独立小组负责对联合国维和工作进行评审。该小组在最近提交联合国秘书长的报告中对今后的维和行动提出了建议，其中包括：需要建立新的联合国维和能力待命机制，支持区域组织特别是非盟的能力建设，以及重视维和行动中的和平与发展问题。在其他大国还没有对该评审报告进行实质性回应之时，中国率先提出三项切实的举措，无论是在资源上还是政治上，都是对联合国维和行动的重大支持，必然对新时期的联合国维和工作的改进起到促进作用。

（原载中国网 2015 年 9 月 28 日）

/马里维和行动的困境与出路/

自 1948 年第一项联合国维和行动建立以来的 68 年里，联合国在维和方面的经验和教训表明，维和行动的根本性质是政治行动，而不是军事行动；维和人员最有效的维和工具不是他们手里的武器，而是维和方面的知识。

2016 年 6 月 1 日，恐怖组织武装人员袭击了联合国驻马里多层面综合稳定特派团（以下简称“马里稳定团”）位于加奥的维和人员营区，造成中国维和人员 1 死 5 伤，另有多名其他国家的人员受伤。而在此之前的 5 月份，马里就发生过十多起针对联合国人员的袭击，其中发生在 5 月 19 日和 29 日的两次袭击，分别造成 5 死 3 重伤和 5 死 1 重伤。

实际上，自 2013 年 4 月 25 日马里稳定团建立以来三年多一点的时间里，已经有 100 余名联合国维和人员因各种原因死亡，年均超过 30 人，居当前正在进行的 16 项联合国维和行动之首。

根据联合国的官方数据，截至 2016 年 4 月 30 日，所有联合国维和行动中共有 3382 名联合国维和人员死亡。造成联合国维和人员死亡的首要原因是各种事故（1246 人），其次是疾病（1055 人），最后是恶意行为（866 人）；而在马里，联合国维和人员的死亡超过三分之二都源于恶意袭击行为，这在联合国维和行动史上是非常罕见的。

恐怖主义阴影之下，联合国在马里维和行动是否有和平可以维持？面对恐怖威胁和袭击，联合国和国际社会该如何应对？这些都是值得思考的问题。

一、马里维和有多难?

深究联合国维和人员在马里接二连三遭到恐怖袭击的原因，不难发现，联合国在马里的维和行动陷入了一个不寻常的困境：一方面联合国维和人员面临恐怖主义的严重威胁，而另一方面他们却不能执行反恐任务。

对联合国维和行动来说，恐怖主义是一个比较新的事物。

2003年，在美国等西方国家的推动下，联合国贸然进入战火硝烟尚未散尽的伊拉克，在巴格达成立了一个政治事务办公室。8月19日，汽车炸弹袭击了这个办公室的总部，造成包括联合国特使德梅洛在内的22名联合国人员死亡，150多人受伤。

这次恐怖袭击彻底击碎了美国等西方国家希望利用联合国维和行动来收拾伊拉克和阿富汗战争残局的幻想。所以尽管在其后若干年里，反恐成为世界政治的重要主题之一，而且联合国也在反恐方面有不少作为，但具体到维和行动层面，联合国却与反恐任务保持距离，没有过多介入恐怖主义肆虐的地方，联合国维和人员也没有受到太多来自恐怖主义的滋扰。

然而，随着2013年马里稳定团的建立，这样的局面一夜之间发生了改变。

2012年初马里发生政变后陷入内乱。联合国安理会随后通过第2100号决议授权建立马里稳定团。作为一个多层面综合稳定特派团，马里稳定团的维和行动承载了联合国和国际社会太多的期望。

根据2015年6月29日安理会通过的第2227号决议，马里稳定团担负的任务繁多，其中不但包括帮助马里开展国家制度建设等一般的建设和平任务，更是包括保护平民和协助马里当局在北部主要人口中心等地实现稳定，甚至还要保护文化和历史遗迹免受攻击。

在一个恐怖主义肆虐的维和行动任务区，要完成这些繁重的稳定和保护任务，维和人员难免要面对恐怖分子。特别是随着维和的前线向马里北部推进，一些武装势力甚至那些长期以来抵制巴马科当局管辖的社区，开始认为联合国维和行动不再坚持公正的立场，进而有了抵触情绪。

盘踞在马里北部的各方恐怖势力更是加强了对联合国人员的袭击。联合国在马里的维和行动开始处于恐怖主义的阴影之下。

自1948年第一项联合国维和行动建立以来的68年里，联合国在维和方面的经验和教训表明，维和行动的根本性质是政治行动，而不是军事行动；维和人员最有效的维和工具不是他们手里的武器，而是维和方面的知识。

联合国维和人员只能够配备轻武器，他们遵循的交战规则是只有自卫和捍卫任务授权时才能使用武力，而且是最低限度的武力。

加之联合国维和行动的情报收集和分析能力都有欠缺，维和力量又是由不同的派兵国组建而成，协调组织工作都有一定难度，这样一支维和队伍，即便是对付一般的武装分子也都常常表现得吃力，怎么能够对付那些由精良的装备和顽固的意识形态武装起来的恐怖分子！

二、要维和，先反恐

联合国秘书长潘基文近日在提交安理会的报告中呼吁，将向马里任务区增派2500多名维和人员。

面对恐怖主义的嚣张气焰，联合国果断抉择采取措施加强在马里维和力量的做法值得肯定，因为此举的确能够在一定程度上改善马里的安全局面。但是同时也应当看到，增派维和力量并不能从根本上改变马里稳定团面临的困境。

马里国土面积124万平方公里，几乎有两个法国那么大，而目前只有不到1.2万名维和人员。如果联合国和国际社会不去从深层次查找马里维和困境的原因，并采取有效的应对措施，即便再增派更多的维和人员也不会有明显的效果。

马里恐怖袭击多次造成维和人员的重大伤亡，也从一定程度上说明一个问题：当前马里没有和平可以维持。而联合国开展维和行动的前提是要有和平可以维持。因此，联合国和国际社会需要认真思考在马里、萨赫勒地区乃至整个非洲大陆的反恐问题。只有恐怖主义得到一定程度的控制，维和行动才有可能顺利进行下去。

不难发现，当前马里的和平进程存在问题：联合国主导的维和行动是重点，而反恐行动缺乏力度。由法国等北约盟国以及一些非洲国家参与的反恐行动规模小，效果不明显。马里的和平进程需要重新设计：在继续开展维和行动的同时，重视起反恐行动。

马里的反恐行动应当包含政治行动和军事行动两个方面。联合国可以继续在涉及反恐的政治行动中发挥主导作用，采取措施分化恐怖势力的支持力量，继续就参与政治进程的问题与一些相对温和的恐怖势力开展谈判。

在反恐军事行动方面，法国等西方国家和一些非洲国家应当有更多的担当，在联合国安理会的授权下执行建立和平的任务，对抵制政治进程、攻击联合国人员或平民的极端恐怖势力进行有力打击。

三、马里稳定团何去何从？

当前的马里稳定团应当采取有效措施，防范恐怖分子的进一步袭击。恐怖分子在暗处，采用的是非对称袭击战术。在这样的情况下，恐怖袭击防不胜防。

因此，联合国需要在争取西方国家积极参与马里反恐行动的同时，加强当前维和行动的情报能力建设，尽最大可能通过情报工作防范恐怖袭击。一些有能力的西方国家应当对联合国的维和情报工作予以更多支持。

马里是当前风险最高的任务区。联合国应当认识到这一点，对马里维和人员的安全给予特别关注。比如提供特殊装备和器材，增强维和人员防汽车炸弹和路边炸弹袭击的能力。

从长远来看，联合国维和行动部培训部门应当向派兵国提供帮助和指导，确保所有维和人员在派遣前能够得到防暴恐方面的专业培训。

和许多其他联合国维和行动一样，马里稳定团中超过九成的维和人员都来自发展中国家，其中相当一部分维和人员装备较差，没有经过系统的维和培训。虽然包括中国在内的一些国家的维和人员装备相对较好，培训也很到位，但是马里稳定团维和人员整体的装备水平和专业素质却不算高。

联合国需要说服发达国家向马里派出更多的维和人员。如果有更多的发达国家维和人员参加马里稳定团，将不但有助于提高这项维和行动的能力，更为重要的是，还可以切实显示发达国家对马里和平进程的政治支持。

也只有这样，才能让发达国家更为切实地体会到当前马里维和行动面临的困境，进而对马里的和平给予更多的关注和支持。

（原载环球网 2016 年 6 月 4 日）

/为联合国核心事务贡献中国方案/

> “联合国支持‘一带一路’，实际上是支持了‘发展和平’的理念。‘发展和平’为联合国提供了‘自由和平’之外的另一种选择，是中国参与联合国核心事务的‘中国方案’”。

从今天起，联合国秘书长安东尼奥·古特雷斯将对中国进行上任以来的首次访问，他还会出席在北京举行的“一带一路”国际合作高峰论坛。

5月8日，古特雷斯在纽约联合国总部接受了中文媒体的联合采访。在采访中，他表示“一带一路”对团结一致通过国际合作解决全球问题具有重要贡献，中国在其中发挥着核心作用。他非常期待在峰会上讨论如何通过“一带一路”倡议来实现全球包容的可持续发展问题。

除了秘书长亲自来北京参会外，联合国近日还举办了高级别论坛，为各国常驻联合国代表介绍和分享“一带一路”建设的经验和体会提供平台。

另外，联合国还将“一带一路”纳入了大会和安理会决议，以此表达对这一倡议的支持。

中国是联合国的中坚力量

2017年初，自特朗普就任美国总统后，美国政府的联合国政策变得更加消极。特朗普公开质疑多边主义和联合国的作用，威胁退出联合国主导、应对气候变化的《巴黎协议》，还减少了对联合国维和行动的财政支持。

而长期对联合国持支持态度的欧盟也因英国脱欧和难民问题出现分裂，在联合国重大事务中的影响力大不如前。

相比之下，中国则表现出积极的姿态。

中国不但在《巴黎协议》和《2030 年可持续发展议程》的国际谈判中发挥了重要作用，还大力支持联合国维和行动。中国派出维和人员数量超过其他四个安理会常任理事国的总和，并且是仅次于美国的第二大维和经费摊款国。2015 年 9 月，习近平主席在纽约出席联合国首脑会议期间，就中国支持联合国维和行动宣布了一系列重大举措。

可以说，中国是支持联合国的中坚力量，有足够的政治意愿在联合国的一些重要事务中发挥引领作用。

推动改革需要中国支持

2017 年 1 月 1 日，古特雷斯接替潘基文正式就任联合国秘书长。

他此前担任过葡萄牙总理和联合国难民事务高级专员，是联合国 72 年来九任秘书长中唯一一位既担任过国家政府首脑、又担任过国际组织高级职务的秘书长。

非凡的经历让古特雷斯具备了联合国秘书长这个特殊职务需要的两项重要的能力：既懂得国际政治规则，擅长与各国领导人沟通交流和斡旋处理国际事务，又深谙联合国官僚体制文化，能够在管理这个庞大的国际组织时做到内外通达。

古特雷斯将是一位改革型的秘书长。在 2005 ~ 2015 年担任联合国难民事务高级专员期间，他雷厉风行地对联合国难民署进行了改革，在大力裁减难民署日内瓦总部工作人员的情况下，提升了这个机构的成本效益和应急能力。

在 2016 年 12 月 12 日的就职演说中，古特雷斯提出将围绕联合国在维持和平、促进可持续发展以及内部管理这三个方面的工作进行改革。

他很明白，作为一个政府间国际组织，联合国的权力来自于会员国的支持。上任伊始，他认真了解会员国特别是核心会员国的联合国政策，并据此制定出今后几年的“施政计划”。

古特雷斯此次到访中国，就带有这样的目的。他将出席“一带一路”高峰论坛，谋求中国继续大力支持联合国事务以及他的改革计划。

“自由和平”标准的不足

成立70多年的实践表明，联合国把握住了和平与发展这个后冷战时代的主题，将维护和平与促进发展作为核心事务。

但由于成立之初就在制度规则和组织文化等方面深深地打上了西方的烙印，而西方长期以来也在世界政治中处于优势地位，联合国事务长期受到“自由和平”规范的主导。

“自由和平”来自于西方文明的实践，认为只有建立起自由主义标准的政治和经济制度才能实现和平。

在此影响下联合国维和建和行动的主要任务，往往是帮助东道国按照自由民主的标准建立起政治和经济制度。在国际援助中，西方国家及其主导的国际援助机构也往往要求受援国按照“自由和平”的标准推行改革。

激进的制度改革破坏了受援国的政治、经济和社会生态，甚至引发动荡和冲突，严重影响联合国促进全球发展的努力。

在“自由和平”的影响下，和平与发展没有被当作有机整体，而是被分割开来。以伊拉克和利比亚等国的事例来看，西方强国不但没能按照“自由和平”的标准在当地建立民主国家，反而在当事国乃至更广范围内造成不稳定和人道主义危机。

古特雷斯对此忧心忡忡。他在2017年元旦的新年致辞中说：“今天是我担任联合国秘书长的第一天。有一个问题沉重地压在我的心头。数百万民众深陷冲突，在看不见尽头的战争中饱受苦难。我们怎样才能去帮助他们？”

联合国现有的和平与发展方案显然不能解决这些问题。

联合国期待中国方案

中国的成功源于将和平与发展这两个理念有机地结合起来，在国内外两个层面中形成了新的规范——“发展和平”。在国内，中国走的是以稳定为前提和经济建设为中心的发展道路；在国际上，向发展中国家提供不附加政治条件的援助，通过具有中国特色的投资等经济活动，以互利共赢的原则帮助它们改善基础设施和发展经济。

“发展和平”反对激进的制度变革，相信和平与稳定是国家发展的根本前提，主张国家政府在维护社会稳定和促进经济发展中应发挥主导作用。

中国的“一带一路”倡议就在国际上传播了“发展和平”规范。

“一带一路”沿线的一些国家和地区，经济和社会发展落后，贫困和疾病肆虐。“一带一路”合作不仅会带来中国的资金、技术和装备，更有中国在和平崛起过程中积累的鲜活经验。“一带一路”将不仅改变伙伴国的物质面貌，更会对它们的国家发展观念产生影响。

古特雷斯接受中文媒体采访时表示，“一带一路”对于团结一致通过国际合作解决全球问题具有重要贡献，有助于《2030 年可持续发展议程》的落实。

联合国支持“一带一路”，实际上是支持“发展和平”的理念。“发展和平”为联合国改革在和平与发展方面的工作提供了“自由和平”之外的另一种选择，是中国参与联合国核心事务的中国方案。

（原载“百万庄通讯社”2017 年 5 月 13 日）

图书在版编目（CIP）数据

大国崛起与国际和平：联合国维和建和研究文集/何银著．—北京：时事出版社，2018．4

ISBN 978-7-5195-0183-9

Ⅰ．①大…　Ⅱ．①何…　Ⅲ．①维和行动—文集　Ⅳ．①D813．2－53

中国版本图书馆 CIP 数据核字（2017）第 310944 号

出 版 发 行：时事出版社

地　　　址：北京市海淀区万寿寺甲 2 号

邮　　　编：100081

发 行 热 线：（010）88547590　88547591

读者服务部：（010）88547595

传　　　真：（010）88547592

电 子 邮 箱：shishichubanshe@ sina. com

网　　　址：www. shishishe. com

印　　　刷：北京朝阳印刷厂有限责任公司

开本：787×1092　1/16　印张：15　字数：240 千字

2018 年 4 月第 1 版　2018 年 4 月第 1 次印刷

定价：90．00 元

（如有印装质量问题，请与本社发行部联系调换）